筑摩選書

戸田忠雄
Toda Tadao

「日本型学校主義」を超えて

「教育改革」を問い直す

#「日本型学校主義」を超えて　目次

第二章　「与える教育」から「選ぶ教育」へ

第三章　和と競争の間で

第四章　世間を惑わす俗論

第五章 教師と学習者の関係

第六章　教育リーダーのあり方

第七章　学習者本位の教育を求めて

「日本型学校主義」を超えて

「教育改革」を問い直す

プロローグ――「日本型学校主義」とは何か

1 何が問題なのか

海外勤務の経験のあるビジネスマンの父親から、「日本の学校は親の意見を聞くという習慣がないのですか」と尋ねられた。理由を聞くと彼の息子が通っている公立小学校で、児童に「学帽」を被るようにという提案が学校側から出てきた。そこでＰＴＡ会長でもある母親（その妻）が会員の意向もくみ、それぞれ家庭の事情も斟酌して反対したが、結局なんとなく決まってしまったという。

私立ならともかく公立の義務教育なので、貧困家庭も含むさまざまな家庭の子どもたちがいる。それゆえ学帽など無理に被せる必要はないとＰＴＡ会長が進言しても、「強制ではないから」と最後は学校側の思惑通りに決まってしまう。学帽を被るのは子どもたちであり、経費負担も保護者である。その保護者たちが不必要といっているのである。

一体、先生たちとＰＴＡの関係は、どうなっているのか。民主社会であるのに学校の利用者側の声を無視して教育をするのは、おかしいのではないか。それとも、文句をいうわれわれ親のほうが、モンスター・ペアレントで間違っているのか。彼は上の子どもを米国の学校に通わせていた経験があるので、それと比べて日本の学校にたいする少し厳しい感想と批評を述べた。

小さな事柄のように見えるが、この父親の学帽をめぐる問題提起こそ、日本の学校教育の根源的なあり方と、その問題点を鮮やかに浮かび上がらせている。日本の学校のいわば一番のアキレス腱は、この問題に象徴されるように、教育を受ける側の意見を取り入れない点にある。耳を傾けるフリはするが、最後は学校の思惑どおりに事が決まるケースがほとんどである。したがって学習者（児童生徒と保護者を総称）側には、小さいけれども不満が残る。小さな不満であっても、全国各地の学校がこのように一事が万事であれば、しだいに大きな不満として潜在化する。

最近では読売新聞と朝日新聞は政治マターでは何かにつけ対照的だが、国民の学校教育（主として公立学校）にたいする不満度が、満足度を大きく上回っている事実を報道している点では共通している。教育マターは比較的党派性が薄いので、おそらく他紙でもほぼ同じであろう。さらに読売の統計によればここ三十年間をとってみても、この不満度は恒常化しており満足度は一度も上回ったことがないようである。

もとより個別にはよい取り組みをしている学校もあれば、個人として素晴らしい教師もいる。しかし全体として不満度が恒常化しているのは、簡単にいえば国民全体としては日本の学校教育に満足していない、言葉を変えれば納得していないということであろう。

教育は未熟な児童生徒をあらゆる意味で成長させるために、本人が嫌がっても必要なことは与えて身につけてもらわねばならない。だから、学習者側が満足したかどうかは問題ではない。このような考え方が、学校関係者の意識の根底にある。学帽も学校にとってみれば、それなりの教育上の理由と理屈があって、あえて保護者の反対を押し切ったのであろう。

税金を取られることを喜ぶ国民は誰もいない。しかし国民の生活を守り国家社会の維持には、税制は必要不可欠である。そうであればこそ、苦いクスリを飲むように税金を払うのである。苦いクスリではあるが必要であると思っているからこそ、やむをえず服用するのであって、そうでなければ飲まない。

それゆえ政府及び財政当局はありとあらゆる方法で、国民に納得してもらうべく日常的な努力を重ねている。とくに増税となれば、なおのことである。その努力を怠ると政治家は不信感を持たれ、選挙で落とされる。このように税金の取られ方・使われ方にも何がしかの国民の納得感がないと、ついには税制そのものが持たない。

ある意味で「教育」も「税」と同じである。納税の義務と同じで、教育を受ける義務があるからと有無を言わせず押しつけたのでは、学習者や国民の側に不満が残る。それが新聞のリサーチに表れているのではないか。つまり日本の学校教育に一番、欠けているのは、この国民の「納得感」ではないかと思う。

このような潜在的な不満はあるにしても、意外なことに日本の教育の対外的な評判は必ずしも悪くない。外国のメディアも伝えるように、日本人の礼儀正しさやお行儀よく控え目な接人の態度など評判がいい。そして清潔感あふれる街並みや、落とし物や忘れ物をしてもほとんど戻ってくる正直さ、識字率も高く勤勉でまじめな国民性。これらは日本の教育とくに義務教育の成果ではないかと、訪日経験のある外国人はよく口にする。

外国人の日本の教育にたいする評判のよさは、いわばジャンボ機に乗って上空から教育の森を眺めるようなものであろう。月から見れば「地球は青かった」ように、上空から森を見れば美しくきれいに見えるものである。しかし実際に子どもを学校に通わせる当事者になると、学帽のことにかぎらず「いじめ」や「体罰」など問題が多いことを感じる。また肝心の「学力」については、塾に通わせないと不安である。

いじめなど場合によっては子どもの命にかかわるから、学習者にとっては最大の関心事である。深刻ないじめ事案が起きると、報道はいじめ撲滅キャンペーンを張り一時的に盛り上がるが、次第に収まる。また起きるとキャンペーンを張り、しばらくしてまた収まる。季節風のような繰り返しで、肝心の学校内は何も変わらないから、いつまでたってもいじめは無くならない。全国の主として公立学校のあちらこちらで、深刻ないじめ事案がモグラ叩きのように起きる。

学習者や国民はいじめを予防し撲滅するために、少しでもできることがあれば協力したい。いじめにかぎらず学校教育のさまざまな問題を、学校と一緒に解決するよう尽力したい。しかしどこをどうすればそれが可能か、よく分からない。結局、学校や教師に「お任せに」なり、事が起きると、そんなつもりはなくても学校側の対応の拙劣さを批判するだけで、あとには何とはなしの不満感だけが残ることになる。

問題解決のためには、その問題の起きてくる原因を突き止める必要がある。そのためには個別の学校や個別の教師というより、学校教育の全体像を俯瞰し理解する必要がある。人間の社会的な意識や行動は、その人の属する制度やシステムが生み出すものであって、その逆ではない。このような社会科学的な知見に従えば、まずは学校教育の全体像を制度的に理解し把握する必要がある。それでなければ教育を変えるといっても、所詮は絵空事になる。

巷には教育についての多くの言説が溢れている。たとえば教師の経験にもとづくミクロの教育論はあるし、鳥の目で高い所から俯瞰するメディアや識者の論稿もある。さらに両方を見すえた行政の政策論もないではない。しかし現行制度や未来の制度設計に責任をもつ現職行政官は、霞ヶ関の掟「専守防衛」にこだわり、脇がかたすぎて滅多に社会的アナウンスをしない。それに行政全体としては「政治」や「世論」や「省益」の影響を受けざるをえないし、各行政官も各パーツの担当にすぎないので、心ならずも「そのつど対応」になる。

私自身、十年前に学習者の視点から書いた教育論を上梓し、それなりに評価を頂いたことがある。[1] その時、提言した改革案が、その後、政府の教育改革の会議で具体案として提案され、主旨の一部が法令に反映した（?）。それをうけて開明的な文科官僚や学識経験者の協力もあり、昨年来、現実の自治体教育改革で一部、制度設計されたという経緯もある。戦中に国民学校を経験し戦後教育を受け教職についた者としては、戦後七十年の節目に戦後教育の総決算をしてみたいという気持ちにかられたことも事実である。

日本の学校教育の全体像を俯瞰し理解するなど無謀な試みではあるけれど、仮に「日本型学校主義」という理念型を手がかりに、マクロの教育を原理的に分析・解析し、ミクロの問題とどのように関係するのか。そして、そのうえでどこをどのように変えれば、学校の利用者であり当事者である学習者にとって、いちばん効果の上がる改革をすることができるのか考えてみたい。

教育先進国といわれる国には、共通する要素と、その国の文化的背景に根差した独自の要素がからみあっている。戦後、アメリカから「民主教育」という看板と理念を、日本の教育は受け継いだ。憲法と同じく、それは「押し付け」だとか、あるいは戦後民主主義そのものが「虚妄」だといったスコラ的論争がある。しかし民主教育も憲法と同じく国民レベルで定着し、ナショナル・スタンダードになっているものと、古くからの日本的心性の基底をなす共同体的メンタリティとが入り混じって培われてきた実績があり、現在にいたっている。

戦後七十年、民主教育をオモテの看板としながらも「与える教育」「教師主導（本位）」「集団的一斉主義」という基本スキームを柱とする、いわば「日本型学校主義」とでもいうべき理念が、すでに全国津々浦々の学校教育の現実を支えている。保護者が学校に子どもをすべてお任せする。学校は任された以上、多少の不具合はあっても学校の命に従わせる。学校は知識・技能の習得だけではなく、児童生徒の「人間形成」もふくめて預かっている。このような暗黙の了解が両者の間にあるという、フィクションによって成り立っているのである。それゆえ理由はともあれ、いちど学校路線から逸脱すると再チャレンジは困難をきわめる。

その日本型学校主義の理念にもとづく学校制度の屋台骨を支えているのは、いうまでもなく文科省・自治体教委（自治体教育委員会の略）などの「お役所」である。

二十一世紀に入ってから、日本の教育における「学校」の領域は広がりつつある。いまでは、学校は学びの機能にとどまらず、子どもを「預かっている」居場所としての機能が拡大し、それは「家庭」の領域から「警察」や「福祉」の領域にまで広がり、近年では「地域創生」のプラットホームの役割をも担ってもらおうなどと、互いに領空侵犯している。

川崎市の中学生殺害のような残虐な事件が起きると（二〇一五年二月）、地域と連携して社会全体で「子どもを見守る」必要があると、「戦争を知らない」識者たちの声が聞こえてくる。聞こえはいいが、社会全体で「子どもを監視する」のとどこが違うのか。身近な学校教育まで国任せの、「お任せ民主主義」でよいのであろうか。子どもを監視する社会は、いずれ大人をも相互監視する社会になる可能性を秘めているが、これこそ「いつか来た道」ではないのか。

時計の針を戻すようなことは、そんなに簡単にはできないだろうが、物事はプラス面だけではなくマイナス面をも考慮しておくのが、大人の知恵というものであろう。いずれにしろ学校教育の守備範囲は社会的にヨコだけではなく、人間の内面のタテにも深く入り込む。「道徳」という人格の根幹にかかわるところまで、学校教育は領空侵犯しつつある。

警察のような強制力を持つ公的機関であっても、違法性がない限り「民事不介入」の原則は厳格に守っているが、学校は「教育的配慮」の名のもとに、勝手に学習者の私事に介入する。どうしてこのようなことが許されるのであろうか。私的自治の原則[2]に依拠する開明的な人々であっても、学校に異議申し立てをする例はきわめて少ない。

サイレント・マジョリティ（沈黙する多数派）は「先生にお任せ」して、六年間なり三年間をやり過ごすが、それは信頼からではなく面倒だからである。「学帽」問題に象徴的に表れているように、沈黙する多数派にとっては学校に異議申し立てをすること自体、モンスター・ペアレント扱いされることを承知している。ちょうど会社人間は少々不満があっても会社の意向に逆らわないように、学校人間は学校の意向には逆らわないものなのだ。このような日本の学校の特異なあり方をふくめて、私は「日本型学校主義」と名づけている。

2 理解を妨げるバイアス

教育に熱心なプロであればあるほど、周囲からは「教育は崇高な仕事」「教える者はリスペクトされるべき」などと批判よりは称賛をうけ、無意識のうちに光ばかりに目を向けて、つい影やマイナス面が眼中になくなる。つまり本当に児童生徒のためになっているのかどうかを問うことなく、むしろ職業的自愛の罠に陥ってしまう。

しかし、これは教育に限ったことではないであろう。日々生きているなかで無意識に信じ込んでいることや、疑うこともない事柄は数多くある。たとえば、毎日会社に行って業務内容をこなす。長年、同じ会社で同じような業務に従事していれば、当然、その仕事の社会的意義や会社の存在理由など無意識のうちに身につく。私も管理職をふくむ四十年におよぶ教職生活で、知らぬ間に教師であることに惑溺(3)して教師本位の日本型学校主義という学校的価値観にとりつかれ、視野狭窄《きょうさく》に陥っていたことがある。そして誰のために教育しているのかということが、なおざりになっていた時期があったような気がする。

このような偏りは、教育界を見る外部の目の中にも見られる。一時期、外部から見ればデモやストばかりしているから、「学校の先生はアカい」という色眼鏡で見られていた時代があった。こんな無意識にいつまでも囚われていて、このイデオロギーから自由になれない人たちが教育改革を行おうとすると、たいていは的を外す。「学校の先生はアカい」というイデオロギーで批判する人々は、とくに終身雇用の公務員教師は、「日本型学校主義」というタコツボ型集団のイデオロギーに染まっているという、もっと大事な点を見落としている。

自治体によっては、外部から教職未経験者を鳴り物入りでいきなり校長に据え、新しい空気を入れる努力を続けてきた。プロ野球の助っ人外人選手のように外部人材を「教育ムラ社会」に入れてみても、各チームの三番や四番を任せられるような人材ばかりとは限らない。なかには「上から目線」でいたずらにチームを混乱に陥れ、教職員のみならず保護者からも批判の的となっている、適応能力に問題のある残念な人材もいる。

外部任用も選択肢のひとつではあるが、むしろ閉鎖的な「日本型学校主義」内部の構造改革を優先しないと効果は半減する。基本の枠組みを変えるほうが、汎用性があり効果的かつ持続可能な改革ではないか。

教育行政当局は深慮遠謀であるから迂回作戦をとり、もうかれこれ四半世紀ぐらい前から、「開かれた学校づくり」というプロジェクトを行っている。現場のほうは真意が理解できないのか、当初は素直に校門を開いてみたり、休日に校庭や体育館を貸し出してみたり、校長によってはせめて校長室の扉を開けてみたり試行錯誤をつづけてきた。

学校の「何を」、「誰にたいして」、「何のために」開くのか。施設設備を開放することは副産物であって、狙いは国民とくに当事者である学習者や地域住民が、学校教育の中枢に参画できるようにということであろう。巨視的にみれば学校中心・教師中心の日本型学校主義の価値観が、世間の常識と少しずつずれてきていることにたいする危機感が、政策当局にあったと推測してもそれほど間違ってはいないのではないか。

それゆえ教育に関してはイデオロギーを別にすれば、意識としては政策立案者のほうがむしろ革新的で、現場に近いほど保守的である。しかし護送船団方式で上から下までもたれ合う癒着の構造があり、「教育」という漠然としたご神体を担ぐ、誰が責任者かが分かりにくいお神輿《みこし》のような無責任の構造になっている点では共通している。いじめ問題などで、典型的にこの構造が露呈する。

学習者にとっては所属する個別の学校だけであるが、日本全体では公私あわせて小中高校と特別支援校で約三万八千校弱ある（二〇一三年度学校基本調査）。個別にみれば多少の違いがあり特色があるように見えるが、基本の枠組みはほぼ同じである。あまりに学校が金太郎飴みたいに横並びで同じ顔なので危機感を持った文科省は、二十世紀末にさらに「個性ある学校づくり」や「特色ある学校づくり」をするよう指導をした。

その頃、某県高校長会で県教委の指導主事に、「ウチの学校の特色は何ですか？」と聞いた強《つわ》者《もの》校長がいたという。「それを考えるのが校長先生の仕事でしょう」と指導主事にいわれたそうである。ウソか本当か冗談のような話だが、横並びで上からの指示を忠実に聞く癖がついていたので、まあ大いにありうることであろう。現場には無意識のうちに「現状維持のバイアス」(4)がかかっているが、無論そんなことなど想像したこともないのであろう。

要するに文科省も自治体教委も、現状のままでよいとは思っていない。だから衆知を集めてパッチワークのようにカイゼン（改善）を加え、牛歩のごとく努力していることは事実であろう。その努力が効果を上げているかどうかは、別問題であるが。

3 茶の間の教育論

教育ほど国民にとって身近なテーマはない。とくに学校教育となると、すべての国民が一度は経験があり、子どもや孫がいれば二度、三度と学校と関わりを持つことになる。話題としてはだれでも一家言あるので、教育談義の参入ハードルはきわめて低い。近年、SNSの急速な発達にともない、この傾向に拍車がかかっている。ときには元教育関係者の自愛と讃歌にみちた、私家版「教職サプリ本」の類も混じってにぎやかである。

むろん、それは悪いことではない。民主主義は国民が自分たちの社会の形成に、なんらかの形で参画することが前提となっているからである。その代償として政治論と同じく床屋政談ならぬ、教育俗論が跳梁跋扈《ちょうりょうばっこ》する。マクロの教育についてはとくに、「教育は国家百年の計」とか「教育ほど大事なものはない」などと口当たりがよく聞いて心地よいが、「うどん屋の釜」のように「言う（湯）だけ」の言説が巷にとびかう。

教育そのものが短期的な成果を計りがたく、それゆえ本来的に政策の因果関係がうすく、必ずしもエビデンスベースト（事実に即した検証）とはいかず、政策効果の検証は困難をきわめる。その代わり大義もあれば名分も付けやすいから、意外に予算はとりやすいし、選挙でのアピールもしやすいらしい。カネ勘定の「経済」と違ってコスト・パフォーマンスなど無縁の世界、たとえ一時の幻想であっても夢や希望を語ることのできる「教育」は、格好いいし語っている本人自身も自己陶酔できる。

だからたいていの政治家は、「教育改革」や「教育再生」などをスローガンに掲げる。しかし、わずかの例外を除いては関係省庁の予算増額に終わり、実効性のある改革はなかなか行われない。アドバルーンは上がるが、効果はあまりない。しかし教育政策についての選挙公約は、国民もそういう「お約束事」と思って、それほど咎めだてはしない。

つまり政治家の教育論も茶の間の教育論も、マクロ教育論については五十歩百歩でそれほどの距離はないということである。教育現場も五十五年体制の時代とは違って、積みあげた日本型学校主義に影響はないと高を括っている。村山内閣のときの旧文部省と日教組の歴史的和解（一九九五年）以来、とくに義務教育界ではこの傾向に拍車がかかっている。

政治家をバカにしているのではない。それだけ国民にとっても身近であり、とくに学齢期の子どもを持つ親にとっては切実な関心事なのである。政治家にとっても切実な関心事であり、それゆえなんとか教育をよくしたいという意欲と能力は人一倍ある。そのうえ大事なことであるが、彼らは「民意」によって選ばれている。しかし、どこをどうすれば、マクロの改革がミクロの学校の改善・改革につながるのか、よく分からないということがあるようだ。

ミクロの教育事情に比較的、精通しているのは学校現場の教師であり、それに退職教師たちを含めた教育関係者である。後者の中でも現職時代に幹部教師であった者の多くは、地元教員養成系大学や市町村教委やら社会教育など関係各所（公民館その他）に天下っている。それゆえ後輩教師の守護者でありサポーターでもあるから利害関心は一致しており、無意識のうちに自分たちが作り上げてきた日本型学校主義の守護神となり、いつしか不可視の「教育ムラ社会」というゆるやかな既得権益集団を形成している。

彼らはたいてい善意の人たちであり、現状を変えるより現状維持のほうが、日本の教育のためによいと心から思っている。現状変更で得られるものより、失うもののほうが多いと考えるのが人間の性《さが》であるからだ。あえて火傷する可能性のあるような火中の栗を拾うより、現状を守るほうが自分にとってもちょっぴり都合がよい。

おまけにマス・メディア自身も、「教職サプリ本」と同じく成長時代の残影に無自覚に囚われ、そこから発生する教育俗論のネタを提供する。たとえば、「教育をよくするには教師を増やせ」とか「ＯＥＣＤの中で対ＧＤＰ比の教育予算は最低」と、教育論に参入する学者まで右から左まで口を揃えていう。何十年も前から同じことをいっている。

しかし、である。近所の小学校など覗いてみればすぐわかる。大都市部の一部を除けば、多くの空き教室がある。都市周辺部の町村には、児童と教員数が同じぐらいの小学校もある。小中高校ともに、学校の統廃合が話題にならない地域はない。国は学級定数を減らし教委は採用を減らし、学校の統廃合を続けてきたが、それでも余っている。日本はＯＥＣＤの中でも飛びぬけて少子化率が高いのである。

モノもヒトも「量」を増やす成長社会から、モノもヒトも「質」を問われる成熟社会の時代になってきた。おまけに日本全体で一千兆を超える天文学的数字の赤字がある。量的拡大より質的充実が緊喫の国家的課題なのであって、学校教育だけ特別区扱いや例外扱いが許される状況ではないのではないか。教育界も、「この世にフリーランチはない」（M・フリードマン）という含蓄にみちた言葉の意味を噛みしめる必要がありそうだ。

政治家や国民の教育についての語り口を聞いていると、自身が受けた学校教育が無意識のうちに下敷きになっていることがままある。たとえば、およそ六十五歳以下四十五歳ぐらいで社会の中核をしめる国民層ならば、昭和三十年代から五十年代にかけて初等中等教育（小中高校）を受け、昭和最盛期の教育の恩恵をうけた世代である。

終戦直後の焼け跡民主主義の時代も終わり、「もはや「戦後」ではない」時代に入っていたが、こと教育に関しては「名ばかり民主教育」であり、実体は一九四〇年体制の国民学校とそれほど変化はなかった。[5]つまり戦前からの「上から与える教育」「教師主導」「集団的一斉主義」という基本スキームは、折しも団塊世代の人口増加と高度成長に伴う受験競争の激化もあいまって、むしろますます顕在化していった。

この世代が教育を語る時には、この基本スキームが無意識のモデルになっている。「教育は人なり」といわれる言葉の解釈も、教師に無条件で恭順してこそ教育が成り立つと考える。当時は、親も「先生の言いつけに従うのですよ」という言葉とともに、子どもたちを学校に送りだした。

したがって教える教師を無条件でリスペクトしなければ、教育は成り立たないと考える。しかも教える内容も「菊の御紋」のお墨付きがある。疑うことなく有難く受け取るべし。いまでもときたま、「先生は子どもに媚びないでガーンとやるぐらいでないとダメだ」といった勇ましい教師本位の権威主義を補完する巷の俗論が、酒席の場などでリフレインされる。

しかし前世紀末の平成に入り、様子はすこし変わってきた。「教育は人なり」であればこそ、よい教師に教わりたい。つまり教師の質のよしあしを問題にするようになってきた。これはとくに、教育を受ける側（学習者）からの問題提起である。以前はコメも配給制の時代には質より量であったから、文句もいわずに与えられたコメを腹一杯食べていた。しかし、いまや国民はみんな自由に、ブランド米を選んで買って食べている。主食もコメだけではなくパンや、パスタ・蕎麦・うどんなど麺類と多様化し、魚も肉も野菜も、何でもその品質を見きわめながら自由に選んでいる。

仮に学校選択制であっても、教育だけは学校教育法一条校しか選べないのは、どうしてなのか。フリースクールや「今でしょ」の林修氏のようなカリスマ教師のいる予備校や塾などでは、どうしてダメなのか。予備校はともかくとして、考えてみればフリースクールや塾の利用者は税金の二重払いを強いられている。個人の問題ではなく、学校制度の歪みのせいではないのか。

時代と社会はこのように変化しているのに、学校教育だけはお仕着せで、基本的には「学校」も「教師」も選べないし、「教科」選択の自由さえ極小化されている。学習者側の選択意思はほぼ無視されている。だから公立学校であっても「学帽」どころか校門内で着る「服装」ひとつ、当事者が自主的に決める自由さえないのである。軍隊ではあるまいし、どうしていつまでも「制服」や「ランドセル」なのか。こうした問題意識すら失われてきている。

さすがに、これはおかしいのではないかと疑問をもつ人が出てきたが、残念ながらまだ少数派である。「名ばかり民主教育」の基本スキームで育ってきている国民のほうが多いので、この無意識の前提に依拠して教育について考える政治家や国民のほうが、まだ多数派なのである。

さらに補足すると、一九七〇年前後から東京都を先駆けとした各自治体の高校通学区制の縮小改革（改悪？）により、現在の六十歳未満の現役指導層の多くは難関私立中高一貫校出身者である。「競争」と「自由」の重要性とその限界を承知しており、同世代の「和」と「協調」の精神を重視する義務教育の公立学校出身者よりは、教育について意外にリベラルである。そしてまた、その子どもたちもたいていは親のあとに続き、私立中高一貫校をめざしている。

ということは、残念なことに国民の大多数が経験する公立学校の問題点、つまり「日本型学校主義」の典型についての認識と理解は、経験知がともなわず実感が乏しく、切実感に欠けるということでもある。とりわけ公立小中学校に顕著に見られる先生にお任せの「預かり教育」のような実態など、承知していてもまともに理解することは難しいのではないか。専門家であるはずの教育学者も識者といわれる文化人も教育改革に熱心な政治家にも、これは共通することであろう。

ある難関私立中高一貫校の校長が、中学入学式で「諸君には勉強する自由もあるし、しない自由もある。しかしいじめる自由は認めない。いじめる者は学校から放り出す」といった主旨の話をしたと伝えられている。まごうことなき正論である。しかし公立中学校ではいくら度胸のある校長でも、「子どもを預かっている」身としては、ここまで強いメッセージを公には発信できないし、ましてや実行できない。一般的に私立では「いじめ」の最終解決にも強硬手段をとりやすく、それが抑止効果を発揮している面がある。「学力」だけではなく「いじめ」についても、お金さえあれば公立より私立を選ぶ大きな理由になっている。

4 誰にとっての「よい教育」か

わたしたちは政治と同じように、どこかに「よい教育」「理想の教育」というものがあるのではないか、と無意識に思いこんでいるようなところがある。かつては日本の教育学者も、このようなスコラ的理論に熱中した。しかしさまざまな歴史的経験を経て、独裁政治とか全体主義政治に比べれば民主政治が比較的マシな政治体制であると、国境を越えて比較的多数の人々によって認知されている。その理由はといえば、民主政治は比較的「民意」をくみ取りやすい体制になっているからであろう。

それでも世界を見わたせば、多くの愚かな国民の「衆知」を集めるよりは、一人ないしは少数の賢人に任せたほうがよいのではないか、という考え方の国もある。古代ギリシャでは民主主義を衆愚政治と名づけながらも評価したアリストテレスと賢人政治を評価したプラトンのように、この二つの思想は古くからある政治支配の源流といってもよいであろう。むろん現実の政治支配はこのようにきれいに切り分けられるものではなく、両者の思想の融合した形になるのが通常であろう。比較的前者に近いのが民主主義国であり、後者に近いのが旧社会主義国であるといえよう。

日本型学校主義のもとでの教育は、学校と学校教師に「任せる」のが基本となっている。彼らは教育の専門家であるから、素人の保護者や国民はプロにお任せするのがよいこととされた。それゆえ教師にとって「よい教育」「理想の教育」をめざして、教育活動に励むことになる。とくに学校教育は、成熟した大人の教師が未熟な子どもを成長させるよう教育するのであるから、教育される側の自由意思は制限され意見表明権もなく、ただ教師の権威に従うほかはない。

このような思いこみが人々の意識の底にあり、学校とくに義務教育界を支配している。子どもの意見表明権などを保障した「子どもの権利条約」に、オモテ向きはともかくホンネでは積極的ではないのも、日本型学校主義の理念のなせるわざといってよいであろう。

しかし教師の権威に従わないと教育は成り立たないと考えるのは、学びの道の邪道であって近代軍国時代の蒙昧にすぎない。すでに封建の世においてさえ、本居宣長は「師の説なりとて、かならずなづみ守るべきにもあらず」（『玉勝間（上）』岩波文庫、一九三四年）といっている。

危機感を持った文科省は、「総合的学習」「アクティブ・ラーニング」「反転学習」など目新しい言葉を並べているが、要するに万古不易の学びの本道たる学習者の自学自習の精神に回帰すべし、ということである。授業技法の改良によって、教師本位から学習者本位へシフトするよう試みているという見方もできる。

仮に百歩譲って、児童生徒は教師の権威に無条件で従うとしても、成人であり、なかには教える側よりも知・徳・体すべてにおいて優る者がいる保護者まで、あたかも教師の「保護」の対象のごとく扱われるのはいかがなものか。「学帽」ひとつ決めるのに当事者である保護者に決めさせないのは、簡単にいえば保護者は無知か、さもなければ親バカにすぎないと思っているからであろう。

小中学校長の意識調査に表れているように、なぜ義務教育のリーダーである校長の多くが、教育の障害要因に「保護者の利己的な要求」をあげて、親をあたかもモンスター・ペアレントのようにみなすのであろうか。

日本型学校主義の基本スキームのもとでは、基本的に子どもは親から切り離され、学校空間では「先生と子ども」という関係性しか存在しない。学校とくに小中学校は「先生と子ども」だけのサンクチュアリ（聖域）であり、たとえ親といえども軽々しく入ることはできない。この聖域においては保護者や地域住民は刺身のツマのような存在にすぎないから、ＰＴＡや学校評議員など保護者その他が加わる組織は、すべて学校の御用機関化する可能性を秘めている。

しかしながら憲法では、「すべて国民は（中略）その保護する子女に普通教育を受けさせる義務を負ふ」（第二十六条）とあり、子どもを義務教育学校に通わせるのは親の義務である。したがって学校内では、法令上も組織の常識からも「子ども」ではなく「児童生徒」であり、「親」ではなく「保護者」なのである。そして児童生徒と保護者は一体であるから、本書のように「学習者」と呼ぶのが相応しいのである。保護者は納税者でもあり主権者でもあるから、学習者となればただの教育の受け手であるにとどまらず、本来ならば教育の主権者ともなりうる。

興味深いのは、監督官庁である文科省の中堅幹部ですら、自分の子どもが学校に在籍中、「PTA会長をやった時に、正直申し上げてやはり学校や先生方に遠慮しました」と述べていることである。これが学校や先生に「お任せ」のウラにある、保護者の「人質意識」にほかならない。

まさにこの点において、「生徒会」など校内自治組織はむろん、保護者の「PTA」や地域住民をもまじえた「学校評議員」制も、すべてが学校の翼賛機関ないしは御用機関となる所以のところである。いかに「子どものため」と思っても、御用機関に主体的に関わりたいと願う者は、それほど多くはない。現在、進行中のコミュニティ・スクール（学校運営協議会制）も、これらに屋上屋を重ねることになりはしないか。

学校教師は塾教師や家庭教師とは違って、一国の首相よりも保護者にたいして事実上、絶大な権力を持っている。首相は具体の児童生徒の評価権や懲戒権を持っていないが、学校教師は児童生徒の成績をつけ、学校を退学させることもできる。ある所までは止まらない上りのエスカレーターのように、社会的に再チャレンジの機会の少ない日本では、学校中退者という烙印《スティグマ》は下手をすると一生つきまとう。

保護者から見れば子どもを「人質にとられている」ので、こわばった言い方をすれば、学校教師は教育者というメダルの裏側に権力者という絵柄が刻まれている。保護者からみれば、首相よりも身近な校長や教師のほうが「権力」なのである。それゆえ監督官庁の幹部であり当該校のPTA会長であっても、「先生たちに遠慮」せざるをえなかったのである。

ましてやふつうの保護者は、遠慮どころか教育主権を放棄して、唯々諾々と教師主導に追随する。それゆえ学校内で語られる言葉は、無自覚のうちにほとんど教師の言説のエピゴーネンつまり「追従」か、さもなければ「奴隷の言葉」になってしまう。こんな現実を笑うことのできる国民はいないだろう。

首相を批判し、知事・市長など政治家をバカにすることは誰でもできるし、時には賞賛すら浴びるが、子どもの学校教師を批判することはキケンなうえに、場合によっては地域社会ではムラ八分にあう可能性すら否定できない。

このような校門内の空気に鈍感で、学校と地域との「共生」とか教師と保護者の「協働」あるいは「シティズンシップ」などといっても、それは現実離れのした絵空事になる。近ごろ都にはやる「熟議[6]」とやらも、学校PTAなどで教師を交えてのそれと、ファミレスなどでのママ友同士のホンネトークのそれでは、同じテーマで熟議してもまったく異質で、似て非なるものになる。げんに学校PTAで熟議のすえ学帽不要を決めても、学校側の鶴の一声で却下される。

これまでの教育改革が上からの改革であり、下からの改革が皆無であったのは、このような事情が伏在していたからである。上から与える教育の基本スキームのもとでは、改革も上からの改革が中心にならざるをえない必然があった。それに小中学校と高校では設置者が違う。それゆえなのか、学校文化も違う。さらに厄介なのは、教員の任命権者と服務監督者も違う。

こうした複雑な二重行政の背後には、中央集権と地方分権の問題もふくまれており、なお理解と解決を難しくしている。加えるに近年は、前述のように地方の公立学校を地方創生のプラットホームに活用すべしという声が、中央のみならず地方の指導層からも起きている。学校は本来、児童生徒の学びのための場所であり、それ以上でもそれ以下でもない。

それであるにもかかわらず、子どもの居場所のような役割も、ますます付加されてきている。それによって学校での学びの意識が希薄になり向学の気風が失われ、学校によってはモノ売りや歌舞音曲のイベント会場化するのではないかと、危惧する国民もいることを忘れてはならないであろう。

学校の教室や体育館はAKB劇場ではないのである。なまじ「名ばかり民主教育」を看板に掲げているのに幻惑されてか、国民も「学校にお任せ」で何とかなるのではと、学校教育にたいしてはなべて甘口である。甘やかされた子どもがしばしば親の期待を裏切るように、甘やかされた組織は劣化して国民の期待を裏切ることになる。

5　各章の狙いと視点

だからといって戦後七十年の実績のある日本型学校主義のすべてを否定し、これまでの学校制度をご破算にして初期化する――たとえば、将来はともかくとして現在ただ今、すべての公立学校を民営化（私学化）する――ような、革命的改革を考えているわけではない。急激な変化は、「将来」得られるメリットは大きいが、「現在」失うものが多すぎるからである。

それに厳密にいえば、「与える教育」「教師本位（主導）」「集団的一斉主義」という基本スキームも、個別の自治体や学校現場では「選ぶ教育」「学習者本位」「個性尊重」という新しい契機が生まれてきている。国の政策も、大きなトレンドとしてはこの流れを後押ししているように見える。この流れは日本が民主社会である限り時代と歴史の必然であって、何人もこの流れを止めたり、逆流させることはできない。

このように、一見すると矛盾し対立するカテゴリーの葛藤・せめぎ合いのダイナミズムとして把握し、日本型学校主義の全体像を原理的に理解する手がかりとしたい。単一のスキームや理念でスパッと切り分けられるほど、学校教育の現実は単純ではないからだ。これは会社や組合など他の組織にも共通することであろう。N・G・マンキューも指摘する通り社会問題については、常に「あれかこれか」というトレードオフの関係に直面し、選択を迫られているからである。(7)

これまでは教育者の目、つまり教育する側の立場と視点からの教育論稿が多数であったが、ここでは複眼の異なる視点で観察・分析するように努力した。私自身、長い教職経験からくる内なる偏りがあるので、可能な限り教育を受ける側つまり学習者の立場と視点にウエイトをおくように心がけたつもりである。具体的には、本書は以下のように構成されている。

第一章――学びの場が学校として制度化され強制されると、次第に学びの精神が形骸化し学習者が疎外される。不登校は、その自己疎外の象徴というべきか。制度と精神の乖離の修正は、学習者の視点から行うべきではないか。そのことの問題性を考えてみる。

第二章――東日本大震災の際、与える教育・教師主導・集団的一斉主義を象徴するような、「大川小学校の悲劇」が生じている。他方では社会の進歩・発展にあわせて、「釜石の奇跡」のように学習者の意思を尊重する「選ぶ教育」の契機も見られる。学習者の選択意思を尊重し自立心を涵養する方向性こそ、未来志向の教育の根底におくべきものである。

第三章――学校は児童生徒が切磋琢磨して学ぶことを奨励する場である。しかし日本の学校はそれに止まらず、互いの友情や思いやりあるいはチームの和を大切にする。人間形成の中核をなす和の精神は、視点を変えれば同調圧力をかける、かつての「一億一心」の源でもあった。さらに反省すべきはチームの和には、ジェンダーバイアス（性差別）が含まれていた点である。二つの理念の間で教師も学習者も、そして国民も悩む。

第四章――日本型学校主義の理念に無意識に依拠している、メディアの教育俗論の分析を行う。

また紛争時代の権力対反権力の二項対立を超えて、教室における政治的中立性とは何かを模索する。選挙権が十八歳以上に引き下げられた以上、学校における公民教育の重要性は増すことはあっても減少することはない。

第五章——国が養成し教師の適格性を担保して、自治体教委で選考する。これでよいのか。「誰のために」教壇に立つのか、基本理念に立ちかえるべきではないか。また学習者との心理的な距離をどのように取るべきか。新しい視点を提示したい。

第六章——ここでは校長と教委を含めて教育リーダーとして考える。校長の意識調査に見られる権威主義的心情で、果たして「民意」をくみ取ることができるのであろうか。そして大事なことは、いざとなったら誰が誰に対して責任を取るのか。いじめ案件に象徴される無責任の構造をどうすれば正せるのか。新たな総合教育会議では、民意を代弁する自治体首長が教育リーダーの役割を担う意味を、考えるべきではないだろうか。

このような全体像の把握のうえで、どのような改革が現行法制下で求められているのか。そして、効果的であり持続可能であるのか。そもそも冒頭で述べた学習者側の教育にたいする「納得感」や「満足感」をどのように担保するのか。ここに改革のカギがある。つまり日本型学校主義を教師本位から学習者本位の方向へ、シフトせざるをえない制度的な枠組みを考えればよいわけである。そして第七章と終章では、こうした視点から実際の制度設計について考えてみる。

第七章——自治体の教職員全員が同じ中位の評定という「名ばかり勤務評定」で、学習者の求めるよい教育が実現できるのであろうか。こうした危機感から自治体首長が中心となって、県民各層の代表や文科省官僚も含む県内外の有識者も加わり、学習者本位の改革が自治体全域で制度化された。この長野県の先駆的な教育改革を例に取り上げ、すでになされた具体の制度設計の意義を述べ、それを全国の教育改革のモデルとして提案してみたい。

これはコペルニクス的転換ともいうべき学習者本位の教育の理念にもとづく、民主主義の原理にかなった抜本改革であり、しかも全国どこの自治体・学校でも、実施可能な汎用性のある改革である。考えてみれば企業に市場という匿名で不可視の最終裁定者が存在するように、学校には「学習者」という可視的な具体の最終裁定者が存在する。

このように述べると、学習者を単なるユーザーと捉え教育への市場原理の導入と早とちりして、「新自由主義」とか「市場原理主義」と負のレッテルを貼り付ける名ばかり民主教育と日本型学校主義を擁護する護教論がある。これにたいしては合田哲雄氏（文科省課長）が「あなたは学校の経営主体で、参画者の一人です。（中略）この評価に対して参画するということは、あなた方がこの学校をつくっていく上で重要な一つの主体なのです」と、改革会議で述べた含蓄のある言葉を送りたい。

この改革は学習者を教育の対象とだけ考えるのではなく、とくに保護者を教育の主体と位置づけている。そのための一里塚として、学習者によって匿名で教育評価・学校評価を行うのである。このように学習者が校門の中で民主化の主体になることにより、日本社会全体の民主主義の成熟度を高める効果もある。

政治家はなぜ国民を恐れるのか。マスコミに批判されるからか。マスコミは批判しないと商売にならない。そのことは、ある程度、おりこみ済みである。それでは国民がデモをするからか。憲法で保障されている請願権の行使は、「平穏」に行われる限り政治家は耳を傾ける必要がある。

しかしながら、中央・地方を問わず与野党を問わず政治家が一番恐れるのは、いうまでもなく匿名性を担保した選挙である。それは国民が顔を出すこともなく名前を出すこともなく、したがって誰に気兼ねすることなく、最終的には、直接、政治家を秘密選挙で選ぶことができるからである。そして一票の価値は、富者も貧者も有識者も無識者も、みんな平等である。こんなに簡便で手間のかからない民主主義の原理にそくした制度はない。

同じようにこのような最終的手段を、学習者側が持つことができる制度的仕組みがあれば、PTAも学校評議員会も、そしてコミュニティ・スクールも、まさに本当の意味での「熟議」が行われ「学習者本位の教育」にシフトする可能性を秘めている。つまり学校で学習者が匿名で一票を投じ、校長や教師を選び、そして社会では政治家を選ぶ。これこそ言葉の正しい意味での教育の民主化であり、真の民主主義の教育ではないだろうか。

第一章
学校と学びの精神

1 学びへの強制

いまの日本では、子どもたちは学齢期になると、ほぼ毎日、学校に通う。少々、具合が悪くても、ムリしても登校する。休むと勉強が分からなくなり、それになによりも学校に行かないと、ちょうど顔を洗い歯磨きをしないのと同じで気持ちが悪い。そのくらい子どもたちの生活の、大きな部分をしめている。熱でもあれば大威張りで休めるが、理由もなく休むと罪悪感を覚えてしまう。そして保護者も、毎日、つつがなく子どもが学校に行くように仕向けることが、親としての責務であると思っている。

勉強が好きとか嫌いとか、ましてやできるとかできないなど関係なく、ともかく毎日学校へ行くのが日課になっている。勉強ができれば好きである確率は高いので、喜んで行くかもしれない。勉強が必ずしも得意ではなくても、学校へ行くことが好きという子どもは意外に多い。友だちとのお喋りが楽しいとか、クラブ活動が生きがいとか、勉強以外にも理由はある。共働きが多数派になってからはなおのこと、祖父母でもいればともかく、子どもだけで家にいたのでは心配で困る。このような親の生活や仕事の都合もあり、子どもの居場所としての学校の存在感は、大きくなることはあっても小さくなることはない。

毎日、学校に行くことが、社会に出てからは工場やオフィスや田畑あるいは海に仕事にでる癖、つまり労働の癖をつけるのに役立っている。時間厳守・規律遵守・チームでの学習や行動など、効率的に近代組織で働くのに適した人間をつくりあげていく。学校で時間を守り効率よく学級集団で学ぶシステムが、企業で能率的に班単位あるいは課単位のチームで労働する方式の原型であろう。両者を貫くエートスは、「働きたくない者は食べてはならない」という聖人の言葉に表される。(1)そして学校路線に忠実に従っていれば、日本社会に適応しやすい社会性を獲得できる。

これらは近代日本の教育における、学校制度のもつ功績といえるだろう。しかし学校の成功の影には、大きな副作用が生じていることも否定できない事実である。

学校の存在感が増したからといって、子どもたちの勉学意欲や勉強の成果が上がっているとは限らない。会社に出勤しても、働く意欲は人によって異なるようなものだ。むしろ学校へ行くこと自体が目的で、学ぶことは二の次になる可能性がある。可能性ではなく、すでに学校は子どもの居場所で、学ぶのは別の場所で、となっている現実がある。

地域によって違いはあっても、小学生も四年生ぐらいになると、週に何回かはピアノや書道などお稽古塾あるいはスポーツクラブに通う。同時に、学習塾にも通うようになる。そして大都市部及び周辺では、私立中高一貫校の受験を志す子どもの多数派は、この頃から学習塾中心にシフトする。地方都市でも最近ふえてきた公立中高一貫校を受験するため、学習塾中心にシフトしていく。地方都市で公立高校志向の小学生は、苦手な科目とか算数・国語など主要な科目にかぎって、塾に通う子どもが増えてきている。

もう四十年ぐらい以前には、乱塾時代とか、いや乱塾どころかもはや爛塾のほうだというぐらい、塾問題が学校教育をゆるがす大問題として議論された時代もあった。いまでは学校と塾のダブルスクール現象は、当たり前の常識として国民に認知されている。もはや「どうして学校だけではダメなの?」、という疑問の声すら聞くことができなくなった。

家庭教師については、大昔から王侯貴族が子弟の教育に用いていたことは、よく知られている。日本も例外ではなかった。しかし、学校と並立して塾通いが日常化している国は、それほど多くはない。くまなく調べたわけではないが、お隣の韓国を除くと学校と同じ学習をする、いわゆる学習塾の存在は世界的には珍しいといってよいだろう。

勉強をするために子どもたちが、毎日、通ってほぼ七時間前後は学校にいるのに、それでも足りなくて第二の学校に通うのは、考えてみればかなり特異なことではないか。そして、そのかなり珍しいことであるという感覚が失われてきたことが、また珍しいことではないかと思われる。幼少期からお稽古事ではなく学習塾に通うのは、国民の教育熱心さの表れと考えるべきか、それとも「学校の失敗」と考えるべきか。意見の分かれるところだが、現在では、こうした問題意識すらなくなっている。

縄文や弥生のように狩猟や農耕が中心の時代ならば、弓矢をあやつる狩りの腕前が必要であったし、農耕であれば鋤や鍬など農具を使う必要があったろう。そのためには弓矢を作り、狩りをする技術が上手な者が評価されたに違いない。また農具を作り、これを巧みに用いて田畑を耕して、芋・粟それに麦・コメなどの穀類その他野菜を作る技術が必要であったろう。このように時代によって生活技術は違っても、それを学び身につけないと生きていくことができなかった。

つまり生きるために学ばなければならず、学ぶことが生きることを意味していた。他の動物と違って人類はきわだって学ぶ能力と意欲が高いので、自然を支配し他の生きとし生けるものの長として君臨することが可能になったのである。

縄文や弥生の弓矢や農耕技術に匹敵するのが、現代では「読み書きソロバン」を学び身につけることであり、それが現代社会に生きる最低限の技術として必要である。そのため義務教育として三R（読み書きソロバン）を一定期間、全国民が習得することが義務づけられる。時代の進歩に従って三Rの内容も変わるから、現代ではＩＴＣ（情報通信技術）も含まれる。

子どもは判断力が十分ではないから、なかには三Rを習得する必要性が理解できないで、学ぶことを嫌がる子もいるかもしれない。どうして国は、嫌がる子どもにも学ぶことを強制するのだろうか。個人の自由ではないのか。しかし嫌がっても国が強制するのは、最低限の三Rができないと本人が成人してから困るからである。子どもの時にはゲームやマンガやテレビなどで遊ぶことに忙しくて、学ぶことの必要性や重要性が分からないかもしれない。そこで親や国が子どもに学びを強制することが許される。さらに、成人してから本人が困るだけなら自己責任でよいのだが、その影響は本人だけではなく社会や国全体にもおよび迷惑する。

国民のすべてが読み書きなど最低限必要な知識や技能を身につけている社会では、読み書きも不自由な国民が多い社会とくらべて、科学技術や経済もヨリ発達し治安もよく豊かな生活を国民が享受することができる。みんなが学ぶことが、みんなの幸せにつながっていく。国民が学ぶことが少なく働く効率も悪ければ、得られる成果も少なく分配するパイも小さいので、国民生活はなかなか豊かにならない。識字率の高さと一人当たりのGDP（国民総生産）の大きさは、比例関係にあるのが常識である。

それだけではない。仮に日本のように比較的豊かな社会であっても、社会を生き抜くに必要な知識や技能で十分に武装していない人は、社会から脱落する可能性が高い。何らかの先天的なハンディがあって、学びや労働が十分にできない者には、国が手を差し伸べるのは当然のことであろう。

しかし健常者で脱落者が多い社会では、国が彼らの面倒を見るために、セイフティーネットをつくらなければならない。失業手当や生活保護など福祉コストがかさむ。また知識のレベルが低く判断力や徳性が練磨されていないと、犯罪をおこす確率もたかい。警察官や軍隊の増員が必要となり、日常的にも街の防犯カメラの設置など、治安維持のためにコストもどんどんかさむ。経済学では教育にはこのように外部効果があるから、ある限度内で国の関与を正当化できるという[2]。

　義務教育で学ぶことを強制されるわけは分かった。そのために国が介入する正当な理由も分かった。しかし、どうして学校で学ばなければならないのか。自宅で家庭教師について学んでもよいし、塾で学んでもよいのではないだろうか。このような疑問が生じる。「学ぶこと」と「どこで学ぶ」かは別の事柄ではないかという問題提起であり、同時に、国の介入の限界と程度はどのようなものであるのかという問題意識でもある。

　学ぶ場所まで国が強制することを正当化できるのかどうか。ここまで学習者側の選択意思を無視してよいのか、という点である。また、学校に通うにしても、どうして特定の学校を指定されなければならないのか。お役所がやることだから正しいという、ただの思い込みつまり先入観ではないのか。そのことに疑いを持たないことが問題なのではないか。

　私立ならば自分で好きな所を選べるのに、公立小中学校などを事前に選べる自治体は、東京都の多数の区をふくめていまだに全国の一〇%強にすぎない。私立にも部分的に公費を投入しているが、選択は自由である。したがって私立にも公立と同額の公費を投入し、私立も公立もイコールフッティング（同一条件競争）にして、学習者の選択の自由に任せたらどうか。

そうすれば選ばれない学校は選ばれるように頑張るであろうし、選んだ学習者は選んだ責任も感じるから学校を改善することに力を貸すことだろう。私立は選ばれるために、あたりまえの経営努力をしている。そうでなければ、公立もすべて私学化つまり民営化するほうが合理的ではないか。このような考え方が、当然ありうる。

教育史をひもとくまでもなく、国が強制的に子どもを指定する学校に通わせるようになったのは、近年、始まった制度にすぎない。日本では明治初期の学制令を嚆矢とする、たかだかここ百数十年のことである。江戸の中期以降には、寺子屋花盛りであったと歴史書に記されている。上級武士の子弟は指定された藩校に通ったが、半農の下級武士の子弟は郷学《ごうがく》や寺子屋に通った。江戸の町人の子どもは数ある寺子屋から、近隣の評判のよい所に通ったといわれている。江戸時代であっても庶民は、学ぶ場所を選ぶことができたのである。

それが近代になったらとたんに、お上が全国津々浦々、就学校指定をするようになった。開国して急速に近代化を進める必要から、軍隊方式で画一的に効率よく学校を整備する必要があったことは理解できる。しかし、これだけ価値観が多様化し、社会で求められる人材も多様化している現代に、明治の初めごろと同じように、国や自治体が「上から」画一的に標準的な学校ばかりつくり、指定した学校に児童生徒を押し込めるのは、いったい誰のためなのか。疑問なしとしない。

2 学校は必要か

さらに、なぜ学校でなければならないのか。塾や家庭教師など学校外教育機関は隆盛をきわめ全国の学習塾は栄枯盛衰が激しいが、それでも減少しつつある小中高校の総数を上回る勢いのようであり、小学六年生の約三〇％と中学三年生の約六〇％が塾などに通っている（ベネッセ・総務省・文科省調べ）。また、自宅で塾の通信教育をうけている者も多い。さらには、不登校生のフリースクールや広域通信制学校もある。

となれば、学校で学ばなくても、塾など学校外教育機関も「学校」と同じと認め、そこでの学びも正式に認めたらどうか。このような考え方も合理的だと思うが、なぜか法令で「学校」と認められたものでないといけないことになっている（学校教育法第一条）。

仮に学びを強制されることは認めるにしろ、学ぶ場所まで指定される必要があるのだろうか。「学校」という学ぶ場所を指定され、学校で学ぶ以外は基本的には卒業も単位修得も認めないというのは、そこまで学ぶ側つまり学習者の選択意思を束縛してよいのであろうか。国が国民のためを思ってやる温情主義も行きすぎではないだろうか。

いまや学ぶことより学校に行くこと。つまり、学校で学ぶことに興味と関心が注がれている。「学ぶ」ことより学ぶ場所である「学校」に興味と関心が注がれると、どこの学校で学ぶのがより良いのかと、ますます学校という学ぶ場所が大事になってくる。「よく学ぶ」ことより「よい学校」に通うことが主目的になる。だから、よい学校に入るためにだけ、勉強をするようになる。学歴主義が社会に横行するゆえんのところである。

そうなると「学校」に入り学校を卒業すれば、学びも終わりとなる。いや、極論すると入る努力さえすればよいのであって、入ってしまえば学ばなくてもトコロテン式に卒業させてくれる。日本の大学生の多くが入るまでは異常ともいえる努力をするが、入ってしまえば一部の資格試験を受ける者をのぞいてほぼ努力をしなくなる。つまり、「習得」(学ぶこと)はかならずしも「修得」(学び身につけること)を意味しないが、習得イコール修得というフィクションができあがる。[3] 学校の持つ学びの機能は、ますます形骸化すると同時に、皮肉なことに本来の修得をめざして学校外教育機関に殺到することになる。

生涯学習という言葉もあるように学びは一生ものであり、とくに、社会に出てから必要なスキルを身につけ磨くことが必要であるのに、学校を卒業すると「学び」も卒業してしまうのでは、本末転倒ではないのか。なんらかの事情で不登校になり学校を中退すると、いくら独学や塾などで学んでも「中退者」という烙印は一生付きまとい、就職もままならない。再チャレンジのためのフリースクールはあるが、塾と同じ扱いとなっている。

安倍首相が首相としては初めてフリースクールを視察し、また超党派の議員連盟が「多様な教育機会確保法案」を二〇一五年度通常国会に提出し審議された。フリースクールを学校教育法第一条校として認めるのかどうか。あるいは、それに類するよう実質的に同じ扱いにするのかどうか。さらには学校利用券《バウチャー》制度を何らかの形で取り入れるところまでいくのかどうか。注目すべき、これからの課題である[4]。

長い人類史の中では、学びの基本は独学であったし現在もそうである。自分自身で家や図書館で勉強することに、何か不都合があるのだろうか。江戸時代とは違って、教材はいくらでも手に入る。ＮＨＫ通信教育もあるし教科書も買える。もっと役に立つ学習参考書が沢山ある。いよいよとなれば塾もある。加えて最近は、スマホに自学自習用のアプリが、いくらでも廉価で手に入る。

とはいうものの独学といっても、とくに初心者の場合、誰かに教わるほうが効率的かつ合理的だというのであれば、誰に教わるのか。その相手を、学習者側が選べるのが基本ではないだろうか。塾や予備校や家庭教師は、教わる相手の教師を選べるシステムになっている。仮にあてがいぶちであっても、学習者には拒否権がある。学校にたいして拒否権はないから、不登校になる以外に、ほとんど選択肢がないことが問題なのである。

アメリカではホームスクールといって、自宅で親に学ぶやり方も認められている。アメリカの真似をせよという意味ではない。もっと自由化して、たとえば、学校と在宅学習、学校と塾という組み合わせで、卒業資格を与えてもよいのではないか。

そして義務教育であれば中学卒業時に高校であれば卒業時に、それぞれ全国学力テストの悉皆《しっかい》実施をする。それぞれ最低基準だけ決めて、卒業認定するという方法もある。私学もふくめて学校路線を歩む者も、そうでない者も全員受けさせて、必要に応じて総得点数を活用できるようにすればよい。学校を卒業すること（習得）が学びの成果の証明ではなく、学びの成果（修得）をテストするほうがまっとうな証明の方法ではないか。

そうすれば、どこの学校を出たかではなくて、多様な学びの場所と方法を保証することが可能となる。どれだけ知識や技能を身につけたかで、その人の能力をはかることができる。それを実施するとなると現在の教育制度の根幹を変えることになるので、現制度に大きく依存している組織や人々からの抵抗は大きいことだろう。なによりも現制度の中で生活してきた人々の意識を変えることは、山を動かすことよりも難しいかもしれない。

学校は勉強を学ぶだけではなく、もうひとつ大事な機能がある。子どもが家庭から離れて、別の集団に行くこと自体に意味がある。親が働きに出る都合もあり、家にいたのでは困るという実際的な理由もあるが、子どもの精神に与える影響がある。生まれてから親の庇護のもとにいた子どもを、家庭から引きはなしアカの他人ばかり集まる集団に入れることは、畳の上の水練と違い実際に小さな社会を経験することになる。

高校時代、一時期、教会経営の保育園の二階に、起居していたことがある。春先、四月になると新しい入園児の中には、親が帰ろうとすると泣き叫び、二、三日慣れるまで親との別れを惜しんで涙の別れをする園児もいるが、保育士は保育園の入口の戸をぴしゃりと閉める。毎年、春先に見ていたが、保育士の入口の戸をぴしゃりと閉める光景が印象的であった。後年、アランの次の文章を読んで、その非情とも思える対応のもつ意味を、遅まきながら理解した。

わたしはひとりの泣きわめく子供が学校へひっぱって行かれるのを見たことがある。校門が閉まるか閉まらないうちに、子供は泣きやんでしまった。かれはその学校という制度の力で生徒になってしまったのだ。それは、先生の職業柄である一種の無関心が、あたかも気候のように、即座に強く作用したのである。（八木冕《べん》訳『アラン著作集　第七巻　教育論』白水社、一九六〇年）

この「学校」という個所に「保育園」なり「幼稚園」など、就学前の幼児教育機関の名前を入れれば同じ意味である。つまり、はじめて子どもが親の庇護から離れて、自立への第一歩をふみだし旅立ちをはじめる。記念すべき親と子どもの別れの儀式である。

日本では家庭と学校、あるいは幼稚園などとの役割の違いへの意識は、それほど明確ではない。むしろ、学校など公的機関の役割を、家庭の延長線上で考える癖がある。学校教師にも親と同じ役割を求める。親のような愛情を児童生徒に注ぐことが、よい教師であるという認識が、教育界でも一般世間でも、比較的、常識となっている。

しかしながら、親は情緒的に子どもに接する。したがって「親の愛情には忍耐がない」とアランはいう。親は子どもにあまりに多くを望みすぎるし、それゆえ、子どもの少しの怠慢にも我慢ができない。それゆえ親がわが子に教えるのは、適切ではないという。職人の世界でも、わが子にあとを継がせる場合には、他の同業者のもとに託して修業をさせる。会社経営の場合も同じである。俗に、「他人の飯」を食べさせる。つまり親の過剰かつ不必要な「舐犢《しとく》」[5]の愛が、子どもの教育や修業の妨げになる、という長年の人類の知恵がある。

　君子はなぜわが子を教えないのか、という弟子の問いにたいして。孟子は、親は子どもを厳しく道理に従って教えようとする。教えたとおりにならないと、ついつい腹を立てて怒ってしまう。だから昔から、親どうしで互いに子どもを取り換えて教えるのだという[6]。どうやら親の愛情が子どもの教育には向いていないことは、古今東西、同じであるようだ。こうした事実から学ぶべきは、学校教師の児童生徒への接し方は、愛情とか慈しみの情ではなく、必要とされるのは公平性や客観性を貫ける、一見、非情とも思われる職業的な冷静さと公共的な使命感であって、親と同じ愛情ではない。

　幼稚園児や保育園児や、ときには小学校低学年生にも母親代わりの母性的な庇護（マターナルケア）を必要とするケースもあるかもしれないが、子どもたちの社会的自立への支援をすることが、もうひとつの重要な使命であることを忘れてはならないであろう。

　長い間、親は確実に子どもよりは、生理的にも社会的にも先に死ぬと思われた。「いつまでもあると思うな親と金」であり、否応なしに子どもは自立せざるをえない。したがって、子どもを社会的に自立させる必要があり、そこに学校のもうひとつの役割を認めていた。

ところが思いもかけない急速な長寿社会の到来によって、親の労働年月も長くなり子どものほうは、「いつまでもあると思うよ親と金」になってきた。ニートやフリーターなどを社会的要因に求める議論が主流だが、根本には子どもの家庭や学校への「依存体質」が根底にあるのではないか、という考えも無視できないのではないか。戦後七十年、あの未曾有のつらい国民的な体験の記憶も薄れるとともに、廃墟から立ち上がった「自立の精神」も失われ、過保護と依存体質が社会に瀰漫《びまん》するようになってきた。(7)

NHKテレビの番組「ダーウィンが来た!」などで鳥獣の子育てをみると、ほぼ例外なしに、子があるていど成長すると餌を自分で捕るように、冷酷とも思えるほど突き離して自立を促す。鳥獣にも劣らないように、健常な子どもたちには「働きたくない者は食べてはならない」という勤労の精神を、いまこそ家庭はむろん学校でも鼓舞すべきではないか。

3 不登校という問題

親の愛情から自立への道を歩むには、親の愛情の及ばない「学校」と「受験」などはむしろ絶好の機会であった。また、大正・昭和の戦前期の日本は貧しくかつ軍国の時代でもあったから、「貧困」と「戦争」が否応なしに若者を自立させた。ところが、戦後の高度経済成長とともに、どれだけ勉強したかよりも「よい学校」を通過することが、「よい会社」に入る必要条件となった。そして大きなよい会社に入ることが、幸せな生活を保障される道であると思われた。

自分で学ぶ意欲よりも、とりあえずよい学校に入ること自体が目的となると、学校生活そのものに興味と関心を持てなくなる。それに日本の学校は上にいくほど自由だが、義務教育の小中学など校則は厳しい。公立の小中学校から地域の難関系公立高校に入ってきた生徒たちは異口同音に、高校は「監獄」から解放されたように自由なのに驚いた、という感想を述べていた。だいたい昭和の終わりごろまでのことであるが。

小学生は自我も十分に発達していないので、幼児期の延長線上で行動を束縛されても、それほど不自由に思わない。自由・不自由は自我との関係概念であるから、小学校高学年になり思春期に入りはじめると、学校生活の拘束が気になりはじめる。そして、中高校ではピークに達する。成長し続ける自我が、集団生活との折り合いをつけることができないと、不登校をひきおこす。

不登校から引きこもりになる道筋は、もはや一般的に認められている。一九七〇年代から、学校嫌い（スクールフォビア）という不登校のはしりが見られたが、まだまだごく一部であった。原初は、律儀でまじめな学校優等生が不登校になった。かれらは必ずしも「学び」が嫌いなわけではない。「学校」という息苦しい場が嫌いなのである。物事を四角四面かつ律義に考え学校への適応を過剰に意識する生徒ほど、学校との折り合いのつけ方が不器用である。そんな思春期の心理の綾にも無理解で、ともかく学校に送り込もうとする周囲の有言・無言の圧力がウザい（うっとうしい）のであろう。

さらに学校側には大きな問題がある。学びのために最低限必要なルールとか秩序だけ守れば自由というのではなく、はなから自由を抑圧し少年院や軍隊の学校と見まがうほどの、細かい規則（校則）と集団訓練で同調圧力をかける。人はルールや秩序形成に自ら参画している意識があれば、それに従うものであるし、それが民主社会の法令遵守の基本姿勢にほかならない。ところが、何かにつけて「学校の決まり」「先生の言いつけ」「みんなと同じ」を三種の神器としてふりかざし、上から他律的に定められたルールや秩序に、「みんなが同じ」ように無条件で従うよう同調圧力をかけられる。

さらに「人間形成」とか「心の教育」というような抽象的かつ意味不明なスローガンを掲げて、肝心の勉強よりも生活（生徒）指導に力を注ぐ。「人間をつくる」など、教会やお寺でもできないこと、いや、やってはならぬことを、日の丸ブランドでやろうとしている。神仏を恐れぬ所業ではないか。はたして、そのような自覚があるのだろうか。

勉強するために学校へ通っているのに、定型的で素直な人間像をよしとして、それも教師が求める素直な人間を大量生産しようとする。むろん、教師が自由意思でしていることではなく、「上から与える」のが基本となっている教育制度が、教師をしてそのようにふるまわせているのである。制度が人の社会意識の形成に大きな影響をおよぼすので、教師自身もそんな大それた気持ちはないのに、しだいに「人生の師」になる心地よさに自己満足するようになる。

伝統的に「自由」より「秩序」を尊重する社会的な気風が、このような秩序優位の学校教育のあり方をあと押しする。つまり、個別個人の多様なあり方を認めるより、集団の一員としての個人を認めるほうが、集団的な学校生活を維持するには都合がよい。

しかし本来、秩序は手段であって目的ではない。学校の秩序を守ることより勉強することが目的であるから、過剰な秩序尊重は自由な精神を抑圧し、児童生徒の学びの意欲を低減化させる。学問や勉強は自由な精神と雰囲気を必要な栄養源とするものであって、軍隊的な秩序と規律の押し付けは学びの場にそぐわない。したがって、勉強は好きだけど・学校は嫌いだ、という矛盾にみちた「優等生息切れ型」と呼ばれる原初不登校生の理念型こそ、日本の学校教育のあり方にたいするもっともラジカル（根源的）な異議申し立てであったといえるのではないだろうか。

学ぶ意欲や学ぶことよりも、学ぶ場所が特別の権威となるから、学校教育はつねに正しい基準となり誤りの原因はすべて他に求められる。教師が教育制度に影響されるように、児童生徒も学校によって矯正される。その「矯正」が、すべて正しいとは限らない。

個性的で自己主張の明確な生徒は学校に通うことを強制されることにより、かえって学習意欲や探究心を失いがちになる、という逆説を理解する必要があるのではないか。ましてや自我の確立のために心理的に暗中模索しカオス状態の青少年に、必要以上の無意味な抑圧を加えることは教育上、必ずしも得策ではない。前述のアランの言葉のもつ含意を再考すべきであろう。

不登校については当初、学校路線に戻そうと教師や親も努力したが、かえって逆効果になった。学校を拒否する生徒を、学校に戻そうとすることは矛盾がある。そこで「登校刺激しないよう」

に注意ぶかく学校路線に戻すように、という論理矛盾をはらんだ窮余の指導が行われた。つまり、それほどまでにして学習者の学びの意欲よりも、学校制度を守ろうとしていたといわれても仕方がなかったのである。

「馬を水辺まで連れて行くことはできるが、無理やり水を飲ませることはできない」という俚諺がある。登校を強制することは可能でも、無理やり勉強させることはできない。馬以上に人間は自由意思をもっている。自由意思を抑圧して無理やり学校に通わせることが、学習意欲を減殺することはよくある心理的現実である。いまでは不登校生のカテゴリーも多様化して、学校への異議申し立てのほかに、いじめが不登校の大きな要因のひとつになってきた。

これは芥川賞作家川上未映子の二〇〇九年秋にベストセラーとなった『ヘヴン』の一節である。以下のくだりは、斜視のために長らく過酷ないじめにあい不登校になっていた「僕」に、母親が慰めかつ励ますやりとりである。

「学校なんて行かなくてもいい。でも、高校はまたこことは違うから、行きたいなら進学するための方法をふたりで考えよう」
「うん」と僕は返事をした。
「行かなきゃいけないとか、もうないからさ」と母さんは笑った。
「行かないでもいい」ともういちど繰りかえして言った。

（『ヘヴン』講談社）

どこかで似たようなくだりを読んだ記憶があると思ったら、村上春樹の三十年ほど前の作品『ダンス・ダンス・ダンス』にも、十三歳の不登校生ユキを慰める主人公「僕」のセリフが以下のようにあるが、よく似た印象をうける。

僕はユキの手を握った。「大丈夫だよ」と僕は言った。「そんなつまらないこと忘れなよ。学校なんて無理に行くことないいんだ。行きたくないなら行かなきゃいい。僕もよく知ってる。あれはひどいところだよ。(以下略)」
(『ダンス・ダンス・ダンス(上)』講談社)

息子の「僕」を慰める母親も「ユキ」を慰める僕も、行きたくなければ無理に「学校なんて行くことはない」、と言っている点で共通している。この二つのベストセラーの間には二十年の歳月が流れているが、「いじめ」と「不登校」の様態もほとんど変わっていないことに驚かざるをえない。

ここ何十年も絶えることなく、十万を超える不登校生がいる。とくに中学生が多く、しかも、近年ではいじめがきっかけで不登校になるケースが多い。それどころか例年かならず、いじめによる自殺という痛ましい事案が何件かおきている。二〇一二年の滋賀県のいじめ自殺、二〇一五年の岩手のいじめ自殺など、近年の典型例であろう。

いじめられるぐらいなら、学校など行かなければよい、という川上未映子や村上春樹の小説の登場人物のように、学校を相対化して学びの場所の選択肢のひとつと、気楽に考えることができればよい。しかし行為規範のつよい一神教の影響力の弱い日本では、平均的な国民の常識レベルでは学校教育があたかも教会やモスクの代替物として、「しつけの本山」であり「正義の裁定所」であるかのごとき存在感がある。

学校を休むこと自体、「サボる」、つまり「怠け者」の代名詞のようになっている。それゆえ「学校中退」者は根気がない、あるいは集団になじめない「落ちこぼれ」といった、あたかも人生から落ちこぼれたような負の烙印をおされる。塾や家庭教師や予備校など学校外教育機関をいくら選び直しても、こうしたスティグマをおされることはなく自由である。

子どもが学校から教師による体罰やいじめなど「教育被害」[8]を受け心因性の病になってはじめて、親は子どもが学校に行かないことも、本人にとって正しい選択であることを思い知るのである。これら不登校の原因をすべて本人の性格特性や家庭や社会に求めて、肝心の学校には責任はないとする教育界全体の雰囲気にこそ問題があるのではないか。

相思相愛の男女の仲であっても、別れることがある。夫が悪いのか、それとも妻にも責任があるのか、そんなことは分からない。分かるのは、双方に、それぞれ言い分があり応分の責任があるのであって、一方的にどちらかが責められるということではないであろう。ところが学校では何事もほぼ一方的に、学習者側に責任を負わせる仕組みになっている。

さらに、もっと重要な問題がある。学びではなく「学校へ行く」ことを他律的に強制し、学習者の選択意思をないがしろにすることが、国民の自律的な選択意思によって担保される民主社会の成員を育てるのにふさわしいのかどうか。本来、憲法規範に依拠する学校こそ、若者が学びを通じて民主主義の作法を学ぶ場所であるにもかかわらず、異論を許さず同調圧力をかける非民主的な手法で運営されるという矛盾をどのように考えるのか。ここに近代日本の学校教育の成功の影に隠れた、看過できない大きな問題がある。

4 学びの精神

我今日、**隔日登校主義**なるものを思いつきたり。(中略) ああ我は学校生活の繁雑没趣味にして、徒に他人と共にすることを強いられて、その得る所少きを歎ずる者なり。わざわざ往復の時間を費して通う価値ある学科は極めて少し。その重要なる学科と雖も、今日欠席して、明日、他人の為に復習せらるるを注意して聞き、その日新しく習う所の講義を受くれば十分なり。これ我が隔日登校主義の生れし所以なり。これ学習の理想とは云い難けれど、社会の束縛はこれすら実行するを許さざる也。やんぬる哉。(大宅壮一『青春日記 下』中公文庫、一九七九年)

戦後一時代を画した評論家大宅壮一の日記の一部である。日記によれば生家が造り醤油屋で手広く商売をやっていたが事情があって、大宅は旧制茨木中学生のころ、すでに家の大黒柱であった。休日はもちろん登校日も、農業をやり、さらに醬油の仕込み、販売、配達に奔走する様子が記されている。

こんな家庭環境下の一九一七（大正六）年九月三十日の個所（大宅が十七歳の頃）に、引用した記述がある。実際、家業が忙しいのと、さらに自分の勉強（独学で英・独・仏・露を学び、さらに文学・哲学・その他社会科学など驚くべき広範囲の読書をしていた）のために、学校へ行く暇もないし、また煩わしかったのであろう。当然、成績は極上であったが欠席や欠課が多いので、担任教師に呼ばれ注意を受けている様子も記されている。

翌一九一八年に起きた米騒動を見て回った大宅は、高等小学校の同窓会で「不穏な演説」を行い、これが原因となって茨木中学を退学することになる。この後、独学で京都の三高に入り、東京帝大文学部に進学したが、中退して評論活動に入ったという。

選ばれた者たちが入っている旧制中学ですら、人によっては学習進度の違いや教科の好みの違いなど、さまざまな個性の違いが生じている。それを教室という箱に四、五十名詰め込んで、みんな同じように一斉に画一的な指導をすること自体ムリがあり、大宅壮一のように旺盛な好奇心と学習意欲をもっている少年にとっては、耐え難いものであったろう。

旧制中学は現在の学制でいえば義務教育ではなく、地域の名門公立高校に匹敵すると考えられる。もし私が校長で大宅少年が在校生にいたとすれば、欠席が多いので学習の習得は不十分でも、成績は抜群によく学習の修得は十分なので、おそらく成績会議では校長裁量で進級なり卒業なりを認めたことであろう。

しかし、そのまえに教科担任によっては欠席・欠課が多いことを理由に、不認定点をつけてくる可能性がおおいにある。こうなると校長裁量というわけにもいかなくなる。いかに定期テストの成績が抜群であっても欠席・欠課が多いのは、教師の心証がきわめて悪く生活態度に問題ありとみなされる！　意外に思われるかもしれないが、ここに日本の「学校」と「学び」の関係を解く重要なカギがある。

つまり、学ぶことより学校を休まないで登校する愚直なまでの「勤勉」性に、教育的意味を認めているのである。したがって病気など正当な理由なしに欠席すると、サボりつまり「怠業」と認定し、生活態度が悪いとみなされ内申点（成績評定）が悪くなる。これは戦後も引き継がれ、仮に勉強ができなくても、ともかく毎日登校して授業に臨むことが大事なことであって、勉強ができるかどうかは二の次となる。これがまじめな「学校模範生」なのである。大宅壮一のように隔日登校でも成績が抜群に良い「優等生」は、ある意味では、学校にとっては困った存在だといえる。

学習意欲も旺盛で成績も抜群であるが学校生活を軽視する生徒は、学校や教師の存在理由を否定することにつながるので、学校制度にたいするラジカルな破壊者とみなされる恐れがある。しかしながら、長い人類史の中で学校制度など、きわめて短い近代の産物にすぎない。人間が万物の霊長であるのは、学ぶ意欲と能力がきわだっていたからであろう。学びの原点ともいうべき独学の精神を喪失させる危険性が、学校制度に内在していることを忘れてはならないであろう。

大量に児童生徒を同じ建物に入れて教育する手法は、「教えて育てる」という教化（インドクトリネーション）の理念にはかなっている。しかも義務教育は国民の子弟をひとり残らず、国が認めた学校に入れる。そして国が自治体教委に付与した教員免許をもった教師が、同じ教育内容を同じように教えるのであるから同色・同質な教師でよいのであって、異色・異質な教師はいらない。かつて昭和の時代に、ひそかに教師を揶揄した「教える機械」（ティーチング・マシン）という言葉を思い出す。

「金八先生」とか「GTO」など学園ドラマのユニークな教師は、与える教育の制度内では「はみ出し者」でありドラマの世界にしか存在できない。存在するとしても私立学校であって、公立学校では現実にはありえないからこそ民衆のあこがれの対象として、同工異曲のドラマが繰り返しつくられるのであろう。

国が認めた免許制によって担保した教師は、一定の同じ資質を持っているという前提に立つ。これはフィクション（虚構）にすぎないが、この幻想ともいうべき前提を堅持しないと、全国一律に同じ教育を施すことができなくなる。国が与える教育制度のもとでは、教師を勤務評定することと自体、教師は同質というタテマエと矛盾する。

戦後長らく勤務評定が形骸化して骨抜きされてきたのは、教組の勤評反対闘争の「成果」でもあるが、本来「与える教育」のもとでは教師の質は同じという虚構が、大きな壁となっているのである。全国どこでも誰もが同じような教育を受けられるというフィクションが、戦後国民の平等感の培養基であり、それを拡大再生産したのが全国津々浦々にまで展開する義務教育学校であった。むろん、すくなからぬ副作用もあった。

学校内で平等化をめざすと、どうしても目標を下げて達成しやすくする。資質の高い児童生徒の能力をヨリ高く伸ばすことよりも、低い子どもへの目配りに重点をおくから、「引き下げ平等主義」の罠に陥りやすい。これは学校集団のなかに、強い嫉妬心を生み出す。これがいじめの遠因にもなっている。個別個人の個性の尊重よりも、「みんな同じ」という同調圧力をかけることが、細かな差異に敏感になり同調度の低い者をつまはじきにする心理が働くからである。

学校では国が定めた教育内容を検定教科書(9)で具現化するが、その内容が児童生徒に正確に伝達されたかを測ることは、当然のことながら必要となる。そこで学校では教えるだけではない。必ず個々の児童生徒の学習成果を「評定」する。その評定結果を家庭の保護者へ児童生徒の通知表として通知するが、その背後には、通常、「指導要録」（一般的には学籍簿とも呼ばれる）とよばれる、通知表の原簿ともいうべきものがある。いわば学校の戸籍簿のようなものと思えばよい。戸籍簿とちがって、学習の記録に最終的に「評定」がつく。家庭にだす通知表だけではなく、児童生徒の進路（進学・就職）の必要に応じて、ある意味で一生付きまとう。

この「評定」をするところが、塾や予備校あるいはフリースクールなど学校外教育機関との大きな違いである。さらにもうひとつ違いがある。学校は評価権だけではなく児童生徒にたいする、退学・停学・訓告などの懲戒権をも持っている。学校教育法第十一条で、「校長及び教員は、教育上必要があると認めるときは（中略）児童、生徒及び学生に懲戒を加えることができる」と規定されている。つまり「性行不良で改善の見込みがない」あるいは「学力劣等で成業の見込みがない」と認められる者、それに正当な理由がなくて出席常でない者など、また、学生又は生徒としての本分に反した者などを、懲戒することができる。

かつて「内申書支配」という言葉が流布したことがあった。荒れた教室の秩序を回復するために、「そんなことすると内申書につけるぞ！」と脅しとも思われる言辞をはき、顰蹙《ひんしゅく》をかったことがしばしばあった。とくに、高校受験を控えた中学生などには、内申書のもつ重みは特別のものがあったから、非常に効果があったといわれている。

かりに懲戒権の行使にいたらなくても、進学や就職に必要な内申書（調査書）の担任所見欄に、余計なことを書かれたのでは進学・就職にさしさわる。現実には温情的な教師が圧倒的に多いから、生徒に不利なことは書かないのが暗黙の了解である。しかし、内申書裁判(10)のような先例もあるから、いざとなると内申書が不利になるかもしれない、という学習者側の慮りが「内申書支配」という幻想を支えているのである。したがって、教師に問題があるというより、ルール・オブ・ロウ（ルールによる支配）ではなく、教師の裁量の余地のある評価制度のあり方に問題があるといえよう。

かつて管理教育の象徴として内申書支配が話題になっていた頃、つまり一九八〇年前後から不登校気味の児童生徒たちが、学校の保健室に集まるようになってきた。学校には来るが教室には出たくない。そこでいろいろ理由をつけて、保健室に行くのである。当時、保健室にたむろする児童生徒を、教室に行くように指導する教師が多かった。教室には行きたくないが、なぜ保健室なら行くことができるのか。担任や生徒指導の目を盗んで、サボるためにたむろするという解釈、これが当時の多数派教師の見方であった。それにたいして、なぜ保健室なのかという疑問をいだく教師も、少数ながらいたのである。

教師は「評価」をするが、養護教諭は「評価」をしないからである。また、少なくとも児童生徒は教師にたいしては、つねに評価の対象として見られているのではないか、という漠然とした不安をもっている。それにたいして保健室の先生は、先生ではあるけれど自分たちに「点数」をつけない。とはいえ学校の存在感は子どもの手には負えないほど大きいから、これを否定して登校を拒否するほどの度胸はない。そこで無意識のうちに一時的な、緊急避難をしていたのであろう。つまり保健室は教室に背を向ける児童生徒の、「アジール」（避難所・特別区）のような役割を果たしていたのである。

ある意味、一九八〇年前後は日本型学校主義の完成期であるともいえる。そのさなかに学校内に自然発生的にアジールができ、そこが学校の存在を拒否する児童生徒たちのたまり場になってきたということは、何を意味するのか。登校拒否児は、一方的に与えられる教育・教師による強制・集団行動などの、すべてに否定的なのである。その時代や制度の完成期や爛熟期に、まさに内部にこれと矛盾する新しい契機が生じてくることは歴史の常識である。

ちなみに二十一世紀の現在では、「保健室登校」という言葉も学校内では市民権を得ており、多くの学校で校長裁量により、ある程度、出席あつかいが認められているようである。「無理やり水を飲ませる」必要はないが、ともかく「馬を水辺まで連れて行く」ように認めたということである。となれば、自宅でも塾でもフリースクールでも通信教育でも、どこの「水辺」で学んでもよい、というところまで、あと一歩である。多様な教育機会を認めようという気運の背景には、このような長い歴史があったのである。

5　再び聖職者にしない

本来、学校での学びは「知識」や「技能」の修得をめざす、限定的なものである。したがって学校でいくら成績がよくても、それは知識が豊富であるとか思考力があるなど知的なものか、あるいは音楽、美術、図工、体育など芸術やスポーツなどに長けているとか、人間としての道徳性とは無関係な知的・社会的スキルに優れている、ということを意味するにすぎない。つまり「人間性」の柱ともいうべきモラルなどは、各人が磨くものか、さもなければ、宗教の領域に属する事柄であろう。

欧米のキリスト教や中東のイスラム世界のような一神教の風土では、教会やモスクの教えに属するものである。政教分離とともに公教育も「信教の自由」と抵触しないように、学校が「人間を育てる」として道徳教育をするなど考えられないことである。

現在、文科省で検討している「道徳」を教科化するという意味は、試験をして評価をすることを意味する。評価をどのようにするのか。点数評価をして五段階評定するとすれば、好むと好まざるとにかかわらず、教師は戦前の聖職者に逆戻りする。平均的日本人である教師にとっては、はなはだ迷惑なことではないのか。道徳価値を教室にもちこむと、決着のつかない「神々の争い」[11]（M・ヴェーバー）になる可能性すらある。ある特定の宗教教育を鮮明にしている私学など、道徳教育を教科化したものをどのように扱えばよいのか。ましてやそれに点数を付けるなど、できない相談ではないか。

二〇一五年七月の報道によれば、教科として評定はしても点数評定ではなく、記述による評価であるという。つまり「現在は正式な教科ではない小中学校の道徳を、検定教科書を用いて記述式で評価する〈特別の教科〉に格上げする」よう、学習指導要領を改定するという。さらに現在の「読み物道徳」から「考える道徳」へという方向性で、検討しているようである。このこと自体は、決して悪いことではない。

私事で恐縮だが、長年、高校の社会科教師として、「政治・経済」「倫理」あるいは「現代社会」など、現在では公民科に属する教科を主として担当してきた。そしてテストは○×式の客観テストが主流の一九六〇年代半ばから、すべて「作文・小論文」形式でおこなってきた。

それらはいずれも「論争的なテーマ」を扱う科目であり、「倫理」などまさに道徳と同じく生徒の内面性に踏みこむ可能性をふくむ。そうであるなら、これらの科目の主眼は特定の正解を押しつけるのではなく、現在でいえば甲論乙駁のディベートのように、結論より考えるプロセスを重視する点にあるはずである。したがって、〇×式の客観テストより論述式のほうが、「考えさせる科目」としてふさわしいのではないか。このように考えたのである。

論述式テストであるから、評価は結論ではなくプロセス重視となり、客観テストのみしか経験のない当時の生徒たちは戸惑ったようだ。[12]つまり、このテスト形式こそ、学校教師の「正しさ」の基準を担保する「唯一正解主義」にたいする、私なりの無言のレジスタンスであった。

自然科学と違って人文科学の分野では、基礎基本の事実に関する知識を問う場合は別として、正解が一つということはありえない。しかし戦後二十年たらずで社会全体としては、まだ戦前日本のオール否定に近い雰囲気の時代であったから、旧制の大学・高校・中学などの試験形式であった論述式は忌避され、〇×式の客観テストが主流であった。

こうした経験からも現時点では点数評定ではなく記述評価であること、つまり「考える道徳」というコンセプトを大いに評価したい。[13]体験重視や問題解決型の学習になることが予測されるが、憲法第十九条や第二十条の根幹にかかわる問題なので、憲法の人権条項の専門家や宗教学者からの意見聴取など実施したらどうであろうか。つまり内心（思想及び良心）の自由や信教の自由と抵触しないよう、細心の注意を払う必要があるのではないか。

省庁内外からのさまざまな政治的な「声」によって、間違っても教師を再び聖職者にするような方向にならないようにしてもらいたいものだと思う。最も困惑するのは教師たちであり、被害をこうむるのは学習者ならびに国民だからである。

第二章
「与える教育」から「選ぶ教育」へ

1 「与える教育」の継承

明治の学制の前文「学事奨励に関する被仰出書《おおせいだされしょ》」には「必ず邑《ゆう》に不学の戸なく家に不学の人なからしめん事を期す」とあり、事実上、国民がすべて学校で学ぶことができるようになったことは、すでにふれたようにエポックメイキングな出来事であった。こうした「工夫」が国家意思として行われ効率よく国民皆学に成功し、それを推進力として富国強兵の道を突き進んだ。

近代国家の創成期には経済・教育はクルマの両輪であり、ましてや「富国強兵」を推進するには、教育水準の向上は必須条件であった。と同時に、それは必然的に「教える側」の整備に重点がおかれ、「学ぶ側」はあくまでも教育の客体にすぎなかった点を見落とすべきではないだろう。

教える側を国が養成するのだから、国体観念や軍国のイデオロギーを注入し教化する役割を持たざるをえなかった。

教師は基本的には師範学校はじめ、国が作った教員養成学校で育成する。しかも、たいていは軍人と同じく給費生であった。国が金を出して育成するのだから、国策に忠実であることは当然だという前提があった。そして国としては、教師の「同質性」と指導の「一斉性」を担保することが、国民皆学にして同一レベルの教育を施すには必須条件であった。

しかし成功の裏には大きな副作用、ありていにいえば、マイナスが影をおとしている。教育は一見、「国家百年の計」といって、国民にとって必要不可欠な大事業のように国民は思い込んでしまう。国家総動員法[1]に象徴されるように、軍国の時代は国家が全面に出て、すべての組織が国策のために国の指令のもと、都合よく画一的に統制・動員される。国家直営の学校組織など国策に最も忠実に従い、多くの少国民を戦場にあるいは銃後の勤労に、あるいは植民地の満州開拓などにかりたてた。

一九四五(昭和二十)年の敗戦で事情は変わった。敗戦によって国家にとって必要なことが、個々の国民にとって必要であるとは限らない、という貴重な教訓を国民的なレベルで学んだ。つまり国家は善でもなければ悪でもなく、ある種の必要悪の存在にすぎない。そして軍国の時代には、まさに国家は国民の自由を奪うだけでなく、生命すら奪う存在であり、悪そのものであった。そのことが戦後の憲法と民主主義を歓迎した、最大の理由であろう。

それまでの軍国教育に代えて占領軍は、「民主教育」をめざし教育の民主化を指令した。民主教育は、なるべく上からの規制を緩やかに改革し、アメリカ流に「学ぶ側の選択の自由」を保障しようと意図したものであった。そのために一九四七年の旧教育基本法では、住民が直接選ぶ自治体教育委員会によって教育行政が行われる仕組みとなった。

しかし、新たにGHQ（占領軍総司令部）の指令により生まれた教組（教員組合）は、「再び教え子を戦場に送らない」を合言葉に反戦平和の理念を掲げた。と同時に、「民主教育」を目標とした新しい教育に邁進した。そして教育委員選挙においても組織動員により、強い影響を及ぼすこととなった。

戦後政治がいわば「富国弱兵」政策を旨としたので、「平和教育」をめざすこと自体は当時の日本人の共通した思いであり違和感はなかった。しかし「民主教育」については社会におけるデモクラシーと同じように、国民全体に戸惑いがあったことは事実であろう。

さらに不幸なことに、「民主教育」の推進にひと役買うべき教員集団は、GHQの肝いりで「聖職者」から「労働者」に変身したのはよいが、新設されたPTAを中心に学習者を学校の主人公にすえるべきところを、自らが学校の主導権をにぎり「学校の自治」を僭称した。[2] そして、教育権は「国」にあるのか「教員」にあるのか、という不毛な議論に熱中したが、学校の主人公である学習者はおきざりにされた。

その結果、民主教育とは教員にとっての「民主」であり「自治」であって、学習者にとってのそれではなかった。それでも国民のあいだには敗戦から間もないこともあり、「国家による統制」よりはたとえ教員が主導する学校自治であっても、そのほうがマシであるという反国家的な感覚が広がっていた。

一九五六年に教育委員の公選制が廃止された背景には、このような国と教組との教育についての主導権争いに終止符を打つ狙いがあった。それには東西冷戦の激化が強く反映して国内の民主化政策が全体に後退し、教育においても国が全面に出て主導権をにぎるようになったことも影響した。

その結果、国が公認した教員（免許制）を通じて流される教育を、学習者が一方的に受け取る方式が小中高校では主流となった。指定された学校に通学することを強制され、教科書も昼の食事（給食）も児童生徒全員が同じものを一斉に食べる。小中学校はむろん高校でも、軍国の時代と同じく制服を事実上、強制されることになる。

敗戦直後には家なく食べ物なく、また校舎なく教師も足りない、いわば社会全体が絶対的窮乏の時代であったので、国が学校と教師と学習者の箸の上げ下ろしまでコントロールすることには、やむをえない社会と時代の必然があったといえよう。それに教師主導の自治である点、戦前とは違うという認識がいきわたっていた。しかし、それが基本的に継承されて今日まで続いているところに、制度上の問題がある。つまり戦前と基本が変わらぬ教育体制という「木」に、民主教育の理念という「竹」をついだまま、今日まで来ているといっても過言ではない。

私事で恐縮だが日中戦争開始の年に生まれ国民学校三年で終戦、そして新制小学校には五年から切り替わった。学制改革から二年後に、都市部のミッション系の中高一貫校に入学した。アメリカ占領下の中学一年であったか二年のときであったか、記憶は定かでないが、ある日の授業で、突然、大柄な若いアメリカ人が教室に入ってきた。

あわてて級長が「起立」とかけ声をかけたのを無視して、いきなり〝神聖な〟教卓の上にどかりと大きなお尻をのせ、自分がこれから英会話を教えると自己紹介したのには驚いた。自己紹介といっても、全部英語だからよく分からない。たぶん、そういう意味だろうと推測しただけのことである。

そのあとはカルチャーショックの連続で、好奇心旺盛ないたずら坊主が騒ぐので、はじめの「クワイエット・プリーズ」が、ついには「シャラップ!」とかなり厳しい物言いになったことを覚えているぐらいである。街にはＧＩが溢れていたが教室でまぢかに接することは、当時としては稀なことであったから、ただただ珍しかった。

授業の進め方も破天荒に思えた。ほかの授業は国民学校時代と変わらず、「起立」「礼」「着席」と儀礼を重んじ定型的に進行したが、英会話だけはこうした定型を無視した。これがデモクラシーというものかと、子ども心に印象深く残っている。戦中はほぼ毎日が軍隊式の「集合」「整列」「行進」をさせられ、一糸乱れぬようになるまでくりかえすバカバカしいまでのキッチリズムに辟易《へきえき》させられていた。在籍していた私立中学は男子校だったので、丸坊主と学生服で戦中とあまり変わりはなく、若いアメリカ教師のふるまいをみて民主主義の精神の一端を、子どもながらに垣間見たような気がした。

そんな中、とくに私は、国民学校と変わりない、さらには軍国の象徴ともいうべき丸坊主や学帽・制服には嫌悪感をいだいていた。そして高校に進学しても校内ただ一人長髪であったので、経済的理由もあいまって高校二年で退学せざるをえなくなった。こんな愚直な行為も、アメリカ人教師の自由で形に囚われないふるまいに、なにがしかの影響を受けていたのかもしれない。

二〇一三（平成二十五）年に復刻出版されたオーテス・ケーリの『真珠湾収容所の捕虜たち』には、著者が請われて同志社大学に進駐軍の兵士として、一九四五年十二月に教壇に立った時の様子が記されている。

> チャペルへ入ってゆくと、組長が「キリツ！」と号令をかけた。がたがたっと一斉に学生が起《た》ち上がると、「レイ！」である。
>
> すっかり出鼻を挫《くじ》かれた私は、責任が果たせるように話が出来るかどうか自信を失った。私は反発的に講壇に軍服の尻をのっけて、どうやら話をすませたものだ。（オーテス・ケーリ『真珠湾収容所の捕虜たち』ちくま学芸文庫。傍点は引用者。以下、特に断らない限りすべて同）

とりわけ「教壇（講壇）にお尻をのっける」という、両者に共通する無作法なふるまいを、占領下の支配者の倨傲《きょごう》なふるまいとみるか、それとも旧態以前たる日本の教育にショック療法の効果を与える「民主主義の宣教師」のふるまいとみるか。現在ならば違和感を覚えるであろうが、軍国教育に飽き飽きしていたから、別にマネをするつもりはないがアメリカ人の民主的行動様式の発露として、当時は素直に納得したのであった。

戦争直後の同志社大学はともかくとして、戦後数年近く経ても丸刈り・制服さらには「号令」「礼」「着席」など軍隊式の「集団的一斉主義」などを旨としていた小中高校などの教育には、軍国教育への反省など微塵も感じられなかった。上からの指導に疑うことなく従い、疑義をはさむ者には仲間同士で同調圧力をかけ、同調しないと「異端者」としてなんとはなしに仲間外れにする。こうした雰囲気を醸成するメンタリティは、「非国民」というレッテルを貼らないまでも、戦前の「ムラ社会」とどこが異なるのか。疑問なしとしない。

明治政府は封建体制から脱皮し近代国家としてテイクオフするために、駆け足で法整備その他を行った。当時の欧米先進国でも教育における強制の契機は必然とみなされ、「強制と懲戒」のシステムが教育機関には、多かれ少なかれ存在した。「ムチを振り振りちいぱっぱ」と古くは鞭をふり、新しくは教鞭や物差しが教室でもちいられた。しかし日本では、はやくも一八七九（明治十二）年に教育令第四十六条で、「凡学校ニ於テハ生徒ニ体罰殴チ或ハ縛スルノ類ヲ加フヘカラス」と体罰禁止令が制定された。つまり懲戒の中でも体罰を学校で用いることを法的に禁止したのであり、十九世紀後半の世界では先進国の中でも画期的であったと評価できる。(3)

しかしながら、昭和の軍国主義の時代が色濃くなっていくとともに、学校内でも教鞭や物差しに代わって、軍隊式のよりハードなビンタや拳骨による体罰が横行した。さらには廊下に立たせ、あるいは座らせるなど、ソフトな体罰など常識として行われた。

国民学校から新制小学校に切り替わった小学五年生のときに、軍隊帰りの担任のすさまじい体罰を目撃したことがある。放課後の掃除の時、軽度の知的障害がある同級生の動作がのろいのに苛立ってか、ホウキの柄で何度も殴りつける姿に一同震え上がった。軍隊式の規律正しい一斉行動がいつしか規準になっているので、動作も遅く掃除もばらばらで行き届かないことが神経にさわり、とりわけ動作も緩慢な障害児を標的にしたのであろう。いちばん弱い者を標的にするところなど体罰の典型であり、むしろ体罰の域をこえヤクザの暴力と変わるところはなかった。

敗戦から十数年間は国民の間にも敗戦のショックと民主主義の到来で、私生活はもとより公的な学校生活でも価値の混乱の時代が続いた。しかし一九六四年の東京オリンピックと進行しつつあった経済の高度成長が、ことの良し悪しは別にしても、国民にある種の自信を回復させたといえる。

とくに大松博文のスローガン「おれについてこい!」という指導理念は、良かれ悪しかれそれまで暗中模索であった学校の体育系クラブ活動に少なからぬ影響を与えた。平和の象徴として行われたオリンピックで、カリスマ的指導者のもと監督と選手相互の理解と信頼が可能にした猛練習により栄冠を勝ち取ったことは、軍隊式の「しごき」と「体罰」とは一線を画す新しい指導法であると受けとめられた。それは指導者の一方的な「強制」や「押し付け」ではなく、成員の「理解」と「納得」によるものとされた。

このあと「巨人の星」などいわゆるスポーツ根性ものなどの大流行とともに、当時の指導者のみならず、青少年にも大きな影響をおよぼした。また、それは会社において日本的経営の活力の源であるチームワークやチーム内の和、つまり同一目的のもと強い仲間意識で結ばれたガンバリズムの象徴ともなった。

むろん、よいことばかりではない。教育は教師の権威のもとに学習者のためになる善いことなら、たとえ押しつけや強制であっても許される。学習者のために「善かれ」と思って、つまり善意で教育する以上は、たとえ「ムチをふるってでも」「あるいはぶん殴ってでも」許されるという心理になる。しかし、それは学習者の主体的な学びを尊重する、民主教育の理念との整合性についてては折り合いがついていなかった。

さらに、ひとつ間違えるとただの弱い者いじめを、教師の権威の名のもとにおこなうことになりかねない。つまり体罰との区別がつきにくい。とくに学習者側の意思表示に瑕疵《かし》のある場合には、推定的な承諾があるとも言い難く、ただのいじめに近い体罰となる。

最近の報道でも小学校の特別支援学級で、軽度の発達障害がある高学年の男子児童が、「担任の四十代の女性教諭にほおを平手打ちされたり、髪の毛をわしづかみにされて引っ張り回されたりするなどの体罰を受けてきた」という(「朝日新聞」二〇一四年十二月二十四日付)。ただの弱い者いじめとしか思えない残念な出来事は、戦後七十年の「民主教育」の歩みの汚点ともいうべきであろうか。

2「先生の言うことを聞かないで逃げればよかった」

二〇一一年三月十一日の東日本大震災は七十年前の敗戦の日とともに、日本国民にとって忘れることのできない日となった。また、学校教育にたずさわる者にとっては、この大震災にともなう「大川小学校の悲劇」は、当事者でなくても忘れることができない日となった。大川小学校の事実関係については、主として菊地正憲「なぜ大川小学校だけが大惨事となったのか」（『中央公論』二〇一一年八月号）と池上正樹・加藤順子『石巻市立大川小学校「事故検証委員会」を検証する』（ポプラ社、二〇一四年）によっている。

宮城県石巻市立大川小学校では、震災の起きた三月十一日午後二時四十六分には、全学年の児童がいた。地震発生からすぐに「教職員たちは、子どもたちを直ちに校庭に避難させた」。そして「全校児童一〇八人のうち、欠席・早退・下校済み等の五人と、保護者等が引き取りに来て学校を離れた児童二七人を除く七六人が当時、学校にいた。現場からの生存者は、児童四人と教員一人のみ。（中略）教職員も、一三人（引用者注、うち校長と校務担当職員の二人は所用で学校に不在）のうち一〇人が亡くなった」。

つまり校庭に避難した七十六人中七十二名の児童と教職員十一名中十名が、地震発生のおよそ五十分後に襲った大津波によって被災し亡くなった（行方不明も含む）。問題は校庭に避難し集合していた五十分間に何があったのか。どうして、てんでに避難することをしなかったのか。さまざまな疑問が噴出した。詳細については事故検証委員会なり報道に詳しいが、ここで一番の教訓として学びたいことは、「与える教育」と「教師主導（本位）」そして、「集団的一斉主義」による問題点が、象徴的に表れたのではないかということである。

すぐ裏手の山に逃げようという声や、ともかく高台に逃げようという提案、さらには待機しているスクールバスを使おうという声など、さまざまな提言が児童や子どもを引き取りに来た保護者からもあったにもかかわらず、教師たちが協議を重ねて選んだ方策が、川沿いに移動して指定されていた小高い避難場所に避難することであった。しかも、およそ五十分近くただ児童たちを待たせたまま学校としての意思決定が確定しないで、移動が始まった時にはすでに遅く、大津波にみな飲み込まれてしまった。

責任者の校長が不在であったが、代理の教頭がいたのであるから早急に意思決定すべきであったが、「A教諭は山への避難を提案するが〈何かあったら責任とれるのか〉と言われ、強く言えなくなった」という。当事者がいないのでこれは推測にすぎないが、最終的に指定の避難場所に避難すれば、それがかりに最悪の避難方法であったとしても、少なくとも責任問題にはならないだろという消極的な理由で決断したのではないか。

つまるところ、教委など上から責任を問われないようにという「事なかれ主義」。それがため、最後に誰が責任をとるのか明確でない「無責任体制」。そして事後には批判を恐れて、事案の全体像をクリアーに分析しない「隠蔽体質」――こういった学校組織のガバナンス（組織統治）の大きな欠陥を露呈したのであった。「いじめ問題」にしろ「体罰の問題」にしろ、まったく同じ構図で事態は推移してゆく。そして最後は訴訟によって決着をつけることになる。しかし、これでよいのであろうか。

二〇一四年十一月二十八日にＮＨＫで放映された、「シリーズ東日本大震災　悲劇をくり返させないために――大川小学校・遺族たちの三年八か月」のなかで、遺族のひとりが「子どもたちは先生の言うことをよく守って待っていた。先生の言うことを聞かないで逃げればよかった」と痛恨の思いで述べていたが、この「悲劇」の本質を衝いている。遺族をしてこのように言わせる学校教育のあり方を反省し教訓をくみとり改善しないと、今後とも同じことが起きない保証はない。

まず、上から「与える教育」と「教師主導」の仕組みのもとでは、どんな場合でも学校の指示、先生の指示を待つ癖がついている。しかも児童生徒を個として尊重するのではなく、集団として考えるので、学習者のほうも集団の一員として扱われることに違和感をもたない。何事も集団で一斉に同一行動をとるように定められているので、全体と違う行動をとると、「わがまま」とか「変わり者」とみなされる。

それゆえ各自で自分の身は自分で守る、という意識が希薄になる。学校の指示の内容が適不適、正否ではなく、すべてにおいて上からの指示を待つ姿勢をつくりだしたことが問題なのである。くどいようだが自分の身を守ること、つまり一番大切な自分の「いのち」すら、自分で守るのではなく「学校任せ」「教師任せ」にしていた。そのように学校や教師に依存させるシステムになっていることが、最大の問題点なのである。「先生の言うことをよく守って待っていた。先生の言うことを聞かないで逃げればよかった」という遺族の言葉こそが日本型学校主義の原理的な欠陥を、つまり理念的な問題点を指摘しているのではないか。

人間も動物であるから激変する環境に適応するために全知全能を働かせて、そのときどきに臨機応変、自分の生存にとって最適と思われる行動をとるよう本能的に遺伝子に組み込まれている。さらに、よりよい適応行動をとることができるよう、学習によって適応練度も高めることができる。学校はまさにそうした学習の基礎基本を学ぶ場であるにもかかわらず、皮肉なことに学校が最悪の選択肢を、なかば強制的に押しつけてしまった。

しかし、こうした傾向はすでに明らかになっていて、昭和の終わりごろ教育関係者の間では、若者の「指示待ち」について憂慮する識者の警鐘がならされていた。つまりアヒルの子どもたちが親鳥のあとを忠実についていく、いわゆる「アヒルのインプリンティング」と称される行動現象である。学習者の自立よりも、学習者の学校依存・教師依存の体質ができてしまった。学校教育との因果律を証明することなど困難なので、関連性を指摘しても問題意識を持たれるまでには至らなかったのである。

むしろその後、学級崩壊論がおおげさに喧伝されるとともに、教室内秩序の安定のために不必要に教師の権威を称揚する気風が生じた。なにもかも「先生にお任せ」意識が復権して、学習者側の意思表明や意見具申は、モンスター・ペアレント論で封殺されることになった。「大川小学校の悲劇」で露呈した学校の組織体質のもとでは、「天は自ら助ける者を助ける」という自助の精神が身につかない。自助は独立自尊の根底にある精神である。それゆえ自助の精神にともなう自己責任の意識も希薄になる。

自助の精神と自己責任の意識はメタルの表裏の関係にあり、他人依存と無責任も同じく一枚のメタルの表裏の関係にある。少なくとも児童から生徒へと、また、学年と年齢を重ねるにしたがって、他人依存から自助へ、無責任から自己責任へと、成長していくべきものではないか。そのように支援をすることにこそ、学校のもうひとつの使命があることは、先に述べたとおりである。

やはり東日本大震災で「大川小学校の悲劇」とは正反対に、児童生徒がてんでに避難して多くの児童生徒が救われたという対照的な事例がある。まさに「天は自ら助ける者を助けた」のである。「津波てんでんこ」を標語に防災訓練を受けていた、岩手県釜石市内の小中学校では、全児童・全生徒計約三千人が即座に避難。生存率九九・八％という素晴らしい結果を生み出して、「釜石の奇跡」と呼ばれた。

市内の小中学生らは、地震の直後から教師の指示を待たずに避難を開始。「津波が来るぞ、逃げるぞ」と周囲に知らせながら、保育園児のベビーカーを押し、お年寄りの手を引いて高台に向かって走り続け、全員ほぼ無事に避難することができたという。

この「津波てんでんこ」という言葉は、岩手県の津波災害史研究家の山下文男氏が、幼い時に父母が語っていた言葉を、講演で紹介して広がったといわれている。また、氏によれば「てんでんこ」は「てんでんばらばらに」を意味するという。もとはといえば、津波が来たら自分だけでも逃げろという教えのようだが、現在の三陸地方では「自分のいのちは自分の責任で守れ」という意味として、津波から身を守る教訓にしている。(4)

津波は地震発生後、いつ襲ってくるか分からない。体ひとつで、すぐに安全な高い場所へ逃げなければならない。自分にとってどんなに大事なものでも、それをとりに戻ったりすると、逃げ遅れて危険にさらされる。釜石市内の小中学校の児童生徒は、この俚言を胸に指示されなくてもともかく逃げたという。

「津波は猛烈に速い。素早く立ち上がり、全力疾走で逃げるが勝ちと心得よう」「命より大切なものはこの世にない。津波のときの物欲は命の敵、自分自身の敵と心得よう」、これらの伝承を胸にきざんで、てんでに高台めざして駆け抜けた。その中から具体的な事例について見てみよう。

（上略）町の海岸線から約八〇〇メートル、海抜約三メートルの川沿いの低地に並んで建っていた釜石東中学校と鵜住居《うのすまい》小学校の事例を見てみよう。（中略）東日本大震災が発生すると、

> 釜石東中の副校長は教室から校庭に出始めた生徒たちに、「（避難所へ）走れ！」「点呼など取らなくていいから」と大声で叫んだ。そして若い教職員に、率先避難者となって生徒たちと避難所へ走るよう指示。避難所は約七〇〇メートル南西の福祉施設で、所在地は訓練で全生徒に周知していた。当初、一部の生徒は走らず、校庭に整列しようとしたが、副校長らは懸命に「逃げろ」「走れ」と指示。そのため全員が校門を出て、避難所へと駆けだした。
>
> 一方、鵜住居小学校は（中略）当初は児童を三階に集めようとしていた。しかし、「津波が来るぞ」と叫びながら走っていく中学生らを見て、教職員は避難所行きを即断。小学生も一斉に高台へ走り出した。（中略）避難した小中学生約六百人は、標高約一〇メートルの福祉施設に到着したが、裏手の崖が崩れそうになっていたため、中学生らがもっと高台への移動を提案。さらに約四〇〇メートル離れた標高三〇メートルの介護施設へ、小学生の手を引きながら避難した。この直後、津波遡上《そじょう》高は二〇メートルに達し、福祉施設は水没。「津波てんでんこ」の教訓と、防災意識の高い中学生の冷静な状況判断が、多くの命を間一髪で見事に救う結果となった。[5]

三・一一のあと、その教訓を胸に新しい防災教育がほどこされるようになった。それは基本的には「津波てんでんこ」の精神により、「自分のいのちは自分の責任で守れ」が基本理念になった。そして、「想定を信じるな！」「どんなときでも最善をつくす」「率先避難者になる」が基本

のスローガンとなったという。(6)

これはまさに、大川小学校とは正反対の事例であり、児童生徒に「自分のいのちは自分で守れ」と教育するのは、教師自身が「先生を頼らずに自分で自分を助けよ」と、ある意味で自助と自立の精神を教えることにつながるものである。それにともない従来型の全員で集合し教師の指示のもと集団で一斉に避難する方式と違って、教師は指示を一切しないで児童生徒の自主的な判断を尊重する防災訓練が、全国各地の学校で取り入れられるようになったという。

たとえば、東京板橋区の志村第一小学校では、二〇一一年度までは他校と同じ従来型の訓練を行ってきた。それはサイレンが鳴り「地震です。机の下に隠れましょう」「校庭に避難しましょう」など、先生の指示どおりに動く訓練法であった。それを校長が東日本大震災をきっかけに、新しい訓練法に切り替えた。「地震です」とか「隠れましょう」などのお知らせや指示は一切しない。警報音を耳にした瞬間に、ここなら安全と判断した場所に身を隠す。そして、日ごろから繰り返す合言葉は、「物は上から落ちてこない、横から倒れてこない」であり、最後に、選んだ場所が危なくないかどうか話し合うことだという。

従来型の手とり足とりの教師主導型ではなく、「生徒自身の判断を尊重する」方法である点が大きく違う。しかも放任ではなく「自分のいのちは自分の責任で守れ」を基本として、生徒の主体的な判断と自己責任の精神を身につけるように教育している点が素晴らしい。これは、教師依存から学習者の意思を尊重し自立という方向へ、防災教育については方向転換する兆しがあるということであろう。防災教育にかぎらず、学習者側の意向を丁寧にくみ取り、教育活動に反映することの重要性を示唆しているのではないか。

修学旅行なども一九七〇年代半ばごろまでは、高校ですらすべて一斉集団方式で教師が見学先まで引率して面倒見る方式であった。しかし、八〇年代には一斉集団方式だけではなく、生徒自身で見学先コースの選定を班別で行い見学する日にちを設けるようになってきた。また高校では「平和教育」のために、広島・長崎そしてその後は沖縄と行先を教師側が決めていたが、[7]生徒の投票で決めるケースも増えてきた。当たり前のようなことであるが、しだいに学習者側の選択意思を尊重する空気が出てきたといえる。

3 PTAはなぜ嫌がられるのか

子どもが小学校や中学校に入学する。目出度いことであるが、保護者の悩みはPTAとのつきあいかたにあるという（以下、『AERA』二〇一四年三月三日号から四回にわたってとくに小学校の事例を中心として連載された、「学校のフシギ」PTA問題にもとづきまとめた[8]）。

四月の新学期になるとPTA役員の選出がある。そこでは、いかにして役員に選ばれないか、とくに会長など重要な役回りに選ばれないか、という苦心惨憺、涙ぐましいが不毛な努力をする。まず、父親が出ないこと（基本ママ友の集まりなので、パパが出ると最有力候補となる！）、発言しないこと（喋ると適任か、さもなければ目立ちたがり屋と思われる！）。そして指名なりくじ引きで当たると、あらかじめ万一に備えて考えてきた理由を一生懸命述べて辞退演説をする。「恥ずかしいけど妊娠中である」「介護する年寄りがいる」「持病がある」——このあたりが比較的説得力のある理由となる。「共働きである」は、理由にならないという。正社員だからとくに仕事が忙しいは、パートを差別したことになる。働きたくても専業主婦している不本意専業を、バカにしていることになるからダメだという。

最近は、シングル家庭などもふえてきたが、気の毒にそんな事情など、斟酌してくれる会など少ないらしい。一度、経験した者は、それを理由に断ることができるから、気は楽だ。ただし、油断は禁物で、軽い役目であると学級ＰＴＡ会長など、重い役に狙われる可能性があるという。なにかどうでもいいようなことを、と思われるかもしれないが、当事者にとっては切実な問題なのである。考えてみれば自分たちの組織であり任意団体なので、ＰＴＡに加入しないとか、あるいはＰＴＡそのものを改廃することも、保護者の意見で決めることができるはずである。

茶の間でも「そんなに嫌ならＰＴＡなど脱会してしまえ。会費も払わなくてよいし、ちょうどいいじゃないか」。気短な亭主なら、いや気短でない亭主だっていうだろう。「そんな簡単な話ではないのよ。ママ友同士の連絡もなくなるし、だいいち、先生や学校を敵に回すことになるわよ」。「保護者の任意団体なのだろ。そんなバカなことがあるか」。「だって現実にはそうなのだもの（中略）それに先生はともかく、同じママ友の中でシカトされるわ」。

あらましこれに近いやり取りが一度は、学齢期の子どもを持つ家庭の茶の間で、くり広げられた経験があるのではないかと推測する。問題はどこにあるのだろうか。

川端裕人氏の『ＰＴＡ再活用論』（中公新書ラクレ、二〇〇八年）によれば、十年ほど前の文部科学省の「地域の教育力に関する実態調査」の「地域の教育力向上のため、力を入れるべきこと」という設問に、六七％の人が「子どもの安全を守る活動」と回答したという。存廃議論が一部あるが抜本的な改廃が大きく問題化しないのは、登下校や放課後の児童生徒の「安全」を守る役割を、ＰＴＡが果たしていることを多くの保護者が認めているからであろう。

しかし、それにしてもＰＴＡ（親と教師の会）であるにもかかわらず事実上、ＴＰＡ（教師と親の会）と主客転倒しており、しかも、そのことを当たり前のことと、保護者も教師も思っているところに根本的な問題をはらんでいるのである。入学時に配布されたＰＴＡ会則に、「学校の教育活動に協力する」といった文言がある。つまり、登下校の交通当番とか廃品回収とかプール当番など、ようするに学校の下請け業者の仕事をボランティアですることが主な任務となっている。

それでいて学校運営の中枢にかかわることはむろん、意見具申すらできない。こうした状況を変えようと努力する役員もいるが、大変なエネルギーを要するし全国学校ＰＴＡの姿勢が学校側の意見に従うのが慣例なので、それを簡単には打破できない。

やはり基本的に「子どもがお世話になっているから」、教師や学校への異議申し立てのように、ことを荒立てることはやりたくないという心理がはたらく。子どもが「お世話になっている」という心理を裏返せば、いざとなると「子どもを人質にとられている」と同義となる。

川端によれば役員など消極的な服従よりも、むしろ積極的な迎合をせざるをえない実情があるという。つまり、「自主独立の団体のはずなのに学校（校長）の意向に添った行動をしなければならないことがある。いわば「学校の嫁」になってしまうこと」と、厳しい総括をしている。こうした現状は狭い地域社会から集まる、小中学校のＰＴＡに顕著に見られるようだ。

国政にたいしてはデモなどで異議申し立てても、あるいは批判的見解を述べることも自由にする国民も、学校教育となるといじらしいほど自己規制して、言いたいこともほとんど言わない。政府や政権与党を厳しく批判・攻撃するマスコミも、こと教育については学校現場のありかたには、基本的には応援団の役割を果たすか、さもなければ沈黙を守っている。

序章の「学帽」の事例のように、事実上、学校（職員会議）で決めて、ＰＴＡ会長や幹部には形式的に同調を求める。たとえ会長や幹部が反対しても「強制ではなく任意だから」といえば、保護者は反対しにくい。あえて異をとなえると「同調圧力」の作用が働き、気まずい思いをするのでやむなくみんな同調する。仮に反対すれば、近ごろはモンスター・ペアレント扱いされる。相手は同じ公務員であっても、政治家の批判は自由にすることができても、子どもの学校教師の批判は「物言えば唇寒し」となるから、不本意ながら自己規制して口を閉ざす。

日本総研の池本美香氏は「多くの国では、施設や学校の運営に親の意向を反映できる仕組みがある」という。[9] むろん、それが当然のことであろう。しかし上から「与える教育」という基本枠組みの学校制度では、学校としても学習者を学校運営に参画させたのでは、制度との矛盾をきたす。そこで学習者の見せかけだけの、「擬制の同意」をとりつける。

基本的に、学習者本位の教育システムに変革しないかぎり、PTAにかぎらず学校評議員会や生徒会までも、すべては学校の御用機関になる可能性を否定できない。コミュニティ・スクール(学校運営協議会制)も、またしかり。それによって学校で起きる「いじめ」「学力低下」「体罰」「教員非違行為」などの問題事案を、学校運営協議会・PTA・学校評議員会・生徒会など内部組織の協力をえて解決するような、自浄能力を発揮することを難しくしているのである。

4 学習者の選択意思

かねてから、「教科書問題」という戦後教育の大きな問題があった。教科書を国が検定する制度がよいのかということである。戦前は国が定めた国定教科書であり国定なので国の意向が反映して、国にとって不都合な記述は当然排除された。戦後はその反省にもとづき、民間教科書会社がつくった教科書を文科省の調査官が検定して、合格したものを学校現場で選んで使用する方式となった。つまり「国定」から「検定」に変わったのである。

戦後の教科書問題が大きくクローズアップされたのは、家永三郎の日本史教科書が検定で不合格になり、それが訴訟となったことにある。教科書問題については、十年前の旧著で「教科書はなぜつまらない！」「だれのための教科書」「生徒と保護者のニーズを求めて」の三点から詳述し、意を尽くしたつもりである。基本的に改変する必要はないと思っている。[10]また、検定審査の過程が不透明である点など、まだ改善する余地はある。外交や防衛など特定秘密ではあるまいし、開かれた審査会にして議事録公開などに踏みきることも検討すべきであろう。

与える教育路線に則って作られるので、「国」のため、「学校」のため、「教師」のための教科書であって、学ぶ「学習者」のために作られているわけではない。学習者側には一切、教科書の選択権はない。学習者は市販の学習参考書は自由に選び購入できるのに、教科書はお仕着せである。個別の教師が採択にあたっては、当然、児童生徒にとって学びやすいかという視点からも考慮している。しかし、学校ＰＴＡを通して意見集約するとか、学習者側の選択意思を制度的に保障するシステムがない点について、疑義を呈しているのである。

戦後民主体制は七十年近い経験を経て、政治の民主主義も成熟してきた。民主的に選出された政権は民意を代弁しているので、教育のナショナルミニマムに関与することは、ある限度内で許容される。国の検定も当初に比べればヨリ成熟度もまして、国民的常識にかなう穏当なものとなってきた。逆に言えば検定で排除の対象になるような、ケアレスミスの多いものや、事実に反するもの、あるいは記述が一方的なものや奇矯なものなど断然少なくなった。しかし根本的にエンドユーザーである学習者の選択意思が反映されない仕組みについては、十年前と同じ問題を指摘しなければならない。

まったく同様に、教科の履修についても学習者の選択意思は、ほとんど斟酌されない。十年ほど前、高校の必履修科目のいわゆる「未履修問題」が起きた。これは大学受験における進学実績を向上させることを重視した高校が、学習指導要領では必履修だが大学受験には関係ない教科や科目を生徒に履修させなかったため、単位不足となって卒業が危ぶまれる生徒が多数いることが判明した問題である。

これは簡単にいえば、たとえば必履修の「世界史」や「情報」を、受験に必要な「英語」とか「理科」などをやって、「情報」をやったことにする。このような「読み替え」をすると、厳密にいえば必履修の「世界史」や「情報」をやっていないので、卒業単位が足りなくなり卒業できないことになる。必履修とは必ず習得する必要があるという意味だが、根拠は学習内容の基準を記した「学習指導要領」に定められている。読み替えをした高校は、主として進学する生徒のニーズに合わせて、進路に必要な教科や科目を増やしたにすぎない。しかも、それは学習指導要領に定められた教科であり科目でもある。

高等学校学習指導要領（平成元年三月）の総則の冒頭部分には、「……地域や学校の実態、課程や学科の特色、生徒の心身の発達段階及び特性等を十分考慮して、適切な教育課程を編成するもの」とある。つまり学習指導要領は学校の教育内容その他の「大綱的基準を示した」ものにすぎないのであり、最終的には教委や各学校が「地域や学校の実態（中略）等を十分考慮して」定めるもの、つまり最終的には校長の裁量権に任されている。

問題点は、ふたつある。第一に、上からの押しつけメニューが多くて（必履修教科・必履修科目）、生徒が自由に選択できる教科や科目の選択幅が少なすぎるという点、もうひとつは、この程度の生徒のための「読み替え」は、教育課程編成にさいしての校長裁量権の範囲内ではないか。それが第二の疑問である。

これらの点については当時のNHK日曜討論で、議論相手の文科大臣・教育学者・民間人校長などに質したが、明確な回答はなく議論はかみ合わなかった記憶がある。[11] 現在の教育制度にどっぷりと浸っている人たちであり、それでいて現場経験皆無か、経験の浅い人たちだったので、いずれも学習者の選択意思を尊重するという主旨そのものがよく理解できなかったようで、残念なことであった。

新しい学習指導要領の改定では、世界史に替えて日本史を必履修にするとか、新しい公共を新設するなど、さまざまな試みが噂されている。しかし、どのようなケースでも学習者の選択意思を十分に尊重する教育課程を作ってほしいものである。現在のように教員過剰な時代こそ、学習者の選択肢を増やすことが可能なのであるから、必履修を最小限にして選択履修を増やすような工夫をする必要があるのではないか。

二〇一五年に読売新聞が、「教育ルネサンス・学校選択制は今」というシリーズを連載した。その五回目に学校選択制の先駆者ともいえる品川区前教育長の若月秀夫氏と、選択制に反対の教育学者で専修大学教授の嶺井正也氏との対論が掲載された。[12]

まとめると、評価する立場の若月氏によれば、「学校が保護者に選ばれる立場になることで、保護者の要望に応えなければという教員の意識が格段に高まった」という。それにたいして反対の立場の嶺井氏は、「学校は教育内容に特色を出そうと努めているのに、多くの保護者や子どもはそこを見ず、施設・設備面などを重視している。（中略）教員の努力が報われていない」、また「震災時の対応、通学時の安全を考えれば、学校と地域の関係が密である方が望ましい」などと述べている。

若月氏は長い行政経験から、「民意」を学校に反映することの重要性を認識し、学習者側の選択意思を尊重することを第一に考えている。嶺井氏は長い象牙の塔の経験から、現教育制度の与える教育と学校本位・教師本位の視点から選択制に批判的である。また、「震災時の対応」で学校と地域の関係が密であるほうが望ましいかどうかは、「大川小学校の悲劇」について何らかの教訓をくみ取らなかったのであろうか。疑問なしとしない。学習者側の学校選択の意思を尊重したほうが、むしろ災害にも強い「自分の身は自分で守る」意識が強くなるのである。

学校選択制にも、むろん当然のことながらそれぞれ長短ある。しかし問題の本質は、学習者の選択意思をより尊重することが、民主教育の原理に適っていることを忘れてはならない。なべて北朝鮮のような全体主義国家では、学習者の意思どころか国民の意思など、はなから無視している点をときには思い出すことも必要であろう。

基本的に学習者側の選択権を十分に認めないのは、「与える教育」「教師本位」「集団的一斉主義」の三点セットで、国が主体となって上から国民を教えて育てるという基本理念があることによる。そして、これを支える財政的な保障は、学校単位で予算配分をする「機関補助」が基本となっている。

近年ようやく個性的な校舎も現れてきたが、学校建築も教師本位の構造で画一的なつくりになっている。[13] 教える教師も学習指導要領にもとづく教科書を使って同じような内容を教える。したがって、そこで育てる児童生徒は、どこを切っても同じ顔になる。極論といわれることを承知でいえば、金太郎飴のような国民になる。妙な譬えかもしれないが、各地の「ゆるキャラ」のように他と差別化した個性尊重や多様性が大事ではないか。

これだけ価値観も多様化し生き方も多様化している成熟社会では、「自ら学んで」「自ら育つ」のが教育の基本原理であるといってよいだろう。そのためには、学校で学ぼうがフリースクールで学ぼうが、あるいは塾で学ぼうが在宅の独学であろうが、公的資金を「学習者補助」にする方式を中心に据えるほうが、二十一世紀の教育にふさわしいのではないだろうか。それによって学習者の選択幅は広がるし、選択意思を尊重することにもなる。

「学習者本位」という概念自体、独学で有名な映画評論家の佐藤忠男氏の『学習権の論理』から学んだ。当時、教師になって十年ちょっとであったが、いっぱしの教育者のつもりであった。しかし、「学校教育というものは、徹頭徹尾、教える者の都合できめられているのであり、教わる者の都合は無視されるものなのである」(『学習権の論理』平凡社)という厳しい指摘は、教師本位の教育システムにどっぷり浸っていた者にとっては衝撃であった。フリードマンがバウチャーについて言及した書から遅れること十年ほど、佐藤氏の書ではほぼバウチャーと同じ「チケット制教育」の必要性をも示唆している(14)。

5 自ら学び自ら育つ

あの大震災を経験した中高校生の中から、「艱難汝を玉にす」という俚諺を体現したような、素晴らしい生徒たちが巣立っている。大震災で被災し三月十三日の後期試験を受けられず、二十七日の追試験で東大に合格した宮城県立古川黎明高校出身のW君は、当時の心情をこう振り返る。

「ボランティアもせず勉強をしていることが正直つらかった。でも、今やるべきことは勉強して東大に入り、勉学に励み、それを生かして(中略)東北の復興に役立つことだと誓い、勉強だけに集中しました」

(『サンデー毎日』二〇一一年四月十七日号)

停電にもめげず、暗い部屋の中でもロウソクや懐中電灯の明かりを頼りに8時間以上の勉強をこなした。

戦中、国民学校生のころ灯火管制のもと、ロウソクで読書し勉強する親兄弟の姿が彷彿と浮かんだ。むろん当時は国民みな同じ状況であったことはいうまでもない。「国破れて山河あり、城春にして草木深し」といった状況から、全国民が多かれ少なかれゼロからスタートし、それぞれが現在の繁栄の基礎を築いたのである。未曾有の大震災で被災しても、学生の本分を忘れずにロウソクの火を頼りに学ぶ姿こそ、次代の日本を背負って立つ若者の模範というべきであろう。つぎの卒業式の答辞にも注目したい。

階上《はしかみ》中学校といえば「防災教育」といわれ、内外から高く評価され、十分な訓練もしていた私たちでした。しかし、自然の猛威の前には、人間の力はあまりにも無力で、私たちから大切なものを容赦なく奪っていきました。天が与えた試練というには、むごすぎるものでした。つらくて、悔しくてたまりません。（中略）しかし、苦境にあっても、天を恨まず、運命に耐え、助け合って生きていくことが、これからの私たちの使命です。（『平成二十二年度　文部科学白書』）

これは二〇一一年三月二十二日、大震災直後に、宮城県気仙沼市立階上中学校で行われた卒業式の卒業生代表答辞の一部である。戦争や災害など自分に責任のない人生の大きな危機に直面したら、「誰かのせいだ」と他人を恨みたくなる。また誰も恨むものがなければ、自分の不運を嘆いて天を恨みたくなる。

しかし、この答辞は、「苦境にあっても、天を恨まず、運命に耐え、助け合って生きていく」

と、力強い覚悟を宣言している。これが当時全国のネットでも話題になり、二〇一〇年度の『文部科学白書』にも全文が掲載された。私自身もこの二つのエピソードは、高校生用学習参考書の『現代社会』や『政治・経済』の巻頭特集に使わせてもらったことがある。(15)

この答辞の内容に注目したのは、あれだけの大震災で被害を直接受けながら打ちひしがれることなく不死鳥のように、立ち上がろうとする不屈の精神である。若い生徒など大きなショックをうけて、いまどきの言葉を使えばトラウマを心に負い、こんな立派な答辞を書く気にはならないのではないか。

それどころか、もっぱら不運を恨みだれかのせいにする。愚痴や不満がこうじて、ついには国が悪いとか、社会が悪い。こういう風潮が出てきかねない。残念なことに震災後の大人社会では、このような風潮が一部であるが見受けられる。むろんこの種の答辞には教師の手が入るのが常識で、小中学校となれば担当教師が全面的に関与するのが、ふつうのやりかたである。したがって教師との合作と考えるほうが自然であるが、だからこそ、その指導は教師と生徒ともども、賞賛に値するものと思う。

答辞の傍点個所に注目すると、論語憲問の「天を怨まず。人を尤《とが》めず」が下敷きになっているのではないか、と推測される。(16) あくまでも推測にすぎないが、仮にそうでなくても中国古典の教養がはしなくも見えるところなど、特設教科の「考える道徳」の効果が上がっているようにも思える。これからの社会を背負ってたつ若者が、あの災害にもめげることなく責任転嫁もせず、独立自尊の精神で雄々しく生きていくことを宣言している点が素晴らしい。と同時に、そのような精神で指導した担当教師にも敬意を表したい。

自ら学び自ら育つという気概が自助と自己責任の精神をうむ原動力であり、それこそが「生きる力」の根底になるべきものではないか。自分を信じることを教えなければ、いつまでも親や教師に頼り依存する依頼心の強い人間に育ってしまう。

そんな国民ばかりであれば、自分を守り社会を守り、まして国を守ることなどできないで、逆に社会や国に依存する国民になってしまうのではないか。そんな国にどんな未来が待っているのであろうか。

第三章
和と競争の間で

1 二つのカリキュラム

　学校は児童生徒が切磋琢磨して学力で競い合う場所と考えるのが、いわばグローバル・スタンダードであろう。しかし日本の学校教師のすべてが、必ずしもそのように考えているわけではない。競い合って学ぶ勉強競争も大事だが、仲間との協調とか和も尊重する。これはもとより教師だけではない。

　小学生の頃はわりあい無邪気に授業中も、先生の質問に手を挙げたりする。積極的に発言もする。しかし年を重ね中学生ぐらいになると、次第に手を挙げなくなる。高校生になると仮に答えが分かっていても、手を挙げない。ましてや自分の意見を積極的に表明するような、目立つことはなかなかしない。周囲の大勢と違う意見なら、まず沈黙を守る。なるべく他人と違う意見を出そうとする、アメリカの高校生あたりとは大違いである。自分の意見を積極的に発出することより、周囲の「空気を読み」同調しようとするのである。学校時代を思い出してもらえば、ほとんどの方が思い当たるフシがあることだろう。

近所の学校を学校開放の時にのぞいてみると、とくに小中学校の教室には「チームの和」とか「クラスの絆」などという学級スローガンが掲げられている。そして、どの教室にも「学級の目標」がある。つまり児童生徒を「個人」としてより、学級という「集団」の中の一員としてとらえる。児童生徒もそれになじんでいる。いや、なじまされている。学校に個人として学びに来るのではなく、集団の生活をも学び協調性など身につける。ここにも日本の学校の特色がある。

戦争直後からいわゆる「団塊の世代」が学齢期を迎えたころは、教室には五十五人から多い所では六十人ぐらい詰め込んだ。教師中心の一方通行の一斉授業で教え込み詰め込む授業、つまり教師本位の集団的一斉方式で教えるのが効果的であり、貧しい時代にはそれ以外に方法はなかった。しかし少子化がすすむにつれ教室スペースにもゆとりが出てくるようになると、班別学習のようなグループ学習の授業を行うことが可能となった。

小中学校では「入れ子」のように、「学校」の中に「学年」があり、さらにその中に「学級」があり学級の中に「班」がある。入れ子は形・色などすべて同質で、大きさだけ、大（学校）中（学年）小（学級）そして極小（班）となる。これは義務教育とくに小学校などに特徴的に見られるが、学級内を数名の班に編成して学習や学級活動さらには掃除などを班別に活動させる。算数の小テストや国語の漢字の書き取りなど、個人競争を班別のグループ競争でおこなう。団塊世代以降のたいていの国民は、一度は経験したことであろう。

児童生徒は個人というよりは入れ子のような集団の中の一員として、それらに所属することが学校生活の基本となっている。大学とは違って教師も、基本的には職員室に全員が集まっている。学校ではどこまでも個人としてではなく、小集団の「和」と「自立性」を尊重しようとしている。個人の自由は小集団の中での自由であり、その枠からはみ出す自由は「わがまま」とみなし、集団全体の中で同調して生活させることに腐心している。これは教師主導で生徒たちを引っ張ってゆくには、効率がよい管理方法なのである。

児童生徒たちの小集団の自治に任せているので自主性を尊重しているようにみえるが、教師がコントロールしている集団の中での自治であり、自主性なので限界がある。個人の自由や意思つまり下からの自主性は、小集団の中で「みんなと同じ」という集団意思の中に解消されてしまう。こんな状況下で学校生活を送るから、自我の形成期にも個性を伸ばすより癖を矯める方向に力学がはたらく。「くせ者」(1)（荻生徂徠）よりは「ふつうの人」、「変人」よりは「凡人」を育てるのに適している。

教師主導で校則をつくり違反する者に、「どうして君だけ守らないのか」と学級全体への同調を求める。その所属集団の意思を自分の意思とみなすから、これに反する者には目にみえないソフトな圧力をかけて、集団意思に同調させるのである。入れ子のように同質なので、どこを切っても「金太郎飴」のように同じ顔が出てくることになりかねない。

これは児童生徒の集団だけではなく教師集団もまったく同じ構造で、同じようにたがいに同調圧力をかけ、「なんとはなしの空気」を醸成し「擬制の合意」を形成していく。

私の在職中には職員会議は法令上の規定はなく、慣習として学校意思の決定機関のような扱いだったが、それも全会一致がタテマエで多数決の評決がおこなわれた記憶はない。なんとなく全員の合意をえたという儀式の場であった。評決をすると誰が反対者で誰が賛成者かがクリアーになるので、教師集団の和にひびが入るという暗黙の了解のようなものがあった。

これが秩序維持・規律保持の秘訣でもあり、ある意味で巧まずして巧みな統治術になっていた。組織統治の原理があるような無いような、じつに曖昧模糊としている。昔のムラ社会の組織規制と似ていると、一定以上の年齢の方は思われることであろう。このような学校組織の暗黙の行動指針は、学習指導要領に示された明示的なカリキュラムにたいして、隠れたカリキュラム（ヒドン・カリキュラム）と呼ばれる[2]。

「学びの内容」に関しては学習指導要領で、小中高校あるいはその他の特別支援学校などもふくめて、全国の学校の具体的な教科・科目について、その学びの指針の大枠を明示的に示している。学校では教科・科目の単位数や時間数によって年間の授業計画を立てる。そのスケジュールにしたがって、学校教育は行われる。

学校教育は明示的なカリキュラムもさることながら、実際の教師の教え方や団体行動や教室でのふるまい方など暗黙の行動様式や規範が、隠れたカリキュラムとして自然に児童生徒たちにインプットされる。学習意欲や学習の習熟度もさることながら、静穏で秩序だった教室の雰囲気そのものを評価する価値観は、戦後の学校でも引き継がれてきた。

児童生徒が個別にたがいに競い合うような勉強競争は、足の引っ張り合いになるからよろしくない。しかし教師の指導のもと班別で一斉に学習競争をすることは、集団の中の和を乱すことにはならない。つまり学級全体の和を乱すことにはならない。また教師の指導のもと班別集団で切磋琢磨することは、教師本位の集団的一斉方式と矛盾しない。

しかも、これは「和をもって貴しとなす」という伝統的な文化規範と矛盾しない。小集団内での仲間の和と小集団同士の切磋琢磨という競争を、両立させる方式であるともいえる。これは高度成長期の工場生産の場でしきりにおこなわれた、班別による生産性向上競争につながっていた。

昭和軍国の時代に大きな思想的影響をあたえた和辻哲郎は、「人が人間関係においてのみ初めて人であり、従って人としてはすでにその全体性を、すなわち人間関係を現わしている」と述べ、人と人の間にしか存在できない者という意味で、まさに「人は人間」であると規定している[3]。

ようするに、人はロビンソン・クルーソーのように絶海の孤島にひとりで暮らすのではなく、いろいろな人間関係の網の目の中でしか生きられない。したがって所属する小集団の仲間を大事にして、その「間柄」の中で生きていくしかない。このように、みんな同じようにふるまい、仲間との絆を大切にする和の精神こそ、教えている教師が自覚しているかどうかは別として、学校のヒドン・カリキュラムの中核にあるものだといえよう。「和」は秩序形成の原理であり、規律を保つうえでの最高の理念となる。

しかしオモテのカリキュラムでは、生徒がたがいに切磋琢磨して個として学力を伸ばすことを求めているので、これを無視するわけにもいかない。しかも大事なことは、憲法第十三条で「すべて国民は、個人として尊重される」とある。憲法の人権条項では、このように個人の人権を保障しているのであって、集団の中の個人を想定しているわけではない。それゆえ明示的なカリキュラムは個人としての学びを基本原理としており、個人相互の友情とか協調ならともかく、集団の中の和を原理とするわけにはいかない。

学校では勉強で切磋琢磨することを奨励しつつも、その結果として生じる生徒間の成績格差はなるべく表に出ないように配慮する。それは班や学級さらには学校の和を保つ障害になると考えられるからである。一時期、小学校の運動会で、みんな手をつないでゴールしたという「噂」が流布したことがあるが、いかにもこのような雰囲気を象徴する学校神話である。

このように考えると、学校現場ではなぜ習熟度別クラス編成に抵抗があるのかとか、なぜ全国学力テストの実施で、あれほど揉めてきたのか――「学力テスト反対」と「勤評反対」は戦後の二大教育闘争であったことを、思い起こして欲しい。学力テストについては文科省をはじめ教育関係者が実施はともかくとしても、いまだに、なぜ公表の仕方に強く固執するのか理解できるのではないか。もとより理解できることと納得できることは別問題であるが[4]。

長らく内申書は相対評価といって、学級なり学年の集団の中で成績を機械的に比例配分するやり方だったのが、二〇〇二年から絶対評価に変わった。絶対評価では定期テストなど客観的な評価尺度のほかに児童生徒の関心・意欲・態度など、いわゆる日常的な学びの態度点とでもいうべき要素が入ったのが大きな特徴である。

児童生徒の学びのプロセスを評価しようという狙いは理解できるが、それこそ永遠の課題であって、努力のプロセスなど神以外に分かるものであろうか。絶対評価では教師の主観的な裁量が評価尺度にはいる余地がある点、また比例配分ではないので温情的配慮により五や四をふやすことも可能となった点、つまるところ相対評価より絶対評価のほうが神ならぬ人間である教師の裁量権が拡大し、逆に生徒への「内申書支配」が強まったという結果を招いたことは事実であろう。

実施してしばらく、ほとんどの中学で五と四が増えたので、学校格差を考慮すれば内申点の信頼性に疑念をいだかれて、自治体によっては問題化したことがあった。つまり絶対評価によって、内申書については学級や学校の成績格差を恣意的に縮めるばかりか、自治体全体の学校格差を平準化することが可能となったのである。皮肉なことに学校格差を表面的に是正したことが、内申書においては生徒に不公平な扱いをする結果を招来した。

そこで大阪のように全国学力テストの中学校別平均点を活用し、高校入試の内申点を中学別に修正して、学校格差によって不利益をこうむる生徒を救済しようとする試みも出てくる。絶対評価はその目的は別として結果としては、恣意的に点数格差を平準化する機能を持っている。

それは児童生徒たちの能力と努力の結果を極小化し、結果の平等を導きだす。しかし学校での学びには切磋琢磨の要素が当然ある。つまり、その競争心は自分を高めるために、自分自身との闘いであって他人を蹴落とすものではない。「競争」のマイナス面をことさら強調すると、学校の存在理由そのものを自己否定することになりかねない。

これは日本文化の基底にひそみ、国民の行動の根底にある文化的価値観のようなものなので、学校文化がその影響を強く受けている現実を、一概に否定するわけにもいかない。しかし、こうした現実の中で教育学者をふくめて教育関係者の間では、「教育に競争原理はなじまない」という教師の世界にしか流通力を持たない命題が流布して、ますます世間常識と乖離してゆくことになる事実も否定できない[5]。

2 競争を嫌うメンタリティ

福沢諭吉の『福翁自伝』に、幕閣の頑迷固陋さに諭吉が辟易する様子が描かれている。ことの次第は以下のようだ[6]（左記の文中の〈 〉内は原文のまま）。

諭吉がチェンバーの経済論のことを、ある幕府の要人で御勘定方（いまでいう財務省の幹部）に話したら、目録だけでもよいから見たいというので翻訳した。翻訳の中でコンペチションという原語があったので、考えた末、〈競争〉という訳字を造り出して、これに当てはめた。その要人は目録を見てしきりに感心していたが、〈イヤここに争と云う字がある。ドウも是れが穏かでない、ドンナ事であるか〉。

そこで諭吉は別に珍しいことはない。日本の商人のしている通りで、隣で物を安く売ると云えば、こちらの店ではそれよりも安くしよう。また、甲の商人が品物をよくすると云えば、乙はそれよりもいっそうよくして客を呼ぼうとこう云うので、また、ある金貸が利息を下げれば、隣の金貸も割合を安くして店の繁盛を謀るというような事で、互いに競い争うて、それでもってちゃんと物価も定まれば、金利も定まる。諭吉はこれを名づけて〈競争と云うので御座る〉といった。

要人は〈成程、そうか、西洋の流儀はキツイものだね〉。諭吉は反論して〈何もキツイ事はない、ソレで都《すべ》て商売世界の大本が定《き》まるのである〉と述べると、〈成程、そう云えば分らないことはないが、何分ドウモ争いと云う文字が穏かならぬ。是れではドウモ御老中方へ御覧に入れることが出来ない〉と。

このやり取りを諭吉自身が総括して、次のように記している。〈経済書中に、人間互に相譲るとか云うような文字が見たいのであろう。例えば、商売をしながらも忠君愛国、国家の為めには無代価でも売る、とか云うような意味が記してあったらば気に入るであろう〉と皮肉な感想を述べ、結局、競争の文字を消して渡したという。

「競争」という言葉にすら抵抗を感じる旧幕閣の要人たちに、福沢諭吉が呆れる様子にはさすが言霊の幸ふ国と思わざるをえない。しかし、それだけにとどまらず、経済書にも「相互扶助の精神」を見たいとか、商売も「忠君愛国」や「お国のため」というような、諭吉に揶揄された道徳的粉飾をしないと気が済まない。

個人の尊重という人権意識が希薄だから、個人が競い合って利益を上げることを、エゴイズムという道徳的な視点からとらえる。だから私益の追求は「穏かならぬ」ことであり、「お国のため」とか「世のため人のため」とか大義名分をつけないと、気が済まないのであろう。こうした旧幕閣の要人たちのメンタリティは、近代日本人の精神の一部にいまだに刻印されていると同時に、隠れたカリキュラムとして学校教育の中に息づいて継承されているのである。

教師は意識としては「子どものために」教育をしているから、私心なく子どものために働いていると思っている。自分のためではなく「世のため人のため」に働いている、という自己意識である。

ここでは長野県の「教員の資質向上・教育制度あり方検討会議」(以後「あり方検討会議」と略す)の「評価専門部会」における、現職教師の発言をとりあげる。教師にたいする学習者による「授業評価」や「生徒指導評価」をして、それを何らかの形で校長による評価に組み入れて勤務評定の資料とする、という提案に対する反論である。(7)

自分のモチベーションということを考えると、これをやると給料上がると思ってやるというふうに考えるだけで、モチベーションは全く上がりません。やっぱり生徒のためにやっているという思いでやっていますから、自分の給料にそれが関わってくると考えただけで、やっぱりやる気にならないというか、生徒に悪いことしているなという感じを抱いてしまいます。

（「あり方検討会議」第二回評価専門部会議事録、二〇一二年十月三十日）

この発言者の教師は生徒思いで、誠心誠意、「生徒のために」教育しているから、自分の勤務が勤務評定の対象になり「給料に関わってくる」とか、昇進に反映するとか考えるだけで、逆に「やる気にならない」あるいは「生徒に悪いことをしている」という印象をもってしまう。つまりお金やポストのためではなく、生徒のために教育している、と思っている。良し悪しは別として、それが教師の使命感というものだという暗黙の了解が教育界にはあった。

それは主観的にはそのとおりであるかもしれない。しかし世間一般、会社勤めのサラリーマンなどふつうの生活者の常識とは、ちょっと違うのではないか。「給料」や「昇進」は最大のモチベーションであるが、これだけやればどれだけ給料が上がるかとか、昇進できるからこういう仕事をする、などと考えながら仕事するサラリーマンは稀であろう。そんなことが見え見えの社員は、上司や同僚からもただの「上昇志向」が強いだけと、烙印をおされてしまう。平均的な日本のサラリーマンは、そんなに愚かではない。

ふつうは仕事そのものに集中し、よい成果を上げようと頑張っている。それを勤務評定者は、仕事の成果その他を客観的にみて評価する。仕事をしっかりやることが、結果として自分のためになる。「パンのため」であれ「やりがいのため」であれ、ようするに各人が「自分のために」頑張ることが会社の業績につながり、それが経済社会の発展にもつながっている。アダム・スミスは『国富論』の中で、次のような主旨のことを述べている（左記の文中の〈 〉内は引用した訳文による）[8]。

人間はたがいに助け合う必要がある。しかし、それはたがいの〈慈悲心〉だけに期待してもムリで、まずは相手にも有利になるように相手の〈自愛心〉に働きかける。そして自分が相手に求めることを自分のためにもしてくれることが、相手の利益にもなる、ということを相手に示すほうが効果的である。

〈私のほしいそれをください、そうすればあなたのほしいこれをあげましょう〉というのが、すべてのそのような申し出の意味であるという。そして〈われわれが食事を期待するのは、肉屋や酒屋やパン屋の慈悲心からではなく、彼ら自身の利害関心からである〉と述べている。さらにスミスは、社会のシステムを考えるうえで、じつに重要なことを指摘している。

> 自分自身の利益を追求することによって、彼はしばしば、実際に社会の利益を推進しようとするばあいよりも効果的に、それを推進する。公共の利益のために仕事をするなどと気どっている人びとによって、あまり大きな利益が実現された例を私はまったく知らない。

（水田洋監訳、杉山忠平訳『国富論(二)』岩波文庫、二〇〇〇年）

「世のため人のため」（あるいは生徒のため）という慈善心や慈悲心ではなく、「自分のため」という自愛心が、「世のため人のため」になるよう「見えない手」に導かれて自然に調和される。そういう制度や仕組みの根本理念や思想をスミスは述べているのである。

熱意をもって仕事に集中しよい成果をあげても、逆にやる気もなくたいした成果を上げなくても、処遇は同じというシステムでは、結局、経済社会はダメになるということを歴史的に実証したのが旧社会主義国ではなかったか。

各人が絶対的平等をめざす「共産社会」という美しい理念実現のために働く社会より、各人が自分のエゴの実現のために働く社会のほうが、現実には公共善の実現がたやすいと、すでにスミスは十八世紀に予測しているのである。人はだれでも易きにつくという性《さが》があり、努力してもしなくても処遇が同じなら努力を怠る者が多数派になるという、人間性にたいするリアルな認識が市場メカニズムの背景にある。

それがベストの社会であるとは、スミスも断言していないし、誰にもいえることではない。しかし現時点では市場経済の「失敗」や「欠陥」を修正しながら、世界の多くの国々は、基本的には市場主義の原理によって社会を運営している。多大な犠牲を払ったあげく、旧社会主義国も大半は、いまや市場経済にシフトしていることは周知の事実であろう。

資本収益率のほうが国民所得の成長率より大であるから、恒常的に貧富の格差は開いていく。こうした資本主義の根本矛盾を統計的に実証し話題になった『21世紀の資本』（邦訳、みすず書房）でピケティも、資本主義経済の仕組みを根本的に否定しているわけではない。資産や相続への課税強化など税制その他で、「矛盾」を修正することを提案している。(9)

発言者の教師も心根の美しい生徒思いの教師であろうと推測されるから、「生徒のため」に働いているという気持ちに嘘偽りはないことだろう。しかし生徒のために教育しているにしても、ボランティアではなく対価として給料をもらっている。れっきとした公務員教師であり昔はともかく今では教組のバックアップもあり、身分保障はもとより給料や退職後の年金もしっかりしている。地方都市などでは労働条件など、他の民間平均ベースよりよく羨ましがられる待遇である。

労使交渉で毎年、教組が労働条件の向上のために厳しい要求を出すことを承知している人々からは、右手で「きれいごと」をいいながら、左手で「自分の利害」要求をする、と批判される可能性がある。現実に「そんなに生徒のためというのなら、国も自治体も財政難のおり自主的に給料カットを申し出てみたら……」という、同じ会議体の母親委員からの厳しい陰の声もあった。

生徒思いの教師に厳しい指摘をするのは本意ではないが、こうした状況下では「生徒のため」と、幕閣の要人と同じように道徳的粉飾をしていると批判されてもしかたがないのではないだろうか。しかも残念なことに、それに気が付いていない。つまり無意識の自己欺瞞をしているのではないか。私利私欲のために働いていることを後ろめたく思う気持ちを、かつては「お国のため」とし戦後は「生徒のため」と、主観的動機の純粋性によって粉飾するメンタリティは、あまり変わっていないのではないか。

政治思想史家の伊藤彌彦氏は明治国家の教育体制を支えた意識を、オモテムキは忠君愛国や勤倹をかかげ実質的には立身出世など私的エゴを追求したので、〈肥私奉国〉と呼んでいる。そして文字通りお国のために生命の犠牲まで求める、「滅私奉公」を要求されるようになったのは、昭和の軍国時代に入ってからのことであるという[10]。

教師が「生徒のために」いかに熱心に教育に従事しているかをアピールするのは、明治以来基本的に変わっていない教師本位の教育システムのなせる業でもあろう。教師の働きぶりをヨリ客観的かつ公正に評価する仕組みがないから、教師も「使命感」やら「やる気」など主観的動機を強調しなければならないのではないか。他方、学習者にしてみれば、「生徒のため」であろうが「給料のため」であろうが、学習者にとってよい教育をしてもらえばよいのであって、教師の主観的動機などどうでもよいのではないか。

この教師の発言を聞いてさらに、教育を受ける学習者による評価の必要性を痛感した。つまり、「生徒のために」頑張っていることが、本当に生徒のためになっているかどうか、保護者もふくめた学習者の意見や感想を聞きたいと思った。また教師にとっても「生徒のために」頑張っていることが校長とか同僚だけではなく、学習者によっても正当に評価されるほうがよいのではないだろうか。

保護者には子どもが学校で切磋琢磨して勉強に励むことが、子どもが将来、社会に出て働くうえで大きな利益を得られるのではないかという期待が、インセンティヴ（誘因）としてはたらいている。教師も切磋琢磨して学習者のためになるよい教育をすることが、個別教師の利益に反映するインセンティヴを組み込んだ仕組みのほうが、本当に「生徒のために」教育しているのだとすれば、むしろ賛成するはずだと思われるのだが。

長野県が二〇一一年度から始めた勤務評定の方式は、全県約一万七千名の教職員（助教諭・講師もふくむ）の全員が、まったく同じ中位の評価になる「差がつきにくい教職員評価」であった。そうしたなか教職員の非違行為が続発し、県民から教員の資質にたいする疑惑の目が向けられるようになったという背景があった。

それゆえ、こうした欺瞞的な教職員評価にたいして良識ある教師の中からも、「一生懸命やっているのに評価に反映されないのはおかしい」という声が上がり、さらに県民の批判の的になっていた。(11) 全国自治体を全部調べたわけではないが、基本的にはどこもほぼ大同小異の事情であろうと推測される。

教師のメンタリティの根底には評定されることへの反感もさることながら、無意識のうちに教師同士の切磋琢磨つまり「競争」よりは仲間同士の「和」にひびを入れたくない、という気持ちがあったのではないかと推測される。これは日本の学校文化にとどまらず、日本文化全体に刻印された規範意識となっているといっても過言ではない。

3 学力と「人間性」の関係

児童生徒は何のために学校に通うのか。再度、強調すれば学ぶためである。社会に出て役に立つ知識や技能を身につけないと、社会人として一人前にならない。社会的に自立するためにも自立のための武器、つまり社会に通用する能力がいる。徒手空拳というわけにはいかない。しかもそれはきわめて未来的な武器でなければならない。

なぜならば変化の激しい時代なので社会の変化も激しい。したがって学齢期の若者が学校で学んでいる時代にある職業が、将来もあるとは限らない(12)。むしろ在学中になかった新しい職業につく可能性も否定できない。つまり予測のつかない将来の社会にも適応できる社会的能力を、身につけなければならないのである。

究極には独学であるが、学校では互いに競い合う友だちがいる。そうした友だちがいなくても学べるが、目標があったほうが、ないより互いに切磋琢磨することができる。お互いが自分の将来のために頑張ることが、お互いの知的能力を高める。広い意味で、ここでもスミスの原理が生きている。

みんなが「自分のために」頑張ることが社会全体の知力を高め、それが国の学術・文化・芸術・科学技術などの水準を高め、ひいては国を豊かにするのである。少年少女の頃から「世のため人のため」に貢献しようと考えても、残念ながらまだ何もできない。まずは「世のため人のため」に貢献することができるように、将来の社会で通用する能力、しかも、どんな状況にもフレキシビルに対応できる「汎用的能力」を身につけないと、目標は達成できないことだろう。

たとえば小さいころ大病をした。献身的な医師の治療のおかげで完治した。自分もあの医師のようになり、人の命を救い世の中に役に立つ人間になりたいと決意したとする。人の命を救い世のため人のために貢献したいと思っても、勉強して医師にならないと難しいことだろう。学校教師だって、それなりに勉強して教員免許を取り、公私それぞれの採用試験に受からないとなれない。いくら教育を通じて「世のため人のため」に貢献しようと思っても、そのために必要な知識や技能を身につけないと何もはじまらない。

むろん医師や教師だけが、世の中に貢献しているわけではないことはいうまでもない。どんな仕事でも違法でないかぎり、何らかの形で社会の役にたっている。だから昔から「職業に貴賤はない」というのである。以上述べてきたことは、おそらく学習者側の意識としては、当然の常識であろう。

前述したように児童生徒が勉強競争して切磋琢磨することが、学校教育のすべてであると学校教師が考えているかといえば、かならずしもそうではない。たとえば児童生徒が個別に競い合うような勉強競争は、足の引っ張り合いになるからよろしくない。このように勉強で競い合うことには抑制的な考えの教師は、とくに公立小中学校に多い。この点は塾・予備校教師や家庭教師との大きな違いである。

塾や予備校のように「学力だけ」と割り切れないのが、学校教師の悩みであるともいえる。すでに述べたように学校では勉強だけではなく、隠れたカリキュラムにある学級の仲間との交流や友情や絆も重要視する。つまり児童生徒たちを個として尊重するよりも、班や学級など小集団のまとまりや和を重視する。したがって個人を指導するより、集団で「みんなと同じ」に一斉指導を旨とする。

教師の意識とすれば小中学生のように低年齢であればあるほど、切磋琢磨より和の尊重に傾く。個としても集団としても尊重するので、つまり、両方に引き裂かれている。一九七二年に立川市のある中学音楽教師が、クラスの全生徒に五段階の評定「三」をつけて処分対象になり、「オール三事件」として世間を驚かせたことがあった。全員が一生懸命努力しているのに差をつけるのは忍びない、という理由である。

しかし、この教師の主観的意図は善意であるにしても、「全員が一生懸命努力しているから」同じ評価をつけるというのは、人一倍努力した生徒にもそうでない生徒にも三をつけたということを意味する。「みんな一生懸命努力した」というのは、教師の主観であり教師本位の思い込みにすぎない。教師の思い込みで一方的に均一の評価をされたのでは、生徒のほうはたまらない。

ふつうはテストの成績や提出物や実技（芸術系教科の音楽・美術、体育等）など、努力の結果として客観性ある成果物を資料として評価するのが原則である。努力した者が、みんな等しく同じ成果を上げることができるとは限らない。人間はロボットではないのだから、それぞれ資質の差、能力の差があり、さまざまである。それを個性の差と認めることが、個人を尊重することの意味でもある。

五時間勉強した者と一時間しか勉強しなかった者とが、テストの成績結果が努力の量と正反対であることなど、いくらでもある。たとえそうであっても努力する者が、それなりに報われるシステムを基本原理としなければ学校制度は成り立たないし、健全な社会も成立しない。また努力の仕方そのものが能力の反映ともいえる。

こうしたシステムは、全世界どこの国の学校に行っても基本構図は同じであろう。そして重要なことは学校教育ではすべての児童生徒に、学びの機会を均等に用意しなければならない。しかし、その学びの結果については格差が生じることは、残念ながら認めなければならない。

「オール三事件」の反省は、機会の平等と結果の平等を取り違えてはならないというところにあるのではないか。このように両者の混同は、文化の根底にある和を尊重する無意識と、そこから生じる仲間意識のなせる業であるかもしれない。とはいえ均等な機会を与えられても、身体・精神・知性などに先天的な障害を持っている児童生徒にたいしては、機会の平等の原理とは別にセイフティーネットを考えるのは当然の措置である。

問題は何をもって人間形成と考えるのか、という点にあるのではないか。学びを通じて得られるものは、たんに知識とか技能だけではない。学齢期の若者は目標をめざして競って切磋琢磨することのほうが、無目的でぬるま湯に浸かっているような緊張感のない生活より、はるかに自分を磨くことにつながる。

目標に向かって緊張感のある生活を青年期に送るには、禁欲的な生活を送らなければならない。たとえば、一定時間、テレビを見ないとかスマホを使わないなど、プチ・ストイックな生活を送ることも必要であろう。そして思うとおりの目標が得られなかったとしても、その間に、忍耐力や注意力や集中力など、社会に出てから必要なメンタルな強さも身につく。

また節制や勤勉の精神など自然に身につくようになる。大人は働くことを通じて、自分を磨くことができる。学齢期の若者は学ぶことを通じて、このように自己形成をするのである。人間の和とか仲間との協調性は人間関係の潤滑油であって、それ自身、少なくとも学校での学びの目的とはならない。

隠れたカリキュラムで身につく接人の態度とか礼儀作法などは、人間形成にとっては副次的な要素といわねばならない。それらはすべて手段的価値にすぎないのであって、児童生徒にとってはあくまでも学ぶことが自己目的なのである。とくに学齢期の若者にとってはいくら接人の態度がよく挨拶ができても、「お行儀はよいが無知」「礼儀正しいが愚か」では困るのではないか。

ただ、誤解を解いておかねばならない点は、学校の成績がよいことは学校で学んだ知識や技能に長けているということだけで、人間性のすべてが優れているという証明にはならないということである。学校は教会やお寺など宗教施設とは根本的に違う。

学校を「人間形成」とか「人格形成」の場といえば、学校で「できる子はよい子」、逆に「できない子はダメな子」という間違ったレッテルを貼り、不必要な優越感やルサンチマンが生じて人間評価をはなはだしく誤る危険性がある。社会的にもきわめて非生産的であるといわねばならない。学校で道徳教育を評価するようになると「修身」時代のように、学校が人格の審問機関になる可能性を秘めている点を十分に考慮する必要がある。

4オモテの規範とウラの規範

学校文化といっても義務教育の小中学校と、選択制の高校ではかなり違いがある。小学校では人間形成的な機能が大きく、知らずしらずのうちに「和」をしつけの中核においている。中学も基本的に小学校を引き継いでいるが、現実問題として高校受験もあり「競争」原理が顔をのぞかせる。しかし学校は勉強する場所だという標準的な認識に即していえば、個人の競争原理のほうがオモテの看板としてはふさわしい。

学校教育は、たとえれば「表の母屋」と「離れ奥座敷」とに分かれている家屋のようなものでもある。オモテの校門には「民主教育」とか「法の支配」、さらには「人権」とか「自由」あるいは「競争」という表札が掲げてある。しかし洋風の母屋を通り抜け、ウラにある和風の離れの奥座敷に行くと少し様子が違う。そこには伝統的な日本人のメンタリティである「義理人情」あるいは「和をもって尊しとなす」など、地域の伝統とか風習など古いムラ的共同体の原理が姿をのぞかせる。

母屋では看板どおりの理念にもとづき授業が進められ、課外活動などがおこなわれる。生徒会活動もＰＴＡ活動も民主的に選挙をして役員を選び、むろん選挙違反もなく模範的な公正な選挙がおこなわれる。ＰＴＡもあくまでも、自主的に運営することがタテマエである。しかし実質は第二章で詳述したように、言葉は悪いがカイライ化してしまう。

それは生徒会（児童会）やＰＴＡなども、オモテの理念とは違ってなんとなく慣習的に運営される点で、ムラの寄合の体質とそれほど変わるところはない。学校内の教師がかもしだす雰囲気（空気）が、ある種の尺度であり規範となっている。この学校の常識には、ママ友たちといえども潜在的に「人質意識」があるので太刀打ちできない。

学校教師でも古い人しか知らないかもしれないが、少なくとも二十世紀末までは半ば公然と、生徒会の役員構成は教師の指導のもとに決められていた。たとえば中学の生徒会長の候補には教師が男子を薦め、女子には副に回るよう助言することなど、公然の秘密であった[13]。古い村落共同体では男支配が常識であったから、それが無自覚に離れ座敷の因習として残っているのである。学校のＰＴＡの会長がごく少数の例外を除けば、いまだにほとんど男性なのはなぜか。このような疑問すらいだかないほど、学校のダブルスタンダード（二重規範）が、市民の常識として入り込んでいる。

教師の教育活動についても、学習者にたいしてどんなパフォーマンス（成果・結果など）をもたらしたかではなく、どのくらい一生懸命にやってくれたかで評価する。したがって、体罰問題についても「あの先生も一生懸命生徒のために善かれと思ってやってくれているのだから」と、自分の子どもが被害者でないかぎり、教師の心情に即して教育活動を正当化してしまう。しかし教室管理に責任のあるリーダーの行為を、動機の善し悪しだけで評価してよいのであろうか。

第二次大戦のあとの極東裁判で、東条英機その他戦犯が裁かれた。その頃、巷では「東条さんもお国のために一生懸命やったのに可哀そう」という声があったという。動機はともかく結果として未曾有の惨禍を日本のみならず世界にもたらした責任を、「お国のために一生懸命やったのだから」と免責する〝美しい心根〟こそが、責任の所在を曖昧《あいまい》にして無責任体制を支える心情なのであろう。[14] いじめの問題も結果としていじめを減少させなくても、もろもろの会議を開き文書を乱発し、いじめ対策を行う姿勢や努力そのものを評価するので、いつまでたってもいじめ防止の効果的な対策はできないし、いじめはなくならない。

ようやく「いじめ防止対策推進法」が制定されたが、学校内には法治主義の精神より、まだまだ和の精神のほうが顔をのぞかせる。いじめるほうもいじめられるほうも同じ生徒同士であるから、たとえ犯罪を構成する要件を満たすようないじめ行為であっても、法によって処断することをはばかる雰囲気がある。こうした割り切れない曖昧な学校の姿勢が、いじめ根絶の障害の一因にもなっているのである。

教師は教職の必修科目で憲法を学んでいるので、法治主義の精神あるいは体罰の人権侵害や違法性については一応の知識はある。しかし長年、教育界や学校の常識に浸っているうちに、そうした知識がタテマエ化して、学校内の共同体的な心情にだんだん馴染んでしまう。

別の表現をすればオモテ化して、オモテの母屋の行動様式にも、いざとなると離れのムラ的メンタリティが噴出するのだといってもよいであろう。オモテの論理では仲間意識を共有できないようなところがあって、仲間と連帯するには離れの共同体の論理が必要なのだともいえる。戦後の教育界とくに研究者や教師に少なからぬ影響をあたえた、一九六四年発行の『日本の学校』に、次のような記述がある。

日本の学校の働きには、近代的な知識と技術とを文字を媒介にして教授し、その到達基準を尺度として、成績原理で序列と選抜とを行なうという面と、共同体的集団化による人間関係の形成という面とがある。

（勝田守一・中内敏夫『日本の学校』岩波新書）

つまり前半の「近代的な知識と技術（中略）を教授し」を、切磋琢磨を柱としたオモテの洋間でおこない、「共同体的集団化による人間関係の形成」は、和を柱とする離れ座敷で隠れたカリキュラムとしておこなうということである。そして私立学校・予備校・塾などは、比較的前者の理念が中心となり、公立学校とくに小中学校は、比較的後者の理念が重んじられる。公立進学高校や私立中高一貫校は前者に、非進学校は後者のカテゴリーに分類される。もとより比較の問題なのでナイフで切るように、割り切れるものではないことはいうまでもない。

生徒に「チームワーク」とか「みんなと同じ」とか仲間との和を説くだけではなく、教師自身も、なによりも「和をもって貴しとなす」が至上命令なので、教師も仲間の不都合な真実、たとえば、「体罰」とか「いじめ」とか「非違行為（不祥事）」についてさえも、内部告発よりも目をつぶることになりがちである。

労働条件の向上をはかる教組という機能集団ですら、「みんな職場の仲間は入っているから」とソフトな同調圧力で加入を求める。「全体の奉仕者である」公務員の働きぶりに、国民が厳しい視線をおくるようになった。そして本来、機能集団であるはずの労働組合が、共同体意識に働きかけることに矛盾を感じる教員などが、皮肉なことに組合離れに拍車をかけることになった[15]。

冷戦と五十五年体制の時代には教組自体が、このような学校組織の談合・癒着・無責任体質への内部批判者の側面もあったが、国との和解以来、むしろ共同体的体質へ先祖返りしている。と同時に、教育理念よりも利害関心にシフトして「モノ取り主義」に変質したことも、このダブルスタンダードに拍車がかかった一因であるかもしれない。

ある新聞のコラムに某県立高校で話をした、ジャーナリストの感想が記されていた[16]。三百六十人ほどの高校生が体育館で座っているが、講壇に近い前列から男子そして女子という順序であった。体の大きな男子が前で、小さな女子が後ろでは不合理ではないかと思って、その理由を副校長に聞いたところ。そういうことになっているものですから、今年も変えるつもりはない、という返事であったという。コラム氏は「なるほど、理屈のつけようはないのだろう」と述べている。

合理的な根拠のない性差別の慣習を、無自覚に続けていることに驚いた様子がうかがわれる。副校長のような幹部教師ですら、学校内の性差別を自覚していない。特別にこの副校長を責めるつもりはなく（おそらくコラム氏も同じと思われる）、むしろ当該の女子高校生のみならず男子高校生からも異議申し立てがない状況は、二重規範の学校文化のあり方を象徴している。

このように、生徒たちからの意見表明や異議申し立てを学校側に自由に申し入れる習慣がないことも、学校制度の問題点を鮮やかに浮き彫りにしている。生徒会という組織があるにもかかわらず、自立的に機能していない証左のひとつであるともいえよう。このような生徒集会の並び方にもはしなくも男女差別が現れているが、学校内には無意識のうちに残存する男女差別がほかにも多くある。

一九八五年、男女雇用機会均等法が制定された。それから三年後、『女のメンツ男のしあわせ』という現職中に書いた旧著で、学校内の性差別を正面から論じてみたことがある。(17) 均等法制定にちなんで学校生活の身近な無意識の行動様式にひそむ、男性優位の慣習を踏襲している事柄を総点検してみる必要を感じたからである。もとより、これは私自身の中にも深く刻印づけられていた無意識であり、それを自省し克服するためのささやかな努力の結晶だった。

「三つ子の魂百まで」というが、家庭を離れて初めて集団生活を送る義務教育の場で男女差別が前提になっていたら、いくら大人になり社会に出て男女雇用機会均等法や女性優遇措置を学んでも付け焼刃となる。とくに「預かり教育」というほど学校の守備範囲が大きい現代では、小中高校の学校生活は児童生徒の無意識の形成に、はかり知れない大きな役割を果たす。また社会の価値観の形成に少なからぬ影響をおよぼす日本型学校主義のもとでは、ことのほか学校生活で培われた価値観は、長じて大人になっても無意識の領域に大きな影を落とすのではないだろうか。

したがって教育する側がいくら男女平等を説いても、教師が統制している学校生活の中で女性差別が当たり前のようにおこなわれていれば、児童生徒のホンネの部分まで届かない。上から国がいくら「男女差別禁止」「男女共同参画」「女性の社会参加」などと、かけ声をかけてもタテマエに終始し長じて大人になってからも、咄嗟の時の「お国ことば」のように何かのはずみに口にでる。これは東京都議会議員の差別発言だけが例外ではなく、長年の学校教育の「成果」が男女ともに刷り込まれているからであろう。

学級代表がたいてい男子、児童会・生徒会なども、たいてい長は男子、副が女子。そして小学校では女性教師の比率が高いのに、管理職は圧倒的に男性である。またＰＴＡ役員はたいてい母親なのに、会長だけはなぜか男。ましてや当事者である教育委員会など、幹部はほとんど男支配ではないか。こんな学校教育の現実に問題意識をもつ国民は少ない。

戦後の民主教育、つまりオモテの洋風母屋での男女平等が、学校生活全般になかなか根づかなかったのには他にも理由がある。都市部の難関系私立中高一貫校を別にすれば、公私立を問わず女子には戦前からの「良妻賢母」教育が、無自覚に引き継がれてきた。激しい受験競争をくぐり抜けてきた比較的高学力の者は、全国各地の難関大学をへて都市部の官庁、企業、自由業にと職を求める。

女子の場合は進路指導のおりに、教師も悪気ではなく「女だから短大まで」という。男性だけではなく女性教師も同じことをいう。「男だから短大まで」とはいわないから、完全に差別的表現であり指導である。しかし、これは一九六〇年代当時の母親が自分たちの受けてきた良妻賢母路線を、子どものためを思って教師にお願いした結果でもあるから、教師だけを責めるわけにはいかない。なかには「四大《よんだい》（四年制大学）など出ると妙に知恵がついて」、お嫁の貰い手がないと危惧する母親もいた。

当時はというより現在でも、主として地方都市では女子はお嫁に行くまでの腰掛だから、高卒か、あるいは短大を出て公務員になるか、地元の堅実な企業に就職すればよい。公務員は身分保障があるから共働きが可能であるが企業では中心は正社員の男子なので、女子は適齢期に「寿退社」してくれればちょうど都合がよい。良妻賢母路線を必要とする社会のニーズが、戦後の日本型会社システムの中でも、長く続いていたということである。

ところが男女雇用機会均等法制定により企業も「寿退社」を歓迎するというわけにもいかず、四大卒の女子を「総合職」と「一般職」に分けて選択制を取る企業も増えてきた。一部のサービス業やＩＴ系企業では、男女別なく同じキャリアとして処遇するところもある。さらには女性の短大卒では会社側も困るという事情もあいまって、今では女性も四大卒のほうが必要とされ、女子短大の多くは四大に改組した。

困ったのは親や教師に勧められ、忠実に良妻賢母路線を歩んだ女性たちである。家庭にたいする考え方も多様化し離婚やシングルマザーも増えているが、「女だから短大」路線の女性たちの再就職は、その低学歴も一因となって困難をきわめる。子どもの貧困の背後には図らずも、このような学歴主義の弊害とジェンダーバイアスの後遺症が、影を落としているのである。

5 信義と正義の間で

もう七年ほど前のことであるが、全国の学校教師とくに公立学校教師にとっては肩身が狭く、嫌な思いをしたことがあった。某自治体で一部の管理職や教委の不心得者が、教員採用や管理職登用などの人事で不正を働き、大問題となったのである。お陰で全国津々浦々、教職についている者は、みんな不正な賄賂《わいろ》を贈って採用され、あるいは校長になったのではないかと疑いの目で見られ、いい迷惑をした。当時はとうに退職OBであったが、政府の規制改革の会議に関係していたので、なんとなく恥ずかしく肩身の狭い思いをしたことがある。

孔子は「君子は和して同ぜず、小人は同じて和せず」と述べている。[18] 人は誰でも仲間内の信義と社会正義との間で悩むが、君子と呼ばれる立派な人は仲間と友情をはぐくんでも、正義の原則はゆるがせにはしない。ふつうの人は、仲間内の信義に溺れ正義の原則を見失いがちになる。旧著が機縁で規制改革の関係会議に招請された時、小人である私が肝に銘じたのは「和して同ぜず」の精神によって、教育・研究の元締めである文科省の文科政策を、国民及び学習者の視点から腑分けして検証することであった。ちなみに規制改革は巷で誤解するむきもあったようだが、ただの「緩和」ではなく不必要な規制をなくし、学習者や国民にとって必要と思われる規制を新たに提言する「規制改革」であった。

学校でも悪さをした生徒たちを、教師が追及しても互いにかばい合う。クラスメイトも告発することはチクリとして嫌う。つまり、「正義」よりも仲間内の「信義」や友情のほうを尊重する。また、教師も学級の「和」とか「チームワーク」などを、常日頃、児童生徒に言い聞かせているから、こうした生徒たちのかばい合いを無下には否定できない。

教師が学校現場で児童生徒にたいして、あるいは保護者にたいして、この「正義」の原則と「信義」を重んじる風土のはざまで悩むことは、オモテの洋間とウラの離れ奥座敷の二重規範として詳述した。ワル・グループの生徒たちなど仲間内の信義や友情を第一に考えるが、そのためにワル・グループがはびこり弱い生徒がいじめられたら、教室の正義を守ることはできない。

教師の世界でも仲間内の信義のみを大事にしていれば、上の覚えめでたい者がコネで管理職に登用される。実力よりも人脈の引き、つまりコネなど情実がものをいう。あるいはボス校長が派閥を作る。あるいは学閥が形成される。

こうした不公正な悪しき慣習は、コネはないが実力もあり情熱もある若者を、教育界に参入することを妨げることになり社会的な損失につながる。また、大勢に流されない独立独歩の「オンリーワン」をめざす教師も数多くいるが、そうした個性的な能力ある人材は引きこもりのごとく自分の殻に閉じこもり、主体的に学校運営に関わらない。もったいないことである。

現在、国民の目は公共財である学校に、情実本位の人事が行われているのではないかと、某県の不祥事以来、疑惑の目が向けられている。いつの時代にも「学力よりも人物本位」という根拠のないキャッチコピーが飛び交う。近年またぞろ大学入試改革でも、使われ始めている。しかし誰がどうやって人物を見きわめるかなど永遠の課題であるから、つまるところ人脈などコネ採用になる可能性も否定できない。

コネや賄賂が横行する社会は健全ではないし、民主社会とはいえない。さいわい日本は、その点、先進国と胸をはることができる。しかし賄賂は例外にしても、気を付けないとコネ社会になる可能性をはらんでいる。むろん一部の例外をのぞき大多数の校長や教師は、自分の使命に忠実で教員仲間の信義よりも、正義やルールを尊重すべきことを児童生徒たちに教え、また自身、それを実践していることであろう。

ただ、社会的存在としての人間の習性として、一度、タコツボ型の教育ムラ社会に入り込むと仲間内の論理に取りつかれ、自分を見失い、自己批判・自己改革の精神を失いがちになる。「教育は不易流行」と言いながら、そのじつ「不易・不易」となり、肝心の子どもや親や家庭や社会の変化に鈍感になってしまい、知らずしらずのうちに感性が鈍磨し適応能力が低下してしまう。

夏目漱石も「智に働けば角が立つ。情に棹させば流される。意地を通せば窮屈だ。兎角《とかく》に人の世は住みにくい」[19]（『草枕』）と、慨嘆している。しかしふだんは友情と信義のルールで生きていても、右するか左するか　という重要な決断を迫られるときは、あえて「智に働き」正義の「角」を立て「意地」を通す。たとえ生きるのが窮屈でも、そのように努力することこそ、人の師表たる教師の身の処し方ではないだろうか。

引用するかどうか躊躇したが、戦後七十年目の国民学校生徒の反省として、高名な倫理学者の戦中の、珍しいがオモテになかなか出ない象牙の塔内部の発言をあえて載せておく。どのように判断されるかは、読者にお任せする。以下は東大法学部教授の苅部直氏が書いた、和辻哲郎の研究書の付録資料にある一文である（『光の領国　和辻哲郎』岩波現代文庫、二〇一〇年）。

ちなみにこの一文は、「斎藤勇先生追慕」とタイトルが付いており、堀豊彦（元東大法学部教授）が、英文学者の斎藤勇（元東大文学部教授）から聞いた事実を、斎藤氏の没後に追悼文として東京大学学生基督教青年会『会報』に載せたものである。ここではその一部を引用する。

しかも、斎藤勇がこの事実を打ち明けたのは、「和辻さんの葬儀が青山斎場で行われた際たまたま斎藤先生と私は同座し、帰路を共にした折、（中略）公園のベンチに坐して」のことであるという。堀豊彦はさらに続けて「普通に考えて、斎藤先生と和辻さんとの間に以下の様な経緯《いきさつ》があったのならば、その葬式には列されないということになるのではないかと私は思うが」（いずれも「斎藤勇先生追慕」）と記し、斎藤勇の高潔な人格を称揚している。

或るときの文学部教授会で、当時段々に反動守旧的傾向を強くされた、故和辻哲郎教授がわが国の聖戦を主張して米英畜などに敗けてたまるか、と声高らかに論ぜられた。これに対して、斎藤勇先生が戦争は悪い、戦争に聖戦などなし、彼我に五分五分の言分がある。特に一方的に、しかも人間の尊厳を汚すような米英畜などという悪罵は慎しむべきであると、述べられた。すると和辻教授は更に声を励まして、斎藤先生を非国民だとして極め付けられ教授会の席で罵倒された。斎藤先生は堅く黙して剛毅なる沈黙を以て対応されたという。同席の教授達の反応については〈筆者は〉不詳である。

第四章
世間を惑わす俗論

1 「第四の権力」は信じられるか

教員時代、朝日の報道を信じ、生徒たちにも慰安婦の話をした。しかし、今ははらわたが煮えくり返っている。誤報だった、ですむ話ではない。社長が謝罪すべきだ。（60代、男性）

（『週刊現代』二〇一四年九月二〇・二七日合併号）

朝日新聞の「従軍慰安婦誤報問題」をとりあげた週刊誌の記事の一部だが、とくに注目したのは、「朝日の報道を信じ、生徒たちにも慰安婦の話をした」という個所である。「生徒」とあるからこの談話の主は、おそらく中学か高校の社会科か、さもなければ公民科系統の教師ではないかと推測される。

一九八〇年代の「従軍慰安婦問題」は当初から、月刊誌それに出版社系週刊誌では疑問が噴出していた。どこまで過大報道であるか、それとも誤報なのか、あるいは捏造なのか、世間の人々は当時から半信半疑であった。それ以前の冷戦構造と五十五年体制の時代から、大日本帝国の犯した罪過については、マスコミを通じてくりかえし知らされていた。

しかし戦後しばらくは口を揃えて「日本はダメよ論」(自虐史観というようだが)が繰り返されると、これも戦中の「大日本帝国」の大本営発表、つまり自尊の裏返しではないかと疑い、マスコミそのものへの不信の目を向ける成熟した鑑識眼も生まれてくる。戦前の「大本営発表」が、戦後は大手メディアに代わっただけなのではないだろうか。

複数のメディアにより多様な価値観にふれる機会をたくさんつくることこそ、生徒にとって必要なことではないか。こうした考えが学校内に浸透していくことが、民主主義の教育にとっては肝要なことなのである。複数のメディアを調べることにより、偏りを修正するような工夫をこらす人々も増えてきた。つまり、簡単には、「第四の権力」も信じなくなってきたのである。したがって、どうしてそんなにやすやすと新聞報道を信じたのであろうかと、健全な世間常識によって批判されることも出てくるであろう。

何を信じるかは個人の自由であるが、それを教室で児童生徒たちに話すことは別問題である。どうしても個人の信念を話したいのであれば、「ここからは先生の個人的見解であるから、そのつもりで聞いてほしい」とか「先生個人の信念であるから、当然、偏っていると思って聞いてほしい」と、注釈をつけるのが社会現象を解説するときの当たり前の常識である。あるいは、この問題について「先生と反対の意見を出してください」と、ディベート風に授業展開することも可能であろう。

むろん朝日新聞を糾弾しようという意図のもとに、この週刊誌の談話も編集されているので、都合よくまとめてあることは割り引く必要があるだろう。しかし「従軍慰安婦問題」が花盛りとなった一九八〇年代初めころ、まだ現職であったから学校内の教職員の「空気」については、ある程度、承知しているつもりだ。

当時から一部の確信犯的な教師をのぞけば、それほど真にうけていた教師が多くいたわけではなかった。しかし、他方では東西冷戦の対立と五十五年体制が長く続いたので、世間から学校教師はすべて「アカい」色に染まっているという理由のない偏見が定着していたことも事実であろう。また学校教師の中には戦前レジームの下請け作業を担い、「教え子を戦場に送った」あるいは「満州開拓なども勧めた」という国策協力がトラウマとなっていた人もいた。

しかも一九八〇年代には私も含めて、まだ戦前生まれが多数派であった。それゆえ学校内の職員室（あるいは研究室）では右側のナショナルな話には眉に唾をつけても、ことの良し悪しは別にして左側からの情報とくに「朝日」「岩波」となれば、それだけでブランド力による信用性は抜群であった。より信じやすい学校文化があったことは、否めない事実である。

むろんＮＨＫを除けば、テレビ会社も新聞社も出版社も民間企業である。どのような主義主張で報道をしようが、どのような本を出版しようが自由である。所詮は商売であるから、社の勝手というものであろう。だから受け手や読み手のほうで、十分に、注意を払う必要がある。それぞれうっすらとした社の方針があり、やや保守系とかやや革新系とか論調が異なるのは、やむをえないことであるし、あって当然のことであろう。

問題は、それを不偏不党かつ中立・公正で、しかも客観的な報道と僭称するから、話がややこしくなる。それゆえ真に受けて「××報道を信じて生徒にも話す」などと、公教育にはふさわしくないことが生じることになる。

おそらく教師というものは、いつも正しいことを正しく教えなければならないと、考えていたのではないか。戦前はむろんのこと、戦後も「上から与える教育」システムのもとでは、教師は正しいことを正しく教え込む、つまり教化（インドクトリネーション）の思想に取りつかれていたのであろう。同じ「教化」でも戦前は「国が正しいと定めたこと」を教え込んだのであり、戦後は事実上、「教師が正しいと信じること」を教えてきたのである。

ここ二十年ほど急速に、ＮＩＥ（News paper in Education）つまり学校で新聞を教材として活用することが行われている。子どもたちの新聞離れ、活字離れが憂慮されているので、基本的にはよいことである。しかし光のウラには影もある。新聞社が積極的に具体の学校と連携を進めているから、特定の一社だけを取り上げることになる可能性も否定できない。それにどこの家庭も二紙以上とることは、職業上の必要からの例外を除いて、ほぼありえない。

それであればこそ現場教師は同じ記事を複数の新聞で読み比べるだけではなく、新聞とは視点の違う出版社系の週刊誌やネット情報なども併用するような、基本的な立場と視点をゆるがせにしないよう注意してほしいものである。

生徒たちにいかに「社会」を見る目を養わせるかということは、私にかぎらず社会科や公民科の教師にとっては大きな課題であった。戦前の軍国主義と全体主義にたいする反省からスタートしていたから、当然のことながらマスコミの論調もやや左側にシンパシーをよせるものが主流であった。たとえば当時のスターリン支配下のソ連など社会主義国も、欧米型の「自由民主主義」にたいして、「人民民主主義」として民主国家と定義づけていた見解も少なくなかった[1]。

加えて私が教員になった一九六〇年からの十数年間は、二度にわたる日米安保の改定、ベトナム戦争、また大学紛争・高校紛争、連合赤軍事件、そして過激派による丸の内ビル爆破事件や日本赤軍のハイジャックやテロなど、現在ふりかえってみれば、表層的には日本社会がカオスの状態のようにみえた。

とくに大学紛争はやがて高校紛争にまで飛び火して、私のような田舎教師まで巻き込まれることになった。県内の高校でも校長室を封鎖したり、生徒が交番にゲバ棒もって飛び込んで逮捕されたり、地方の高校生もなかなか元気な時代であった。しかし、それも所詮は地域の名門高校生による紛争であり、就職者の多い中堅高校や地域高校にとっては無縁であった[2]。

どちらかといえば紛争を起こしたような高校の先輩などが、当時の論壇などオモテの世論の形成者たちであった。高校紛争の頃は中堅高校に勤務しており、生徒指導委員会の一員でもあった。上京して大学全共闘の下部組織である高校全共闘の闘争に加わる高校生に、上京を止めるように国鉄（ＪＲ）の中継駅で説得する役回りを担わされた。

当初は国民学校時代の反省やマスコミの影響も受けており、大学紛争にも一定の理解と共感をいだいていたが、ある事柄がきっかけでいわゆる「体制派」に転向した。当時、高校時代の恩師の依頼で、中央公民館から派遣される社会教育の講師として、月に二回ほど二年間にわたり地域の家庭教育学級に講話をして回ったことがある。

ある会場で大学紛争について解説して、話し合いになった時のこと。ある婦人から自分の子どもは大学進学を希望していたが、お金がなかったので就職して公務員になり家計を助けてくれている。いま東京の警視庁の機動隊員として大学紛争の警護にあたっている。大学紛争は純粋な学生たちが大学当局の不正や旧弊な運営を改革するために起ち上がったと、マスコミなどはおおむね学生運動に同情的に書いている（ちなみに私の理解では、マスコミが全共闘の大学紛争に見切りをつけたターニングポイントは、連合赤軍事件であったと思う）。

そして息子たち警官は「権力の犬」と罵倒され悪者扱いで、大きな石や敷石を投げられ生命の危機にさらされている（実際、殉職した警察官もいた）。息子は法を守り治安を維持し国民生活の安全を守るため、いのちを的に懸命に働いている。他方、学生たちの多くは親のすねかじりで、

「権力との闘い」といって違法行為を平気でおこなっているが、私にはどうも理解できない。お国のためにまじめに働いている親孝行な息子たちが、どうして悪者なのか。こんな主旨の話をなさった母親の目には涙が光っていた。

大学進学した卒業生も加わっているという事情もあいまって、私は安易な同情を学生たちによせていた。しかし考えてみれば、この母親の息子のように、「体制側」「権力側」にいる卒業生も数多くいる。マスコミに影響されて全共闘側にも、安っぽい同情をよせていたことを深く恥じ入った。かつては「マスコミの報道を信じていた」時期があったから、前述の週刊誌の教師と同じであり責める資格はない。まったく若気の至りであったと反省するほかはない。

かねてから私淑していた思想家が、オモテの論壇活動である「夜店」を畳んで本業の研究に専念していると仄聞するにおよび、もとより比べるべくもないが、その心情を何となく忖度できるような気がしたのである。

この経験が私の意識を変え、鍛えてくれた。論壇やマスコミなどオモテの世論と生活者の世論には、かなりの違いがあるのではないか。マスコミに登場する論壇のオピニオン・リーダーたちの発言と、なかなか表に出てこないこの母親のような生活者の発言との間には、大きな乖離があるのではないか。

メディアによって増幅されるノイジイな（声高な）発言は、かならずしも国民各層のマジョリティではないのではないか。いまのようにパソコンやスマホなど情報機器もなく、多様なＳＮＳ

（ソーシャル・ネットワーキング・サービス）などのない時代であったから、国民各自が情報発信する機会も手段も少なかった。それゆえ報道が流すオモテの世論に受身になり同調し、画一的になりやすいという事情もあった。

このとき以来、教室では自分の見解や解釈を一方的に話すのではなく、政治や経済に関しては甲論乙駁でさまざまな見解に目配りするよう心がけた。とくに論壇の支配的見解とは距離をおき異質な生活者の意見にも目配りして、可能かどうか分からないが中道リベラルの道を模索するようになった。

2 教壇で正義を語らない

大学紛争の一九七〇年前後は冷戦構造と五十五年体制の最中であったから、オモテの世論は、かなりラジカルで「反戦平和」と「反権力」が根底にあり、反戦平和は反米反安保闘争に、反権力は反政府闘争と学園紛争にもつながっていた。当時、オモテの報道をみるかぎり、いまにも保守政権は崩壊し、革新政権が誕生しそうな勢いであった。学校内の世論（といっても教師の主流意見だが）は論壇や報道の主流に左右され、反戦平和と反権力闘争を旗印にしていた教組の影響もあり、まだまだ全体的に「左傾化」という空気が優勢であった。

ある高校に在籍の時、自治体首長に革新候補が立候補したので、組合分会（教組の学校単位）

の長が、革新派候補に投票するよう職場会で呼びかけたことがある。そして休日には候補の選挙事務所の手伝いを、志願することを求められた。特定候補への投票を分会として指示し、選挙活動へのボランティアを求めることは、公職選挙法に抵触する恐れが無きにしもあらず、である。当時、革新候補を推す政党は「政党支持の自由」を標榜していたから、保守系候補に投票してもよいのではないか。以上の主旨の異議申し立てをしたことがある。

分会長には「いまや保守は悪で革新は善が常識ではないですか」と反論され、政党支持の自由は革新政党間でのことに限るといったので、思わず呆然としたことがある。なるほど権力側の保守政党は悪玉だから、はなから選択肢には入れていないのだなと分かり、もはや何を話しても無駄だと思い教員組合を一時的に離脱したことがあった。権力・体制は悪玉であり反権力・反体制は善玉という二分法は、戦前レジームへの反感からなべて権力的なものを否定するメンタリティのなせる業であろう。

しかし、そのことは権力の必要とその限界についての考察を欠き、戦後営々として築き上げてきた日本のみならず世界の安定秩序そのものを、崩壊させることにもなりかねない危険性をはらんでいた。大学紛争から生まれた過激派が、その後世界赤軍として現在の「イスラム国」過激派のように、世界中にテロを拡散したことを考えてみれば、あながち杞憂とばかりはいえなかったのではないだろうか。

「権力は腐敗する傾向にある。絶対的権力は絶対的に腐敗する」ことは歴史的事実であるが、権力なくして国家社会の形成はありえないこともまた事実である。反権力主義に徹すると、ついには国家そのものの否定、つまり無政府主義の思想に行きつく。しかも教師とくに公務員教師は国家社会の形成・維持の一翼を担っており、権力の末端でもあり「教室のセンセイ君主」でもある。したがって教師自身、権力の必要と限界について思いをよせて、自分自身もつねに自制する必要があるのではないか。

一九七〇年代の後半ごろのことであったか、ある授業で第九条と自衛隊の関係について、あらまし以下のような説明をしたことがある。かりに自衛隊の存在が違憲と学説の多数説では否定されても、最高裁判所が違憲判決を下さない限り合憲とみなすのが法治国家の原則である。(3) 自衛隊員を成人式に呼ばない自治体もあるやに聞く。(4) また高校でも自衛隊の就職説明会を拒否する学校も少なくないと聞くが、現段階では合法とされる自衛隊及びその隊員を不当に差別することのほうが、むしろ憲法第十四条（法の下の平等）の精神に反するのではないか。

こんな話をしたひと月あとぐらいのことであったか、ある自衛隊中堅幹部から人づてに、個人的に招待の要請を受けたことがある。われわれ自衛隊員は家族もろとも、いつも肩身の狭い思いをしている。息子から授業の話を聞いたが、息子ともどもよくぞ言ってくださった。アカい先生たちばかりかと思っていたが、先生のような良識ある先生（?）がいることを知って嬉しい。ぜひ、一献差し上げたいが。むろん、丁重にお断りした。

当時は警察官や自衛隊員を、「権力の犬」あるいは「税金ドロボー」呼ばわりした。また日本企業の積極的な海外進出を「経済侵略」とみなし、そうした経済活動の先兵を「エコノミックアニマル」とか、なかには「エコノミックビースト」などと揶揄する風潮もあり、学習参考書だけではなく同様の記述がみられる教科書さえあった。

考えてみれば学校の生徒の中には、当然、警察官や自衛隊員の子どもや、商社など海外展開している企業の子どもたちもいるし、すでにそれらの職業についている卒業生もいる。彼らがいわば「社会的ないじめ」にあって肩身の狭い思いをしていることは、「努力する者が報われる」という社会的公正にあわない、つまりアンフェアーなのではないか。

それに仮に組織を批判するにしても、その組織の所属個人を「いじめる」ことは、まったく別問題である。ましてや教室の中では互いに平等に扱われなければ、児童生徒の人権を尊重することはできない。

この件の前後であったか同じ授業に関連して、例年、夏休みを挟んで半年足らずのうちに三十冊から五十冊ほど社会科学の古典ともいえる基本書を指定して、シャワーのように全部読ませるという無茶苦茶な課題を課していたことがある。その中にマルクスの『共産党宣言』やエンゲルスの『空想より科学へ』なども入っていた。それにたいして一時期、「あの先生はアカか」という声が一部にあったという。

このように授業では社会についての考え方のプロセスを分析することに、重点をおいてきたのである。なぜなら社会科学の認識（ものの見方）は自然科学と違って、客観性とか普遍性、あるいは不偏不党など中立の見方はなかなか難しい。本人がそう思っていても、その人なりの偏りが生じてしまうのは必然であることを生徒たちに理解させ、社会現象については特定の見方を絶対視しない態度を、身につける必要性を説きたかったからである。

J・S・ミルがいうように、「人間は誤りのないものではないということ、人間の真理は大部分は半真理であるに過ぎない」（塩尻・木村訳『自由論』岩波文庫、一九七一年）からである。このような考え方こそが、民主主義に不可欠な思想的寛容性の前提条件となるものではないか。多様性を尊重するより「みんなと同じ」を求める同調圧力のつよい日本の社会風土のなかでは、若い時から社会現象については相対主義的な価値観を身につけておくことが、とくに必要ではないかと思ったのである。

保守は悪玉、革新は善玉のような単純な劇画的善悪二元論は、やはり当時のオモテの世論の影響が強かったのであろう。保守党支持などは知的レベルが低いのではないか、といわんばかりの雰囲気が学校教職員の間にはあった。したがって国民の多数が民主主義にめざめ政治意識が成熟してくれれば、必ず革新政権が誕生するのではないかという期待があったのではないか。

しかしオモテの世論は「なんとなくサヨク」であるが、選挙をすると不思議に悪玉の保守側の自民党が勝つ。「公害」も「金権腐敗」も「派閥政治」もなんのその、なにがあろうと与党自民党が強い。となればオモテのムード左翼のほかに、オモテに出てこないウラに国民の声なき多数派の声が潜んでいるのではないかと思ったのである。

ウラの世論の中心は当時五十歳前後であり、団塊世代の親たちであった。戦争の廃墟から立ち上がり経済成長を遂げて、生活も豊かになりつつあった日本社会の中核を担っていた彼らは、また軍国イデオロギーにおどらされ懲りた世代でもあった。その反省から左右のイデオロギーにおどらされずに脱イデオロギーで、地道にもっぱら「努力した者が報われる社会」の建設を目標としていた。学園紛争時の学生は最近では「団塊左翼」と呼ばれる団塊世代が中心で、私はそれより十歳ほど年長だったので、ちょうど学生とその親の世代との中間に位置していた。

学園紛争に身を投じる若い世代は、「なんとなくサヨク」のオモテの世論に従って行動しているように見える。その親の生活者としての意見は、「社会変革」という理想に共感をしないわけではないが、親のスネをかじっている分際でゲバ棒を振り回し、ろくに勉強をしないわが子が心配でもある。そうした若者の甘えを憂慮する「ウラ」の意見は、生活者としてのホンネともいえるものであったろう。

そして留意しておくべきはマスコミや論壇に代表される意見は、「現在あるもの」にたいする問題点や批判を旨として未来志向型であるが、生活者のウラの世論は自分の生活世界の現実利害にも立脚しているので現状維持型になりがちである。どちらがよいとか悪いということではない。異なる世代、異なる立場の生活者の子どもを教育する公教育の場では、「オモテ」と「ウラ」の意見の両方に注意深く目配りして、社会を捉えなければならないのだと肝に銘じた。

ベルリンの壁も崩壊した二十世紀の終わりごろ、学校現場では日の丸君が代問題をめぐって混乱を極めていた（ちなみに国旗国歌法案の成立前のこと）。ちょうどそのころ卒業式の日の丸・君が代問題を取材したい、という申し出がA新聞支局からあった。校長の意向もあり取材を拒否したが強い要請をうけ、教頭であった私は校長から対応を任されたので、記者に会って事前の打ち合わせをした。

学習指導要領には「生徒に指導するものとする」と明記されているので、事前に全校生徒たちとの対話集会をして実施する旨の話し合いをしたこと。教組の職場会では反対者もいること。しかし私自身の主義主張は別にして、学校としては粛々と実施するつもりでいること。このような話をして、全国的にみれば君が代はまだしも、日の丸を掲揚する学校はそうしない学校よりも多いはずだ。それであるのに「人間が犬に嚙みつく」ような、揉めそうな少数の学校ばかり取り上げて煽るのは売らんがためか。

A社やM社が主宰している甲子園野球では、わが校の選手もお世話になっている。その開会式では、かなり前から日の丸を掲揚し君が代まで斉唱しているではないか。また世間の若者は、スポーツの国際試合などで顔に日の丸を塗りたくって応援している。どうしてそんな使い分けをするのか、おかしいのではないか。

このように詰問するとその若い記者は誠実な人柄で、「ウチもデスクや上のほうが、まだ五十五年時代の感覚なので困っています」つまり「反体制でないと売れないのです」。世代感覚の違いと営業上の思惑がある内幕を暴露してくれた。つまり自社の高校野球のセレモニーでは実施しているのに、学校の入学式・卒業式となると条件反射のように「日の丸・君が代」で採めるところをニュースに、と考えるようである。しかしデスクを説得してくれたのか、冷静に見たとおりの比較的妥当な記事を書いてくれたので、その対応には感謝したことがあった。

ちなみに、天皇陛下が東京都のアグレッシブな教育委員にたいして、「強制になるというようなことでないほうが望ましい」といった感想を園遊会で述べられたのは、私が退職した数年後の二〇〇四年のことである。

公務員教師は「全体の奉仕者であつて、一部の奉仕者ではない」（憲法第十五条）のであるから、その憲法を否定するような言動を教壇ですることは立場と矛盾するのではないか。それは公務員を辞めてからすべきであること。さらに政権批判は結構であるが、それは個人の見解として表明すべきではないか。民主社会ではつねにその時々の政権を支持する過半数の国民がいて、その子弟が教室にいることも忘れてはならない。日の丸君が代問題についても、このような基本姿勢で臨んだものである。

それに大学の研究者には「研究の自由」と「教授の自由」が認められているが、教諭についでは「研究の自由」は当然としても、「教授の自由」は限定的であることも考慮する必要がある。つまり公務員教師としてはあくまでも自由と民主主義と法の支配、そして市場経済のシステム、それらを担保する憲法体制という土俵の中で勝負すべきであることを、肝に銘じる必要があるのではないか。マスコミとくにテレビなど映像的なものは、見る者の情緒に訴える。あらゆる報道はマスコミであろうとミニコミであろうと、多少なりとも「煽り系」になりがちであることをも心しておくべきであろう。

ニーチェは「みずからの正義について多弁を弄する一切の者たちを信用するな!」(『ツァラトゥストラ 上』第二部〔7〕『ニーチェ全集9』(ちくま学芸文庫、一九九三年)といっているが、大義をふりかざす語り口にはともかく警戒すること。これらはあの戦争から一番学んだことではなかったか。私自身、教壇から「正義」をふりかざすことはなかったか。内心忸怩たるものがある。紛争の時代以降、教壇に立つ身として、M・ヴェーバーの次のようなくだりをひそかに座右の銘にすることにした。

> かれの批判者ではなくかれの傾聴者にだけ面して立つ教室では、予言者や煽動家としてのかれは沈黙し、これにかわって教師としてのかれが語るのでなければならない。もし教師たるものがこうした事情、つまり学生が定められた課程を修了するためにはかれの講義に出席しなければならないということや、また教室には批判者の目をもってかれにたいするなんぴともいないということなどを利用して、それが教師の使命であるにもかかわらず、自分の知識や学問上の経験を聴講者らに役立たせるかわりに、自分の政治的見解をかれらに押しつけようとしたならば、わたくしはそれは教師として無責任きわまることだと思う。
>
> (尾高邦雄訳『職業としての学問』岩波文庫)

国家権力が直接的に教育現場に介入することには、いかに国民の多数派の支持があるにしても抑制的であるべきであろう。今日の多数は明日の少数にならないとも限らない。最近、国の教育改革にともない、さまざまな点で国が直接関与をつよめる方策が検討されているようであるが、分権や学校の主体性を侵さないよう慎重であるべきであろう。国家と社会は、必ずしも同一ではない。教育は第一義的には、国家より社会に関わる事柄である。国としてやることと、社会としてやることは区別する必要がある。

これは民主社会の不文律であり、国家の品格に関わる事柄である。さもないと野蛮な戦前レジームの二の舞になりかねない。これもあの戦争から学んだ最大の教訓ではないだろうか。国の命運をにぎる政治指導者も、歴史の教訓は大事にして欲しいと、多くの国民は願っているのである。

3 教育統計の不思議

二〇一四年九月二十日の朝日新聞に「縮む 学校も」という大見出しで、「三十人学校」の数と割合が日本列島の地図の上に、自治体別に表示されたものを見た方々は驚いたに違いない。それまでは朝日新聞だけではなく、たいていのマスコミは「三十五人以下学級の実現」とか「教育予算の少ない教育小国」あるいは「教育をよくするには教師を増やすこと」などと、なぜかワンパターンの報道を続けてきた。政治や経済については、最近、とくにクリアーに各社の主張をきわだたせるようになってきたが、こと教育となる大本営発表になってしまう。各社ほぼそろい踏みのような報道では、世人が惑わされるのも無理もない。それらを真に受けてきた国民の多くは、真逆の報道に思わず目を疑ったことであろう。

読み間違えると困ると思ったのか、「三十人学校」の下に囲みで児童数が三十人以下の小学校と、わざわざ小見出しが入っている。同紙によれば「一学年一クラスを維持するうえで、一学年五人が限界と考えた場合、すべての学年を合わせても三十人以下の小学校は二〇一三年現在で、全国で千五百五十七校」。そしてこのままいけば、「四十年には千二百校余り増え、二千八百三十三校になる可能性がある」という。[5]

子どもや孫が通っている近所の小学校を見ても、教室はガラガラ、ほとんどが三十五人どころか二十人以下むしろ十人以下の所も少なくない。しかも学年に二クラス前後しか児童はいない。つまり全校あわせても百名前後の児童しかいない小学校が少なくない。中学はまだ少し多いが、小学校より少しましという程度だ。過去二十年間で約八千校に上る公立小中高校が廃校になっており、全国津々浦々、小中高校の統廃合が話題にならない所はない。

もちろん、聡明な国民はみんな、なんとなくおかしいと思っていたに違いない。しかし役所やマスコミの統計・数値などには、眉に唾つけるより鵜呑みにする癖がついている。教育は国家の大事であるから、滅多なことを言ってはならないという空気感のようなものもある。

公表されている学校基本調査（二〇一三年度）によれば、全国の小学生（児童）数を全国の小学校本務教員数で割ると、本務教員一人当たりの児童数は約十五・九人となる。ちなみに中学は、本務教員一人当たりの生徒数は十三・九人である。しかも、これは各自治体でつける臨時的任用、つまり非常勤教員などはふくまれていない。自治体によっては、三割近い臨時的任用教員がいるといわれているから、教員一人当たりの児童生徒数の比率はもっと下がる。統計はウソをつかないから、身近なファクトに合っている。

それなら最近まで、「三十五人以下学級の実現」をめざして、マスコミもキャンペーンをはっていたのはなぜか。ひとつは、「三十五人以下学級の実現」は、学級の上限規制であり下限規制ではない点を確認して報道していなかった社もあったこと。それに積極的にマスコミとくに地方メディアには、下限規制には触れにくい面がある。つまり学校の統廃合問題に直結して、地域の再生とか救済とも関連して自治体政治につながる、きわめてセンシティヴな政治的マターになる。とくに地方の地域住民にとっては、母校がなくなることを歓迎する者はいないからである。

もうひとつ第二章でもふれた予算配分の大原則である、「機関補助」と「学習者補助」にも関わる根本問題がある。学校への配分という機関補助が原則であるから、あくまでも配当の基準は「学級数」であって、「児童生徒数」ではない。それゆえ生徒減の比率にたいして、教員減の比率は比例しないこと、学校基本調査の両者の経年変化を照合すればすぐ分かる。換言すれば、質の問題を考慮しなければ学習者にたいしてより、学校組織とくに教員にたいしては、やや甘口なのである。

このようにさまざまな要素を考慮しないで、教員の数にだけ注目すれば、もっと増やせという主張のほうが、「教育的」な印象を受ける。そして教員を増やすことはよいことであり反対者は少ないが、減員することは多くの組織の利害と抵触する。皮肉な見方をすれば、どうせ自分のフトコロは痛まない（本当は、税金だから痛んでいるが）のなら、なるべく口当たりのよいことを言ったり、書いたりしたい。

一千兆におよぶ国家財政の赤字をまじめに憂慮すれば、下種の勘繰りといわれようと納税者としては厳しい見方も必要ではないか。これまで教育だけは成長社会の論理、つまり「量的拡大」をもとにして発信してきたようだが、さすが成熟社会の現実に合わないから、思い切ってファクトにそくして舵を切ったということであろうか。他社の中には相も変わらずの報道姿勢のところも少なくないから、その勇気には敬意を払うが。

これも常識となっているようだが、国際比較でも日本は「教育予算の少ない教育小国」という俗論がある。よく引き合いに出される例が、ＯＥＣＤ加盟国の中で対ＧＤＰ比の教育予算が一番少ない、という点である。しかも「学校教育への公的支出がＧＤＰに対しどれくらいの比率をもっているかを見ると、日本は欧米諸国と比べて下位になっている」と、驚くことに一部の高校生用の検定教科書には、統計とあわせて掲載している。

これについてはすでに、二〇〇八年五月三十日の国会において、与党自民党の小渕優子委員の質問にたいして、財務省の担当官（真砂靖主計局次長）が明確な回答を行っている。財務省は我が国の教育予算は主要先進国と比べ遜色のない水準といっているが、どんな根拠でそのようなことをいうのか、という小渕委員の質問にたいする答弁が以下のものである。少しくどいが国会の答弁なので正確を期して、国会会議録から財務省担当者の答弁の該当個所を、ほぼそのまま引用する。

真砂靖政府参考人

今、予算のＧＤＰ比の議論で、五％がＯＥＣＤ平均だというお話でございます。我が国の場合、このレベルでいいますとＧＤＰ比が三・五％ということで、五％に比べると、その七掛けという形になっております。

一方、総人口に占める子供の数を見てみますと、ＯＥＣＤ平均が二三・一％、五人に一人が子供で、教育を受けている。我が国の場合、残念ながら、この数字が十六・五％ということになっておりまして、子供の数も七掛けになっているわけでございます。（中略）これは単純な算術でございますが、一人当たりの教育予算で見ますと、当然、割り算でございますけれども、遜色のない水準にあるということでございまして、教育という一つのサービスを受ける消費者は子供でございますので、消費者の目から見てどれだけお金がかけられているかという点からみれば、一人当たりで見ていくということが正しい見方ではないかというふうに我々は申し上げているところでございます。
こういう子供の数を全く無視して、全体としてのGDP比、例えば五%にするんだということになりますと、一人当たりで見ますと、七割しかいないわけでございますので、OECD平均よりも一・四倍お金をかけるということに相なるわけでございますが、何ゆえ我が国だけがOECD平均よりも一・四倍教育予算を投入しなければならないのかという点について、私どもは明確な理由をお伺いしていないところでございます。

(「第一六九回国会衆議院文部科学委員会」第十三号会議録より、二〇〇八年五月三十日)

OECD加盟国の中で日本は少子化率が一番高くて、総人口に占める子どもの比率はOECD平均が二三・一%にたいして、日本は一六・五%にすぎない。つまり単純に対GDP比ではなく、そこに総人口に占める子ども比率をかけないと、子ども一人当たりの教育予算の割合は出てこない。子ども比率をかけるとOECD平均より、むしろよくなる。そこへさらに増額要求であるから、財務省にギャフンといわされた。

財務省は役所の中の役所といわれ各省庁からも政治家からも、またマスコミからも目の敵にされ、悪玉扱いされることがよくある。悪玉扱いされるには、およそ次のような理由があると思われる。ひとつは姿勢を低くしているがちらちら見える、自分たちが国を動かしているという強い自負心。また財政規律を守るための増税提案や、ムダをはぶくため厳しい予算査定など嫌われる役回り。そして、これはどの省庁にも大なり小なり共通するが、とりわけ国益の中に省益を巧みに忍び込ませる術に長けている点。

教育関係者としては財務省より文科省の肩をもちたいが、このケースでは統計資料読解の正確さからも、また財政規律の点からも財務省の言い分のほうに説得力がある。当時、文教族であった小渕議員も、この論理には反論できず、「私も数学が弱いのか何かわかりませんけれども（中略）、ちょっと乱暴な御意見かなというような気がしております」と、有効な反論もできず根拠もない捨て台詞で矛を収めている。もともと言ってみるだけのつもりであったかもしれないが。

右肩上がりで子どもの数が増えていく時代には、それに応じて教員数も増えていく。逆に右肩下がりで子ども数が減少していく時代には、それに比例して教員数も減少していけば問題は少ないが、そんなに簡単にはいかない。何事も増やす時代は痛みを伴わないが、減らす時代は痛みを伴うので激変緩和措置も必要となる。

当初は、五十五人学級から五十人学級、そして四十五人、四十人、そして三十五人学級へとクラスサイズの縮小化で対応してきた。しかし、これはクラスサイズの上限規制であるから、教師一人当たりの児童生徒数は、もっと低くなることは前述のとおりである。いくら「少人数学級のほうが行き届いた教育ができる」といった、科学的根拠のうすい俗論ではやし立てても限界がある。[6]

平成に入ってから学校管理職の経験者で教職員の「過員処理」で、頭を悩まさなかった者はいなかったのではないか。過員処理とはあまり適切な表現ではないが行政用語であり、ようするに生徒数に応じた適正人数に、学校によっては余った教員の転勤を促し、採用を控えることを意味する。教委も常勤教諭を増やさずに、一種の「調整弁」として臨時的任用（非常勤講師）を増やした背景には、この過員処理の問題がひそんでいるのである。ようするに教員の過剰はすでに二十年以上前から、全国の学校関係者の間では常識だったのである。

終身雇用制であるから、馘首《かくしゅ》はありえない。となれば、採用を控えながら臨時的任用で、調整するということになる。いずれにしろ組織全体のダウン・サイジングは、どこからも歓迎されない悩ましい問題となる。一番、円満な解決は児童生徒の減少率より、教員の減少率を少なくすることにある。そのため教育の「質の問題」を「量の問題」にすり替えるような俗論が横行し、その結果が悪玉財務省による厳しい指摘をうける結果となったのである。

4 教育予算の使い道

「教育は人なり」であるから、教育の良否のカギをにぎるのは教師である。これは間違いない事実といってよいであろう。したがって教育にもっとお金をかけて、教師を増やさないと教育はよくならない――このような無意識の先入観が、全部とはいわないがかなりの国民の意識のうちにあるのではないか。メディアも識者と呼ばれる人も、この先入観から自由ではない。

現在の日本社会を牽引している四十代以上の国民の多くが教育を受けた昭和の時代は、まだ戦後社会の成長期であり学校教育の量的拡大の時代であった。そのころは学校も足りなかった、教員も足りなかった、施設設備も不十分だった。教室は児童生徒であふれていた。しかし現在七十歳近い団塊世代が学齢期をすぎた、一九七〇年前後からもう少子化が始まっており、その後、団塊ジュニアの学齢期で一時的に伸びたが、あとは少子化にまっしぐらである。

このような学校教育の量的拡大期に学齢期をすごした国民が、いまや祖父母となり親となっている。したがって学校教育にたいするイメージは、どうしても自分たちの学校時代と重なってしまう。時代が変わり「昔とは違う」ということを承知しつつも、こと教育については普遍的な変わらないものだと思っている。それに教育にお金をかけることは、悪いことではないという国民的常識がある。それだけ教育を大事に考えることは、日本国民の美点でもある。

田中角栄のイニシャティヴによって成立した「教職員人材確保法」（一九七四年）は、「安月給」が代名詞であった教員給料を大幅に改善した。田中角栄による教員給与水準の大幅な改定の背景に、「恩師の給料のあまりに低いのに驚き」という素朴な動機のほかに、さまざまな政治的意図が混在していたことであろう[7]。しかし、どのような意図があったにしろ教員の待遇改善は、教員が余計なコンプレックスを持つことなく、教育に専念できるようになったという意味で、それなりの効果が期待されたのである。

問題は教育を与える側への配慮と同様に、受ける側つまり学習者側への配慮も必要であった。

たとえば学習者側にとっては、最大の関心事は教員の「質」であるが、そのつぎは子どもたちが学ぶ校舎や施設設備の「質」である。

昭和四十年代から五十年代の児童生徒増の時代に建てられた校舎は、量的拡大の時代の産物でありやむをえない面もあった。しかし、その後、児童生徒増が止まり右肩下がりに減少し校舎にゆとりが出てきてからも、施設設備の改修にはそれほど予算を回すことはなかった。

問題は教育のどこにお金をかけるか、というプライオリティの問題であろう。つまり成熟社会に見合ったお金のかけ方がある。質の問題は別にして教員の数は、充分に足りている。財務省によると、国の教育予算の八割は人件費だそうである。自治体負担分もあるからいちがいには言えないが、単純に人件費比率が八割の会社であれば間違いなくつぶれる。教える側にお金をかけることも大事だが、学ぶ側がなおざりになっていることが問題なのである。

たとえば施設設備はどうか。それも量的拡大の時代のまま、量は十分に足りているが、質的には非常に劣悪である。校舎の耐用年数とか耐震性など全体的な劣化と不備などを別にすれば、児童生徒にとって悩ましい問題は「学校便所」であり「冷暖房」である。いわれてみれば保護者も、「そうそう、本当に学校の便所には悩まされた」と、とくに女性などはおおむねよい印象を持っていないに違いない。学校時代に劣悪な学校便所に悩まされた経験を持つ、国民は少なくないことだろう。

現在では自宅のトイレの多くがウォシュレットなのに、学校トイレはウォシュレットどころか、和式の便所が多数派である。[8] 地方都市では一九七〇年代には、まだ水洗にもなっていなかったところも少なくなかった。「暗い」「臭い」「汚い」学校トイレは、いじめの主戦場でもあった。トイレの悩みで不登校になる児童生徒が少なくない。現在、文科省や自治体も遅ればせながら、昭和の時代に建てられた校舎の耐震化を図ると同時に、学校便所の改修に取り組む姿勢だという。[9] もうひとつは教室環境である。西日本から東海、関東にかけて夏は暑く、教室にクーラーなど必須であろうけど、全国の公立小中学校の普通教室へのエアコン設置率は二〇一四年四月現在、三二・八%だという。[10]

トイレやエアコンだけではない。「学校掃除」の問題もある。机の整備とか身の回りの簡単な片づけは、児童生徒の生活の自立のために、必要なことである。しかしながら教室・廊下など校舎全体の掃除を、児童生徒にさせるのは如何なものか。教師にとって一番指導しにくい事柄のひとつであり、雑用のもとでもある。予備校・塾の管理職経験もあるが、お客に掃除をさせる予備校や塾があるのかどうか寡聞にして知らない。施設・設備のメインテナンスのためにお客の児童生徒を使うのは、デパートやコンビニがお客に店の掃除をさせるのと、どこが違うのであろうか。

小学校によっては校舎を磨くことは「心を磨く」ことであると、児童に教える教師もいるという。そして掃除ではなく「清掃」だという。教員養成系大学でそのように教わってきたのであろうか。そして本当に心からそのように思っているのか。それとも無理筋と承知しているから、学習者を納得させるために仏教的な訓話もどきを持ち出したのか。[11]

それなら清掃会社の人たちは、とくに心がキレイなのか。あるいは特別に心のキレイな人ばかり雇用するのだろうか、とか。つい屁理屈で反論したくなる。中高校生レベルになると、禅宗の僧侶にでもなるつもりならともかく、こんな不合理な話では説得力がない。与える教育のもとでは学校や教師を基本的には選べないし、ましてや学習環境に注文などつけられない。

学校教育にはこのように不合理な事柄を、むりやり「教育的」などと意味づけることがあるから要注意である。

「児童生徒の心を磨くため」といいながら、外部委託の金をケチっているだけではないかと、賢い生徒たちはとうにわれわれ教師の「偽善」を見抜いている。教育には多少の偽善はつきものであるが、保護者はむろん生徒にすら見抜かれるような偽善は、それこそ「教育的」ではないのではないか。

教師はむろんであるが文科省も教委も、長らく学習者を教育の対象とは考えても、同時に教育主権者であり当事者であるという認識が、不十分であったのではないか。デパートはむろん、スーパーやコンビニでも、お客の使い勝手の良さを第一に考えて、店の施設・設備から内装まで神経を行き届かせる。そしてなによりも、清潔感あふれるたたずまいにするように心がける。

学校は校舎など施設・設備の使い勝手のよさに、学習者の声を反映させるという発想自体がなかった。それゆえ豊かな時代になっても学校掃除を、いつまでも教師や児童生徒に「おんぶにだっこ」してきたのではないか。こんなところにも無意識のうちに、学校本位・教師本位の教育姿勢がみえかくれする。

5「戦後教育学の敗北」

数年前に戦後の教育学のあり方に関する、注目すべき問題提起があった。教育学者のいない教育再生会議について、苅谷剛彦氏が「戦後教育学の敗北」と表現した（「朝日新聞」二〇〇七年五月十二日付）。二〇〇六年にスタートした第一次安倍内閣が内閣府に「教育再生会議」を設置したが、「雇用制度を議論する審議会に労働法学者がいなければ世の中は批判するだろう。しかし教育問題では専門家は不要と思われている」（同紙）という苅谷の指摘どおり、この会議にはいわゆる教育学者は不在であった。

そんな状況を教育社会学者の広田照幸氏は、「教育学は閉鎖的で、その水準もはなはだ心寒い」と当時の状況を自己批判し、さらに「日教組など革新側の運動と結びついて研究を深めてきたこと」（同紙）などが、他の分野との交流を難しくしたと自省をこめて述べている。この記事のタイトル自体が「自省する「戦後教育学」」であり、教育学者の主流と目されていた研究者たちの率直な反省に、研究者としての良心を感じたものである。

この背景には教育行政と教育学との乖離・反目という、戦後教育の不幸な歴史がある。戦後のある時期から、「権力の下請け」である旧文部省と「反権力」の日教組との闘争に、好むと好まざるとに関わらず、多くの教師のみならず教育学者も巻きこまれた。主流の教育学者の多くが日教組をはじめ教員組合に、「民主教育」の実現を仮託して応援するために講師団に参集した。したがって理論教育学の主流の多くは日教組講師団として、政府権力に対峙する姿勢をあらわにしたのである。

戦後長らく政界と学界との乖離・反目は、教育にかぎらず政治・外交・経済その他社会科学系の学問分野では五十五年体制時代のいわば常識であって、それゆえ現実の政治・行政過程にコミットする学者・研究者は、「御用学者」というレッテルを貼り付けられた[12]。こうした主流教育学者の反権力的姿勢を、ある時期まではマスコミも後押ししたのである。

文部省や自治体教委の審議会などに参画するいわゆる「御用学者」には、現場から入った教員養成系学部の実践派教育学者やいわゆる保守系の文化人が主流を占めていた。純理論的に現実の教育に何らかの影響をあたえるべき理論教育学者たちは、現場経験が欠如していることもあって、一時期、多くは理想の教育をめざし権力批判に終始して、結果として現実の教育政策に影響を及ぼすことは少なかった。

実践派教育学者は自らの経験を絶対視するあまり批判精神を欠き、あまりに護教論的となり現実の教育政策を丸ごと肯定し、疑うことなく日本型学校主義の守護神となっていった。それに反して理論教育学者は、どこかに青い鳥がいるのではないか。つまり、どこかに「真の教育」があって、この世の現実の教育は汚濁にみちている。また同じようにどこかに「真の学力」があり、現実の教科学力については懐疑的であった。さらに彼らから見て、現実の教育には、「受験」とか「点取り」とか「テスト」とか「学歴」とか、忌まわしい負のイメージがつきまとっているのであった。

しかし、このような主流派の教育学者の青い鳥症候群によるバイアスについて、前述のようにしだいに自己批判の声が内部から起きてくる。教育社会学者として実証的な教育分析に取り組む苅谷剛彦氏は、従来の教育学の議論の仕方そのものを俎上に挙げて、以下のように述べている。

たしかに教育学者をはじめ、私たちが教育について議論する場合、理想としての教育から現実の教育の教育現象を論じる傾向が、意図的に、あるいは半ば無意識的に議論に入り込んでいる。いわば、当為としての教育、「真の教育」が、教育に関する議論の暗黙の前提となるのである。

（苅谷剛彦『学校・職業・選抜の社会学』東京大学出版会、一九九一年）

第二次安倍政権の教育再生実行会議にも、いわゆる主流派の教育学者は入っていないので、「教育学の敗北」は続いているといえるのであろうか。現場を知悉していると称する実践派教育学者は教育現場に密着するあまり、自身に教師本位というバイアスがかかっていることに、あまりに無警戒であり結果として護教論的である。あいかわらずただやみくもに「教師を増やすべき」と、量的拡大の時代への懐かしのメロディーを歌っている。(13)

質を問わないで教師の量的拡大のみ求めれば、同じ比率で「ダメな教師」も増えるだけで、かえって教育の質の低下をもたらす。こうした問題意識が皆無に近いことに、実践派教育学者の致命的な欠陥があるといえよう。現場に一定の距離をおき批判的な視点も持ちうる主流派の教育学者こそが、このような我田引水の既得権益型の発言にはチェックを入れることが可能であるが、残念ながらほとんどいない。

学校現場を知らないことによるコンプレックスからか、他分野の文化人や研究者は第一次安倍政権の教育再生会議の時と同じように、公立小中学校の具体の改革には遠慮しがちである。そして初等中等教育（小中高校）の出口と高等教育の入口、つまり大学入試改革と大学改革には熱心である。むろん、それも必要なことではあるが、義務教育をふくむ初等中等教育の中身の検討なくして、出口の検討や高等教育の研究改革だけでは不十分ではないだろうか。

学校現場の経験がある実践派教育学者は、日本型学校主義への批判的なまなざしがほとんどなく、「国家」にとってという視点が中核となり、それは結果として教師本位の改革を主張することに終始し、「学習者」にとってという視点は皆無である。国家と社会を区分けすることなく同一視することにより、学習者や地域住民という概念が欠如してしまうのである。

さらに残念なことは民主教育と民主政治を推奨してきた理論教育学者の一部は、学校の民主化のために学習者の選択意思を尊重する「学校選択」「教員評価」「バウチャー」などを、「新自由主義」とイデオロギー的レッテルを貼って露骨に反対してきたことである。批判精神が旺盛で自省する教育学者は、必ずしも多くはない現実がここにもある。これまで口では「民主教育」を標榜していたが、それはつまることところ「教師の自治」と「教師の利害」を守ることにほかならず、結果としては実践派と同じく日本型学校主義の改革・変革には影響を与えることは少なく、つまるところ現状維持に手を貸している。

苅谷氏が、「マルクス経済学の流れをくむ人は財政学や労働経済学、公共政策などに移行したが、戦後教育学は移行先を見つけていない」（前掲紙）と述べているが、いまだに漂流し続けているのであろうか。

第七章以下でも詳述するように文科官僚や他分野研究者、あるいは弁護士・公認会計士、そして教委経験者などによって、「学習者本位」の旗印のもと現実の学校教育のキモとなる教師や校長の勤務評定につながる自治体教育改革が行われた。つまり従来型の教育改革と画然と異なるのは、「教師のための改革」ではなく、「学習者のための改革」である点にある。それも教委主導ではなく「民意」に比較的敏感な自治体首長主導で行われたので、学習者本位つまり国民本位の下からの教育改革が可能となったのである。

そのために学習者をただの教育サービスの受益者としてだけとらえるのではなく、教育の主権者であるという本来の民主教育の視点からとらえている。次の発言は長野県の「あり方検討会議」の委員であり、評価専門部会長でもあった合田哲雄委員（現・文科省教育課程課長）の発言である。

検討会議[14]のレポートでは「スチューデント・ファースト」（引用者注、学習者本位）という考え方を出していて、それは別に学習者をお客様にするという意味ではなくて、スチューデント・ファーストにすることによって、学習者が単なる受動的な存在ではなくて、能動的に学校に働きかけてくる、能動的に学習する。（中略）要するにお客様アンケートのように、このおにぎりはいかがでしたかと。味がよかったのか、ちょっと値段が高いとか。そういう話ではなくて、あなたは学校の経営主体で、参画者の一人ですと。この評価に対して参画するということはまさに、（中略）民主主義における投票と同じで、あなた方がこの学校をつくっていく上で重要な一つの主体なのですと。

（「第四回教員の資質向上・教育制度改善フォローアップ委員会」議事録、二〇一四年十一月十一日）

これはただの自治体教育改革にとどまらず、今後の教育学の進むべき方向性をも暗示しているのではないだろうか。「学習者本位の教育」の理論化こそ、国民のための民主教育のめざす方向性であり、そこに新しい教育学再生の糸口を見つけることができるのではないだろうか。

第五章

教師と学習者の関係

1 養成という思想

高校生を対象とする進路調べによれば、学校の先生はなかなかの人気である。まだ夢見る年頃の小中学生は、宇宙飛行士とかケーキ屋さんなどが、「なりたい者」の上位にくる。ところが、高校三年生ぐらいになると現実的な進路選択を考えるから、将来の「なりたい者」のベストファイブに、地方公務員とともに必ず小中高校の先生が入る。

身近で憧れるということもあるだろうが、公務員であり安定していることが大きな魅力のようだ。それに大都市部ではともかく、地方都市などではいまだに「小名士」であり、それなりに社会的な威信（プレステージ）もある。戦後四半世紀ほど続いた安月給のイメージも、組合運動の成果や田中内閣の人材確保法などもあり、次第に改善されて生涯賃金・退職金・年金などふくめれば、決して悪くない職業なのである。

それにこれが大きな要因であるが、医師や弁護士や中央官僚などは「なりたい者」の上位であるが、簡単に「なれる者」ではない。それに比べれば教師は「なりたい者」が、比較的手が届く「なれる者」である。高校生になると夢見る小中学時代と違って、「なりたい者」よりも「なれる者」のほうにシフトするほどリアリズムに徹してくる。

現在、学校教師になろうとすれば、教員免許に必要な単位を大学在学中に取得して、都道府県・政令指定都市など教委の採用試験に合格しなければならない。ところが、ここに教員免許制の壁がある。一般的に教育学部それも教員養成系以外の学部で、免許取得に必要な単位を取ることは困難をきわめる。とくに小学校免許となれば教職専門系の講座を開設している、教員養成系学部でないと不可能に近い。たとえば東大理学部生が小学校免許を取得するには、教員養成系学部のある大学に通うか、大学の通信教育で教職専門系の単位をとらないと単位を充足できない。それだけではない、一カ月に近い教育実習の単位も取得しなければならない。事実上、在学中には無理であろう。

近年には教職大学院などつくり、さらに純粋培養する傾向にある。自治体によっては教員志望者のための「教師養成塾」を、自治体教委が主宰している。そこまで囲い込んで養成してよいのであろうか。もし養成塾生の当該自治体の合格率が飛びぬけてよければ、利益相反にあたるのではないかという疑いを持たれるのではないか。

この象徴的な例に表れているように、学校教師は教員養成学部で「養成」するという理念が基本になっている。これは戦前の師範学校の教職にふさわしい人物（範を示す師）を、国家で育てるという思想を継承している。戦前の師範学校は、軍の学校（陸海の幼年学校・士官学校・大学校）と同じように、中央に高等師範、地方に師範学校があった。

給費生で学費は一切かからないから、スポンサーとなってくれる地方名望家とのコネもない、貧乏人の優秀な息子が学業を続けるとすれば、軍人になるか教師になるほかに道がなかった。軍人を世間から隔絶した軍の学校内で純粋培養して、職業軍人の道を一筋に歩ませたのと同じように、教師も森有礼がいう「教育の僧侶」となるべく師範学校で、教師への道一筋に純粋培養した(1)。軍人がそうであるように、教師も世間とは違った価値観で育てられ、軍人はお国のために命を捧げ、教師もお国のために役立つ人材を育てることを専らとした。

戦後は官民ともに「教え子を再び戦場に送らない」という反省にもとづき、軍の学校とともに師範学校も解体されたが、ほとんどが教員養成学部として新制地方国立大学に併設された。他方、視野の狭い教員を「養成」したことへの反省から、どこの大学・学部でも教員免許を取りやすい「開放制」を理念として、多様な人材の教職への参入を容易にしたのである。

このような開放制の理念は当時の就職難とあいまってリスク・ヘッジに教員免許を取り、教職への特別の情熱はないが学力はそれなりにある、いわゆるデモシカ教師を生み出し、はからずも教育界に多様な人材が参入することが可能となった。

ところが、わが国が高度成長期にはいり人材不足になると、学卒の比較的優秀な者は民間企業に吸収されるようになり、逆に情熱はあるが学力に疑問符がつくという人材が、教員養成系に増えてきた。最近は少し持ち直したようだが、一時期までは教員養成学部の平均偏差値は、他学部の後塵を拝していたことは受験界の常識であった。

大学側も教員養成学部に教員志望を囲い込み、師範時代を思わせる徒弟制さながらの教育実習を実施して、「使命と情熱に燃える」教師を育てることに専念するようになった。近年では前述のとおり教職大学院をつくり、さらに教員養成を強化する傾向にある。それは一般大学のふつうの学部学生や院生の教職への参入を困難にし、結果として学力や教養のレベルで視野の狭い教師を養成することになってはいないか、危惧されるところである。

こうした背景をもとにして、「先生」本人の心理にそくして考えてみよう。学校教師は校門をくぐると、「先生」という衣を身にまとわねばならない。起き抜けに髪はボサボサ、そのままダイニングキッチン（茶の間）で、朝食をとりお茶を飲みながら新聞を読み、家を飛び出す、というわけにはいかない。きちんと背広にネクタイで身を固め、気持ちを引き締めて校門をくぐる。「教師は労働者」と自己規定していた時代には、教師はジャージやジャンパーで教壇に立って顰蹙をかったことがよくあった。「教職専門職」の現代では、おおむね教師も背広にネクタイ組が主流である。普通のサラリーマンと同じである。しかし装いは同じでも、心構えが少し違うのではないか。会社の門をくぐる時は、「よし今日も頑張るぞ！」と思うか、「また一日が始まるのか」と思うか、その時々の状況、たとえば仕事の進みぐあいなどにより、気持ちは異なるであろう。

教師の場合もサラリーマンとして基本的には同じであるが、ひとつ大きな違いがある。教室に行くとおおよそ三十五人前後（小学校など実際にはそんなにいないが）の児童生徒がいる。そこで授業をしなければならない。

授業が講義式であろうが、ゼミのような演習方式であろうと、あるいは、いま話題のアクティブ・ラーニングであろうと、教師は三十五人の児童生徒の中心に存在する。何らかの形で三十五人を管理し、支配しなければならない。それでないと勝手にどこかに行ってしまうかもしれない。あるいは隣同士、何かのはずみで口論になり、ケンカを始めるかもしれない。教室の秩序を乱さないように、リーダーの役割を果たさなければならない。

要するに小集団とはいえ教師は一挙手一投足を、多数の児童生徒たちにたえず注目されている。なかなか緊張を強いられ、精神的には疲れるのである。職員室（研究室）にもどり書類整備や校務の連絡打合せなど、公務のルーティンをこなすほうが、はるかに教室にいるより楽である。とりわけまだ不慣れな新人の時など、必要以上に緊張を強いられる。

小学校入学式のあとのホームルームでの、保護者の顔つきときたら恐ろしいほどである。担任教師の顔に穴が開くかと思うほど真剣に見つめ、教師の言葉のひとつも聞き漏らすまいと一心に聞き入っているか、しきりにメモをとっている。切ない親心である。

このように教師のほうからすれば、たえず、多数に「見られている」という意識をもつ。校門をくぐる時、会社勤めの人との違いは、ここにある。だから大変だとか、だからエライというのではない。その違いを認識することからはじめないと、教師の職業意識を理解することは難しい。また教師が支配している教室、ひいては学校のあり方や、その体質や構造を理解することはなかなか難しい。

簡単にいえば多数から見られ注目されているから、自分だけで「よし今日も頑張るぞ！」と思ってモチベーションをあげても、多数の相手があることだから結果がうまくいくとはかぎらない。教師にしてみれば授業にしてもしっかり準備をして、あらゆる点から検証し点検しても、じっさいに思うとおりに授業が進むとはかぎらない。学ぶ児童生徒にとっては、よく分からないということがある。知識や技能があるということと、それを上手に授業で表現することは、別の事柄であるからだ。

ましてや相手もみんな主体性ある個人である。授業の上手下手だけではなく、教師の一挙手一投足を注視している。とくに幼い小学低学年生ほど、教師の「人柄」に注目するし、中学、高校と年齢が上がるにつれて、教師の授業など「能力」に注目点は移っていく。いずれにしろつねに多数の視線を意識せざるをえないから、多かれ少なかれ自意識過剰になる。

これを克服する処方箋は、「ワタシは先生だ」という職業的自愛をもつか、授業をつうじて知識や技能を教える教師としての役割に徹するか。職業的自愛が高じると、知らずしらずのうちに「教室のセンセイ君主」になってしまう。過度の自愛が危険なのは、ひとたび心理的危機に陥ると自虐に転化する。戦後日本の愛国心のように、自尊と自虐のくり返しのような心理的に不安定になる可能性を秘めている。虚勢をはるのと心因性の病になるのとは、心理的にはメタルの裏表の関係にある。

こうしたある種のナルシズムに陥りやすい教師の心理については、教師自身、知っておいたほうが知らないよりはよい。とりわけ対象が小学低学年生のように判断力も不十分であると、つい教師の権威にすがりたくなる。しかし学習者は塾や家庭教師などにも、「正師《しようし》」を求める。つまり「正師を得ざれば学ばざるに如《し》かず」(2)（道元）の時代になっている。したがって学校外のライバルに対抗するには、自分の知識や技能をきわめる道を選ぶほかはない。誠実な教師ほど職業的自愛を克服するよう努力し、本来の「知の伝達者」あるいは「知の啓発者」としての役割に存在理由を求める。

2 適格と適任の違い

教員免許による資格があるからといって、よい教師になることを保証するわけではない。ペーパーティーチャーはいくらでもいるし、無免許の塾教師や予備校教師のほうが、教え方が上手だという統計もある。[3] 統計をみなくても「今でしょ」の林修氏のように、抜群のパフォーマンスを示すカリスマ予備校教師をみれば分かる。

林氏は予備校教師や塾教師の中でも、例外であるという声があるかもしれない。予備校・塾の管理責任者の経験から、林氏は確かにカリスマであるけれど、ほかにも予備校・塾業界にはミニ林はいくらでも存在する。そして公立学校には少ないタイプである。客商売であることを強く意識せざるをえない予備校・塾と、あまり意識しないですむ公立学校との違いであるともいえる。つまりお客に鍛えられるかどうかの、違いであるともいえる。また適格性よりも適任性を重視している、ということでもある。

荻生徂徠は「人を知るというは、とかく使い見て知る事也」（辻達也校注『政談』岩波文庫）といっている。教壇に立たせて初めて教師として使いものになるかどうか分かるのであって、教員養成学部で学んだからといってアプリオリに教師として通用するわけではない。たとえ自治体の採用試験に合格しても、授業ができなくて立ち往生する教師は（ほとんどは学力不足である）、まだ教師ではない。

塾や予備校の教師は免許の有無にかかわらず、学習者にとって良い授業をすれば認められるし、さもなければ教員免許を各種持っていても何の意味もない。このように教育サービスを受けている学習者に、認められて初めて教師になる。教師である資格は、教師になることを保証しない。免許状は教師である資格を国が担保しただけで、教師になるのは本人の能力と努力によるのである。これはあらゆる集団のあらゆる人材に当てはまる道理であり、これをＯＪＴ（職場内訓練）という。

換言すれば教師である資格は「適格性」を担保し、教師になるのは「適任性」の問題だといえる。したがって適任性を採用の入り口と採用後の現職期間中に、客観的かつ公平な試験や人事評価によって審査することが、肝要であることはいうまでもない。何事によらず資格（身分）にこだわらないで適任で選んだらどうか、というのが近代の約束事である。そしてＯＪＴによって鍛えられる点については、他の職業と基本的には変わりない。

封建の世ですら開明的な指導者は、「使い見て」人材を抜擢した。軍人の場合には実戦で「使い見て」というわけにはいかないから、養成もやむをえない面があるが教員は養成するのではなく、ひろく学卒なら誰でも採用試験を受験しやすくする必要がある。つまり養成による適格主義が参入規制になっていて、しかも、さまざまな疑惑をもたれる原因にもなっている[4]。

ふつうの大学のふつうの学部を卒業すれば、教職免許を与えて採用試験で合格者を決めるのになんの不都合もない。難関の司法試験・国家公務員1種・公認会計士など、どこの大学のどの学部を卒業しようが基本的に学力一本で合否を決めるから、妙な情実や金銭が絡まないで公平であり潔い（司法試験は一時期、養成システムに方向転換したが、結局、元に戻りつつある）。

さらに教職に相応しい人材という概念自体が問題ではないか。画一的に、これが教職に相応しい人材という定義などあろうはずがない。軍人のように「戦士」として養成するという明確な人間像があるわけではないし、あってはならない。

教師の仕事は児童生徒が知識や技能を学ぶサポートをする、そのために必要最低限の教室の秩序を保ち、規律や社会的なマナーを身につけるように促す。どのような人間が育つかは、各人のもって生まれた個性によって違うのである。むしろ上から定型的な知識や徳目を教え込もうとして、時には政治的に民を教化することに利用される可能性も否定できない。

このような「教化の思想」こそ、あの戦争にたいする教師としての最大の反省点だったのではなかったか。民主社会では国民は、教師が「教化」する対象ではない。むしろ逆に教師は国民に雇われ、国民の知恵から学ぶべきものである。また教師は児童生徒に教育をすることを、プリンシパルである保護者や国民から依頼された、エージェントの一翼を教委や校長と共に担うにすぎないことを自覚しておいたほうがよい。学習者のほうが主人で、教師のほうが雇われているにすぎない。

学習者のほうは保護者の職業も家庭も多種多様である。その子どもたちも、当然、多種多様である。教師のほうが国の養成によって金太郎飴のように同一・同質であっては、児童生徒の個性を尊重し、その多様性を生かすことなどできない相談ではないか。

パソコン教室の教師はパソコンの知識と技能があれば十分であるが、教職は知識・技能だけではなく「人間を育てる」から特別な資質が求められるという。したがって、たとえ教師として知識や技能が劣っても、先生としての特別な資質をもっているからエライのである。こうした考え方自体が、すでに現代の社会常識とは乖離し破綻している。
先生が「教室のセンセイ君主」のようになる心理の背後には、このように見られていることによる「不安」がある。その不安をどのように解消するか。戦前の体制では国を挙げて、教師の権威を高めてくれた。学校教育を通じて国民を教化するには、その伝達者としての教師の存在そのものの価値を高めておく必要があった。そして「知識や技能の師」というだけではなく「人生の師」、つまり聖職者として「修身」の授業などを通じて、子どもたちの徳性をも靴でも磨くように上から磨いた。

子どもにとって、教師は、親以上に絶対的な存在であった。家で、親にはいいたいことがいえても、「先生にいいますからね」の一言で黙るほど、教師の力は強かった。逆に、「先生はこういっていた」といえば、たとえ反対意見でも親は黙った。三浦先生自身も、数十年前の教師生活を顧みて、「天皇陛下と先生と、どっちが偉いの?」と、幼い子からきかれたことを、文集に書いている。

（岡野薫子『太平洋戦争下の学校生活』新潮社、一九九〇年）

児童文学作家の岡野薫子が戦中の学校生活を、晩年になって淡々と記録をもとにルポ風な自伝にまとめたものである。「恩師」についての記述は、バイアスがかかり「教職サプリ本」の類のものが多い。しかし作家だけあって、客観的に対象化して記述している。文中の「三浦先生」は小学校の担任の女性教師である。

天皇陛下と教師の権威を比べることはないが、子どもをしつける時、学校の先生を引きあいに出すことは戦後になってもよくあった。母親が登校前に「先生のいうことをよく聞くのですよ」と、子どもを送りだす風景はそれほど変わっていない。学校も保護者にたいして、「私たちが責任を持ってお預かりするので、お任せください」などといった。これを「学校と保護者の間には、信頼関係がある」といった。「任せた以上、教師の指導に文句をいわないで」と、言外に無条件の服従を求めた。つまり、教師の権威を担保する儀式である点では、さすが戦後は天皇とは比べないが、学校内での教師の権威は絶対ともいえるのである。

教師への信頼が薄れたから、学校と保護者の関係がギクシャクする。もっと教師をリスペクトすべしと、識者の中にもいう人がいる。いかに国が免許でお墨付きを与えても、ロボットではあるまいしみんなが同質であるはずがない。リスペクトに値するかどうかは、民主社会では国が一方的に決めることではない。

戦前の英国パブリック・スクール留学経験を書き、終戦直後の混乱した日本の教育界に大きな影響をあたえた、池田潔の『自由と規律』（一九四九年）という本がある。戦前から長らく慶應義塾塾長であった小泉信三が、その本の序文によせた中に、次のような一節がある。

学校教師の権威は問うことを許さぬものとせられつつ、しかも生徒は是非の意見を憚るところなく言い、教師もまたよく之を容れるのが当然の事とされて居ることも事実である。
（「序」、『自由と規律』岩波新書。表記を一部改めた）

当時、アメリカン・デモクラシーによって学校教育においても、自由と放埓をはき違える風潮を憂慮した小泉信三は、本書を書くよう弟子の池田潔に慫慂《しょうよう》したようである。むろん、イギリスも長年にわたる王権との争いの中で、個人の自由を獲得してデモクラシーを築き上げてきた歴史がある。いうまでもなく、アメリカン・デモクラシーの先輩であり母国でもある。生徒たちが基本的に個人の自由を保障されつつ、規律と秩序感覚を身につけていくパブリック・スクールの寮生活の伝統を、戦後日本の教育の道標と考えたのではないか。

教師としての「権威」が必要であると同時に、児童生徒が教師に意見表明できる「自由」を保障しなければならない。さもないと一方的な教師の権威による「教化」や「押しつけ」に終始し、そこでは児童生徒の主体的な学びは姿を消してしまう。公立学校教師は国がその権威を保障しているから、それで十分ではないか。適任であるかどうか無免許の林修氏を見ればわかるとおり、あとは自分の精進次第で雪だるまのように学ぶ側の「信頼」と、ときには「権威」がついてくる。

教師は児童生徒が教室で学習する体制を権威によって整えるが、児童生徒がどのような形であれ自由に学べるようにしなければならない。言葉をかえれば教師の権威を維持しながらも、こと「学び」については児童生徒を権威に依存させるのではなく、「是非の意見を憚るところなく言い」自由かつ自立的に学ぶように仕向けるといった、ある種、矛盾にみちたアクロバティックな技をも、ときには必要とする。

そこでは聖職者は必要ではない。むしろ学習者が主体的かつ意欲的に学ぶように仕向ける、教育サービスの提供者としてのホスピタリティが必要とされるのである。

3 知の伝達者・知の啓発者として

教師のアイデンティティを、どこに求めたらよいのであろうか。大学など高等教育機関の研究者は、新たな「知の開発者」としての顔と、それを教える教育者としての両面がある。研究機関の研究者であれば開発者としての顔だけですむが、大学や院となれば教育者の役割も果たさなければならない。

学校教師はすでにある知の体系を伝えることを専らとするという意味では、「知の伝達者」であり、かつそれによって児童生徒に知的な刺激を与えるという意味では「知の啓発者」でもある。学習指導要領と教科書に準拠して、そこに示された大綱的な知の体系を児童生徒の発達にあわせて、さらに加工し再編し伝達するし、ある時には思考を啓発する。国民学校では教師自身も規制されていたから、ほぼ忠実に国の方針に従って伝達するよりほか選択肢はなかった。

しかし戦後は学習指導要領や教科書もさることながら、憲法と憲法が保障する自由と民主主義、そして私有財産制を前提とする市場経済というヨリ大きな枠組みがある。その大きな土俵の中で自由に児童生徒を知的に刺激し啓発して、知の世界の道案内をするのが知識情報社会における教師の役割ではないだろうか。

学校とくに小中学校など義務教育では、授業の技法の研究がさかんである。行政主導の研修もあれば、組合の研修もある。また、任意な教師たちの授業研修の組織もある。日本の教師の研修熱心さは、国際的にも評判は高い。しかし内実を調べると官制であれ「自主研修」という名の組合研修であれ、集団特有のソフトな強制と同調圧力で断りにくいので、形だけの参加が少なくない。結局、自己研鑽に励んでいる者にはかなわない。

授業は学校教師にとって最も重要な仕事であり、下世話にいえば「授業が命」でメシのタネであるから、授業について研鑽を積むことは大事なことである。しかし、そのときつねに忘れてはならないことは、学習者の存在である。

知の開発者としての研究者であれば、その研究は誰のためかという問いはほとんど必要がない。「人類の幸福」とか「人間社会の進歩・発展」とか、ヨリ抽象度の高い理念が暗黙の大前提になっている。ノーベルのダイナマイトやアインシュタインの原子力のように、その問いを問い直さねばならない事態が生じることも稀には起こりうるが。

教師にとって学習者のための授業という視点さえ忘れなければ、それほど独善に陥ることはない。授業研修で「同僚性」といって教師同士の切磋琢磨を称揚するむきもあるが、それだけでは教師の独善が、教師たちの独善に拍車をかけるだけになりかねない。

教師同士の授業技法の研修とくに行政であれ組合であれ、組織による規制研修ではなく自主研修はおおいに奨励すべきものである。しかし、ヨリ大事なことは授業内容を支える知の体系への理解を深めることであって、授業の進め方など極論すれば太古以来、それほど変わっていない。さらに授業技法で重要なのは、教え方もさることながら、児童生徒の学び方についてである。これまでも「与える教育」のもと教師本位で、教える立場からの技法に終始してきた。しかし学ぶ者の「サポーター」あるいは「支援者」であるとすれば、学ぶほうの視点からどのように学ぶかを考えさせることは極めて重要である。と同時に中高校生ぐらいになれば、むしろ優秀な生徒の学び方からも学ぶぐらいの度量が欲しい。

十二世紀、新儒教の祖といわれる朱子（朱熹）の発言を、弟子が書き留めた『朱子語類大全』全百四十巻という浩瀚な書がある。その主な個所をまとめた抄本第一章の「門生たちへ」の冒頭に、学びの神髄を示した記述がある。その現代語訳によると。

私のところでは、講義の時間は少なく、実践の時間が多い。何事もすべて君自身が取りくみ、君自身が身をもって考え、君自身が修養せねばならん。本も君自身が読み、道理も君自身が研究せんといかん。私はただ道案内人であり、立会人であるにすぎん。疑問点があれば一緒に考えるだけだ。

（三浦國雄訳注『「朱子語類」抄』講談社学術文庫、二〇〇八年）

江戸時代の教学の元祖ともいうべき朱子でさえ、弟子たちにたいして自分の一方通行の講義は少なくて、学ぶ側の主体的な実践を強調している。そして四書五経などの教典を暗記するだけではなく、自分自身で「研究せんといかん」というのである。最新の教育業界用語（ジャーゴン）でいえば、児童生徒が課題解決に向けて主体的に取り組む、まさに「総合的な学習」や、それのニューバージョンである「アクティブ・ラーニング」そのものではないか。

朱子ほどの大学者ですら、自分は「道案内人」であり、「立会人」であるにすぎない、といっているが、これこそ教育者の奥義ではないだろうか。教えすぎないように、ただの立会人であることは重要な意味をもっている。教師は一方的に教えこみ、教えこんだ事柄を暗記させるほうが、むしろ楽である。しかし、それは教育の邪道ではないか。児童生徒の教師への依存度を強めるだけである。さらに朱子は次のようにも言っている。

もし疑問がわけば、とにかく自分で考えなさい。人に聞いてくるからちょっと待ってといってはならない。もしたずねる人がいなければそれでおしまいにするかね。人をあてにする心がなくなれば、学問はきっと進歩するものです。（前掲書）

教師本位の学習形式は、学ぶ側の教師への依存度が強くなり、自立への契機の芽がなかなか伸びない。教師の職業的自尊は満足するかもしれないが、児童生徒の自尊心と自立心はなかなか育たない。あげく子どもだけではなく大人の保護者まで、教師への依存度を強めてしまう。

教師自身も教師集団の中のひとりではなく、個人として力量をたかめていく必要がある。学習者は教師集団を見ているわけではない。個別の教師を見て、その学識や生き方に影響を受けるのである。みんなの「和」とか教師の「チーム力」などという、ふやけたウドンのようなことをいう教師がいるとすれば、学習者に腹の中で笑われるのではないか。むしろ、それなりに学識があり「わが道を行く」という強靭な精神こそ、学習者が教師に求める美質なのではないだろうか。東洋の古典にも、「自らかえりみてなおければ、千万人といえどもわれ往かん」(孟子)というよい言葉がある。[5]

二十年ほど前にまだ高校長のころ、その周辺の地域の公立中高校長連絡会が開かれたことがある。たしか、進学問題で自由討議になったとき「予習」か「復習」か、という議論が交わされたことがあった。それはある進学高校の校長が、「教科にもよるが、数学・英語・国語などは予習が必須である」「入試では未知の問題が出るので、既知の知識の整理と暗記だけでは難関系大学の合格は覚束ない」といった発言が口火となった。

ある中学校長が、「ウチでは予習は基本的にはさせません」といわれた。たまたま会長だったので出席しているすべての中学校長に、同じような暗黙の取り決めがあるのかどうか、そして理由も尋ねた。ほとんどの中学側の回答はイエスであり、理由については「中学段階では基礎基本の学習の定着を図るのが主となるから、復習が中心になることはやむをえない」というものと、「予習してくると新鮮味が失われ、授業に真剣に取り組まなくなる」という回答がほとんどであった。付随して公立高校入試（学力検査）も、中学までの基礎基本を問う問題が中心であるから、復習中心になるのはやむをえない、ということであった。

この会議でのやりとりが意味するものは、中学教師からみて生徒（児童もふくめ）たちに必要なことは、まずは学校で学んだ知識の定着である。基礎基本の知識や技能の確実な定着なくして、学びは始まらない。そして公立高校入試問題の七〇％近くは、義務教育九年間に身につけた基礎力を問うものであること。したがって中学段階でも、予習よりは復習が中心になることはやむをえないことである。

児童生徒が獲得した新しい知見を、まずは正確に記憶装置に落とし込む。そのために義務教育段階では予習よりも復習が中心となる。無から有は生じないから、いわばゼロからスタートした小学生の児童たちの授業が、百マス計算や漢字の習得など記憶中心になるのは当然のことであろう。そして義務教育終了頃から高校では、それまで積み上げてきた知識や技能を応用する学びに入っていく。授業を受ける側の心構えとしては予習して、むしろ授業では自分の学びによる理解や新たな問題点などを再確認するような作業をおこなう。

二、三例を挙げると、英語読解ならテキスト（教科書や副読本）を通読して翻訳する。中学段階なら新しい単語は辞書を引く。そして授業で自分の翻訳と教師のそれとの違いを確認し、違いがあれば間違いなのか表現の違いなのか、などを確認する。数学なら予習で解いた解法と教師の解法との違い、あるいは解けなかったら解法のどの点に問題があったのか。こうした点の確認作業をする。つまり基礎基本の知識を応用して新しい問題にとりくむ方法を、授業の予習と授業での確認作業を通じて身につけてゆく。

かつて九九の応用形式で「百マス計算」が大流行したことがある。たかだか小学生の四則演算の基礎を暗記する方法が、これほど人口に膾炙《かいしや》した背景には、いわば「ゆとり教育」にたいするアンチテーゼが動機としてあったようだ。学力低下の原因をゆとり教育に求め、それが基礎基本をおろそかにしたというのである。しかしながら、「ゆとり」はそれ以前の「詰め込み」にたいするアンチであり、「基礎」にたいする「応用」の重視であり、「知識」にたいする「思考」の重視、そして授業方式としては「復習」にたいして「予習」の重視と、簡潔に整理することができる。

そして戦後の教育史を振り返ってみれば、大きなトレンドとしてはA「基礎基本の知識重視」とB「応用・思考重視」との両極でゆれている。ある時代はAに、次の時代はその反動でBに。その次はまたAにという具合に、AとBの間にカーブを描きながら、しだいに国全体の学力向上に貢献してきたといってよいであろう。ようするにどちらが重要かという問題ではなく、マクロでは時系列で両方向にゆれうごき、ミクロの個人レベルでは児童生徒の資質や能力や教科特性の違いによって、重点のおき方が異なるということにすぎない。

ゆとり教育の象徴として槍玉にあげられた「総合的な学習」は、児童生徒の体験を組み込んだ主体的な学びという意味では、近年「アクティブ・ラーニング」と衣替えして装いも新たに登場しつつある。(6) また予習重視は「反転学習」というIT活用学習として、これもニュールックで登場してきた。(7) 藩校や寺小屋で四書五経を暗唱していた時代のように、いつまでも百マス計算ばかりやっていても、大人社会に通用する汎用的能力は伸びない。ましてやグローバルな時代に対応できない。いうまでもなく、それは将来的にはITが全部代用してくれる。

学校で学ぶ者が一番、心しなければならないことは、「もし疑問がわけば、とにかく自分で考えなさい。(中略) 人をあてにする心がなくなれば、学問はきっと進歩するものです」(前掲書)という朱子の言葉であろう。そうした学習者側の学ぶ意欲を奨励し知的に啓発する、学びの「道案内人」に徹するところに、教師の使命があるのではないか。つまり「出藍《しゅつらん》の誉れ」を輩出することこそ、教師冥利につきることなのである。

基礎基本の知識は自宅でITを活用し予習して、教室ではその知識を活用し思考力の啓発をおこなうという反転学習の主唱者も、「教師の役割が〈授業内容のプレゼンター〉から〈学びを支えるコーチ〉に変わった(8)」と述べている。十二世紀の朱子の時代から教師の役割は、装いは新たであるが基本は不易であるようだ。

4 教職の基本的仕事

教師は基本的には知の伝達者であり啓発者であって、人生の相談者ではない（カウンセラーではない）。それはむしろ二次的な仕事である。こうした教師の仕事の基本に立ち返ることは、仕事の選択と集中を考えるさいにも必要である。優先順位をつけるならば、まず、第一に学習指導そして教育指導（生活指導）、補助的に部活動と小中学校ならば給食が加わる。

学習指導についで必要なのは、生活指導（生徒指導）である。学習指導が、まず児童生徒の「学びありき」であって、教える側の教師はそのサポーターであるように、生活指導の原則も「自立への支援」である。教師が児童生徒の人生を決めるわけではないし、そのようなことをできるわけでもないし、たとえ親でもそのようなことをすべきではない。

象徴的に譬えれば、歩きはじめた幼児を公園などに散歩に連れて行くとする。クルマの往来の激しい道では、たとえ歩道でもしっかり手をつなぎ歩く。公園に入ると幼児も自由に歩きたがる。親の手をふりほどいて、たとえヨチヨチ歩きでも独りで歩きたがる。

心配で終始幼児の手を離さない親、逆に完全に自由にしてしまう親、そして、なるべく独りで歩かせて、溝など危ない個所だけ手をつなぐ親。ほとんどの親は、はやく子どもが自力で歩けるように、第三の道を選ぶのではないか。第一の道は、親の支配が強すぎて親への依存度が強くなり、なかなか自立できなくなる。第二の道は、放埒になりすぎて道を誤るリスクが高くなる。第一の過保護と第二の放任の中間に、たぶん適正な道があることだろう。それぞれ長短はあっても、主役は手をつなぐ親ではなく、手をつながれている子どもである。

ヘーゲルは「しつけ」について、「子どもの服従は、服従のための服従ではなく、しつけを受けて、自由で自立した存在となるための服従です」（長谷川宏訳『法哲学講義』作品社、二〇〇〇年）と述べている。「子どもの自立」が目的で、「しつけ」はあくまでも手段的価値にすぎない。そして親があくまで「子ども中心」に考えるように、教師もあくまでも「学ぶ者中心（スチューデント・ファースト）」に考える必要がある。親はわが子の性格特性など承知しているから、適正な「中庸」を見つけ出すことが可能であるが、教師の相手は多数のアカの他人集団である。

教師による児童生徒の教育指導も、基本的な取り組みとしてほぼ同じである。教える側ではなく学ぶ側にそくして、授業でも生活指導（生徒指導）その他でも考えていく。学校制度も小学から中学、中学から高校へと、児童から生徒へと成長する心身の発達段階に応じて、「庇護」から「保護」へ、保護から「自立」へと指導の姿勢を変えていくようにできている。

授業も学齢が上がるにしたがって、学習内容が変わることはむろん、授業の技法も変わる必要がある。それはあくまでも児童生徒の心身の発達段階に応じて、教える側の教える技法を変えていくのであって、その逆ではない。

当たり前のことであるが一番よいのは、子どものことをよく知っている保護者との密なる連携である。基本的な指針は学習指導要領などに示されているが、細かな運用は学校や教師の裁量に任されている。その運用については保護者との連携が必要であろう。とくに小中学校など義務教育においては、教師側の独善的な教育指導は厳に慎むべきであろう。

序章でとりあげた「学帽」問題も、学級PTAで不必要という判断をくだしたのに、学校側はなぜか理由も明示しないで、決めてしまうなど象徴的な事例であろう。学校教育に関して保護者側は、何事によらず「遠慮」して「自粛」するのが通例である。学校側は保護者側と充分に協議して保護者の真意（つまりホンネ）を探り、なるべく不介入を原則とすることが望ましい。

かつては小中学校のみならず高校も、担任教師が家庭状況を把握するためと称して、家庭訪問を義務づけていた。私自身は四十年近い教職キャリアのなかで若い頃は、不登校生や問題生徒の対応でやむなく家庭訪問をしたこともある。ママポリスと家出の非行生徒を暴走族グループから取り戻すようなこともしたり、保護者の懇請により集団結婚式などで有名になった、狂信的宗教集団からの入信生徒の奪還を試みたこともある。長年、教職とくに高校教師であれば、このような経験は誰しも一度や二度はあるに違いないから、私に限ったことではない。

そのような例外状況を除けば別に宣言したわけではないが、確信犯的な民事不介入ならぬ家庭不介入論者であった。つまり家庭訪問は教育の名による、プライバシーの侵害ではないかと考えていたのである。したがって一斉にクラスの全家庭を訪問するようなことは、一切しなかった。「家庭訪問すると家庭の生活レベルや習慣、思想、趣味など様子がわかるから、それを参考にして児童・生徒の指導にあたることができる」。このような理由で、とくに小中学校では、たいていの学校は家庭訪問を教師に義務づけていた。かつては家庭訪問するのは教師の熱心さの表れと、保護者も評価する向きもあったことは事実である。しかしサイレント・マジョリティは、「迷惑なこと」という受け止めが多かったのではないか。

家庭には家風というものがあり、子育てに家独自の考えや方針もある。近年は共働き家庭がふつうであり、また単身家庭や再婚家庭なども少なくない。多様な家庭があり、個人の生き方も多様である。日本型学校主義の理念には暗黙のうちに、「よい家庭」から「よい子」が育つ、という価値観がふくまれている。

家庭のあり方は、個人の生き方の反映でもある。家庭に関与することは、個人の生き方にまで関与することを意味するが、それでよいのであろうか。また学校の家庭への介入は家庭の学校への依存度をたかめ、何事も学校にお任せすることにより保護者側に、モラルハザードを生じる可能性も否定できない、いや、すでにそうなりつつある(9)。

個人情報保護の視点からも、家庭訪問については再検討し抑制的になった地域もあるようだが、むしろそれが当然のことであろう。家庭によっては崩壊家庭もあり、あるいは子どもをネグレクトする親もいるから、学校が家庭内にも介入すべしという意見もあるが、むしろ福祉の仕事と教育の仕事の棲み分けをすべきではないだろうか。

近代国家は公権力が家庭など私事には、その自治を尊重して介入には抑制的であるのが原則である。こうした「私的自治の原則」という歯止めがないと知らずしらずのうちに個人への人権侵害が、「教育の名のもとに」行われる可能性があることを、教師は肝に銘じるべきであろう。

相談を持ちかけられない限り、こちらから余計なお世話は焼かない主義であるが、それでもときどきキャリアを重ねた現職教師と、さまざまな問題について話し合う機会がある。別にエラそうにふるまっているわけではない。先輩面した大小の舅・姑が多いのも、この業界の特徴でもあり現職はなにかと苦労させられるからである。

それでもたまには、参考意見をいうケースもある。ある時キャリア数年ぐらいの小学校教師から、保護者について相談されたことがあった。「クラス経営は比較的順調で、子どもたちとの関係も悪くない。授業もそれなりに上手く行っている」、しかし「保護者との関係がどうも難しい」という。先任の学校では、それなりに保護者との関係もやってきたけど、都市部に転勤したら子どもは問題ないが、保護者には悩まされるという。とくに、ほとんど自分より年上なのでやりにくい、ということのようだ。それに都市部の保護者は、なべて意識もたかく「先生任せ」にしてくれない。いろいろなことを言ってくる。

この種の相談に共通していることは、子どもと同じように親をも「指導」しようという姿勢が、見えかくれしている点にある。気を付けないと学校側は保護者にたいしても、あたかも子どもと一緒に「保護」の対象のようにみなしてしまう。そういう姿勢であると保護者からの要望とか注文などは、被害妄想からすべてクレームのように感じてしまう。モンスター・ペアレント論が定着し始めたころから、この種の相談が多くなってきたように感じる。

そんな時、現職医師の堀江裕氏がモットーとされている、次のような「言葉」を借用することにしている。それは「病院は言葉である。それ以上でもそれ以下でもない。言葉がすべてである」という言葉である。この医師は、さらに次のように続けている。「言葉はこわいもので、患者さんの気持ちを元気づけたり悲しませたりして人間の生き死にをも決定するほどの大きな力を持っているのではないかという実感をもつにいたりました」。

これは二〇〇一年七月に「日本海新聞」に掲載されたエッセイを、一冊の本に収めたものである[10]。医療ミスが多発していた時期でもあり、とりわけ患者を診察する現職医師であり病院長でもある堀江氏による言葉には重みがあった。現在も重大な医療ミスが続発しているし、教育現場でも教師による「体罰」や教師の不作為による「いじめ」で悩む生徒の自殺など、絶えることなく続いている。

こんな時であればこそ、堀江氏が「病院は言葉である」と言い切った「言葉」は、掛け値なしに素晴らしい。病人は心細い。とくに入院するような患者はワラをもすがる気持ちで，担当医師の片言隻語に一喜一憂している。病院では言葉に表れない医師の表情すら、読み取ろうと患者は一心不乱となる。聴診器を当てたあと眉を顰《ひそ》め無言で首をかすかにふろうものなら、患者は重篤な病だから医師は黙っているのかと、あらぬことまで忖度する。

ところが、にっこり笑って「たいしたことありませんよ」などと言ってくれると、それだけでもう治ったような気がする。それほどまでに病人というものはナーバスであることを、健康である医師の中には理解できない者がいる。医師と患者には上下関係がある。そして同じように教師と学習者の関係にも上下関係がある。立場の弱い者が卑屈になり遠慮すれば、強い者の押しつけに終始して、本当の意味での意思の疎通をはかることが困難になる。

お客さんである学習者とのコミュニケーション能力は、サービス業にとっては必須アイテムではないか。お客さんとだけではなく上司や同僚とも理性的かつ建設的に協議できなければ、教育業務はスムーズには進まない。教育はサービス業ではないという教育関係者もいるが、それは旧来型の「与える教育」理念を前提にしたものであって、いまや世間に通用しない教師本位の俗論である。

一般的には理由なく自分の子どもの担任を嫌う保護者はまずいない。それだけ教師は優位性をもっているし、保護者の中には人質意識をもつ人もいるぐらい引け目を感じている。誤解であるにしろ何であるにしろ、ボタンのかけ違いのような保護者がいれば、教師自身、自分のほうに原因があると考えるべきだ。それゆえ自分からしっかりクラス経営の方針なりを説明して、理解してもらうようにすべき。こちらに正すべき点があれば素直に見直す。

専門性が教育より高い医療についても、医師は患者に詳しく説明する責任を負わされている。難易度の高い手術にさいしては、医師のほうからもセカンド・オピニオンを勧めるぐらいである。教育にいたっては親のほうが、自分の子どもについてはたくさんの情報を持っているし、人生経験も教師より豊富である場合が多い。

教師は無責任ですむが、親はわが子の人生に責任を持っている。その親をないがしろにしては、学校教育は成り立たない。したがって大人しかも年長の相手に「指導」するような姿勢は禁物であり、あくまでも説明し相談にのってもらうという謙虚さが必要であることも、念押しするのが通例であった。

すると教師によっては、「雑務も多く忙しくて、そこまでやる必要があるのでしょうか」と、反問されるケースもある。そのような場合には、「教師の給料の半分ぐらいは、とくに義務教育の場合、保護者への説明責任の分だと思う必要がある」といい、保護者への理解を求め協調して教育に当たることが最も肝要ではないか。たいていこのような主旨の話をしたものである。

5「教員は忙しい!」か

文部科学省の現職幹部が三年ほど前に、ある教育関係の雑誌に次のようなエッセイをよせていた。タイトルは「〈教員は忙しい〉と声高に言うのは恥ずかしいからもうやめませんか」というものである。「他人が言うのはいいが……」と前置きして。

ところで、文科省の新庁舎は課ごとの仕切りがなく、近くの打ち合わせスペースでの会話も聞こえてくる。最近、どこかの教員の団体の方だろう、「教員は本当に忙しいんですよ」と繰り返し説く声が聞こえた。正直に言うが、私は聞いていて「恥ずかしい」と感じた。「教員は忙しい」とはよく聞く言葉だ。私も学校関係以外の人に対しては、教員を代弁あるいは擁護するつもりでそういう話をする。けれども……。

教員が忙しくないとは言わない。真面目にやればやるほど仕事は増えるし、人間相手だから自分で時間をコントロールするのが難しい。仕事を精選する必要があるのも事実。だが、それは教員だけでなく、他の多くの仕事に共通する話だ。

あまり言いたくはないが、例えば中央省庁や企業でそれなりの立場にいる人の労働時間、拘束時間は、おそらく学校の教員より長い。

最近、経済界の中では非常に教育に理解の深いある方と話した時のこと。三人のお子さんのうち一人が教員、二人は企業勤め。教員は御多分に洩れず「忙しい、忙しい」と言うが、どう見ても三人の中ではいちばん時間に余裕がある。「何で学校の先生は「忙しい」と言いたがるのかねぇ」と笑っておられた。

私は、教員の仕事の難しさ、大変さが世の中に十分には理解されていないと思っている。また、もっと子どもに向き合う時間を増やせるように、学校の仕事の範囲を整理すべきだとも考えている。その点はこれからもその時々の立場で努力する。

しかし、教員が自ら「忙しい」と声高に主張するのは、もうやめた方がいい。誰の共感も得られないし、言えば言うほど「世間知らず」に見られるだろう。

（浅田和伸「前中学校長浅田教育改革調整官の文科省日誌№11」『週刊教育資料』二〇一二年七月十六日号、教育公論社、所収）

筆者の浅田和伸氏は公募に応じて、二〇〇九年から三年間、東京都品川区立大崎中学校校長に出向して二〇一二年に再び文科省にもどった。現在は、内閣官房教育再生実行会議担当室長の要職にある（二〇一五年八月現在）。

ちなみに、幕府の儒官であり幕末に亡くなった佐藤一斎の『言志四録㈠』に、同じような記述がある。

今人《こんじん》率《おおむ》ね口に多忙を説く。其《そ》の為す所を視るに、実事を整頓するものは十に一二。閑事を料理するもの十に八九、又閑事を認めて以て実事と為す。宜《うべ》なり其の多忙なるや。志有る者誤って此窠《このか》を踏むこと勿《なか》れ。

（佐藤一斎『言志四録㈠』31、講談社学術文庫、一九七八年）

佐藤一斎の門弟は数千人を数えるといわれ、その弟子の中には佐久間象山、横井小楠、中村正直など優れた学者を輩出した。さらに象山の門下には、勝海舟、坂本竜馬、吉田松陰などビッグネームの志士がいることで有名である。この言葉は、おそらく門下生を戒めることを念頭において、述べたのであろうと推測される。

実際に必要なこと（実事）をしているのは十の中の一、二にすぎず、つまらない仕事（閑事）が、十の中の八、九である。また、つまらない仕事を必要な仕事と思っているから、忙しいのももっともだ。志のある者は、こんな落とし穴に落ちないで、しっかり本を読み勉強をするべし。浅田氏が佐藤一斎の書をふまえて、エッセイを書いたのかどうかは知らない。しかし、このように穿っていて面白い。

学校と企業の違いのひとつに、選択と集中の観念があるかどうかという点もある。企業の仕事の基準は、新たな価値を生み出すか生み出さないかが、尺度になっている。言葉を変えれば、新たな利益を生むかどうかである。こうした基準があれば選択と集中によって、仕事の整理は比較的に簡単であろう。

企業の選択と集中は、なにも企業の事業内容だけではなく、企業人の仕事ぶりにも反映しているのである。価値のある仕事に取り組まないで、どうでもいい「閑事」にばかりかかわっていると、月給ドロボーといわれてしまう。また、そんな社員ばかり集まっている会社は、いずれ自然に淘汰される（倒産する）。

しかし、教師を責めてもラチはあかない。むしろ校内では校長・教頭など管理職が、自治体全域では当該教委が対応すべき課題であろう。[11] 外部の人からこのように批判を浴びるとすれば、管理職ならびに教委の責任は重大であるといわねばならない。学校管理職向けの雑誌への掲載論稿であるから、浅田氏の隠された発言意図も、そこにあったのではないか。

6「授業がよく理解できれば、学校が楽しくなる」

二〇一四年一月の河北新報によると、秋田県の不登校の小中学生は二〇一二年度、全国最少の千人当たり七・七人だったことが、文部科学省の問題行動調査で分かった。これによると、不登校の小学生は前年比三十九人減の八十二人、中学生は四十三人減の五百十五人。千人当たりの不登校児童数は一・七人、不登校生徒数は十八・三人で、ともに全国で最も少なかったという。

ちなみに同年の全国平均は、児童（小学生）が千人当たり三・一人で生徒（中学生）が二十五・六人であった。しかも、近年、全国学力テストで秋田県はつねにトップであり、二〇一三年度は小中学校の六科目で全国一位。学力の高さが不登校の少なさの背景にある、との見方もできる。

同紙によれば、伊藤栄二秋田市旭北小学校長（当時）は、不登校が少ない要因として、教員の指導方法の変化を挙げる。以前は夜更かしをして遅刻がちな児童がいた場合、たんに遅刻はよくないと指導していた。だが、今は児童の家庭環境などを踏まえ、あえて容認するケースもあるという。さらに伊藤校長は「頭ごなしの指導は逆効果で、不登校につながってしまう」と指摘している。

秋田大学阿部昇教授は、「授業がよく理解できれば、学校が楽しくなる。教員は子どものやる気を引き出していて、授業に活気がある。家庭にトラブルがあっても、学校には来たいという気持ちにさせることができる」と言う（「河北新報」二〇一四年一月五日付）。

秋田県の平均的学力の高さは、全国学力テストの数値で測れる。また不登校生も同じである。県内の学力がトップで、逆に不登校生数が最低であれば、両者にはある程度の相関関係があると考えるのが常識的な見方であろう。つまり勉強するために登校して、勉強の成果もある程度上がれば、また登校することが嫌ではなく、勉強にもやりがいが出てくる。

「授業がよく理解できれば、学校が楽しくなる」という阿部教授の言葉は、平凡ではあるがまさに学校教育の本質を衝いている。また伊藤校長のいう「頭ごなしの指導は逆効果」という言葉は、旧来型の教師本位の指導方式への反省と学習者本位の指導方式への転換を示唆するものではないか。学校現場には、新しい風が吹いているのである。

第六章

教育リーダーのあり方

1 学校の責任者は誰か

学校の責任者は誰か。こんな当たり前の疑問が発せられることがある。たとえば、いじめをなんとか解決してほしい。学級の保護者たちが担任に話してもラチがあかない。いじめの対応にかぎらず、大変、保護者の間では担任の評判が悪い。できれば担任を交代させてほしい。そこで保護者の代表が教頭なり副校長なりに話にいく。学校選択制のない地域では、この種の話をよく聞く。むろん教頭（副校長）では解決しないから、話は校長までいくことになる。

新たに教師を増やしたり減らしたりするときは、当該教委と協議しないと校長の権限だけではできない。しかし担任の交代ぐらいは、校長の権限の範囲内のことである。いまは教師に余裕があり担任を持たない教師も何人かはいる。副任であった人に頼むことも可能であり、校長の権限でできることである。

ところが、たいていは時間がかかるという。ほとぼりが冷めたころ、なんとか穏便に現状維持でと学校側から頭を下げられて、ウヤムヤに終わるケースが多い。校長としては当該教師の心情を慮れば、なかなか「英断」を下すわけにはいかない。場合によっては教委まで話を持っていく。教委は学習者より仲間である学校を守り丸く収めたいから、なんとかもう少し我慢してほしい、と教委からいわれる。

こんな程度のことにも校長は当事者能力を発揮できないのか、と保護者たちは訝しく思うようだ。校長はどちら側に顔を向けているのかと不満であろう。昔なら学校のやることに、文句を言うことなど考えられなかった。しかし民主社会であるから自分たちで選んだ政府や自治体首長にも、いくらでもクレームをつける。それをクレームとはいわないで、「民の声」という。しかし、学校ではモンペという。このように考えると、「モンスター・ペアレント」という用語ひとつとっても、あらためて学校の特異なあり方が分かるのではないか。

学校教育法第三十七条に「校長は、校務をつかさどり、所属職員を監督する」と明記されている。平時のふだんは問題ないが、いざことがおきると組織の最高責任者の権限と責任が問題となる。換言すればリスク管理であり、学校のガバナンス（組織統治）の問題でもある。「校務をつかさどり」そして「所属職員を監督する」のであるから、教員の教育活動全体に目配りして教職員を監督する法的・社会的責務がある。したがって、いじめを何とかしてほしいと学習者がアピールしてきたら、直接であれ間接であれ校長が責任を持って対処するのが当然のことであろう。

しかし校長はこのように法令上は学校運営に全権限を持ってはいるが、それを行使するとなると上級機関の当該の自治体教委にいちいちお伺いをたてる。小中学校なら市区町村教委に、高校なら都道府県政令都市の教委の、それぞれの担当指導主事と連絡を取りあう。どのような問題をどの程度に、「上」と相談するかは校長の「器量」の問題である。

官僚の特徴として（公務員教師は教育官僚でもある）できるだけ上と相談しておいたほうが、専守防衛のためにも（換言すれば「保身」でもある）都合がよい。これをホウ（報告）・レン（連絡）・ソウ（相談）といって、会社などでも日常的にルーティンとして使われている。

問題は上から与えるシステムだから、教委は文科省に、校長は教委にと上に顔を向ける癖がつくのもやむをえない。報告・連絡まではしても相談というよりは、「指示待ち」となりがちである。それに教育界における階層制度では、校長には上と相談・協議して、学習者のためにリーダーシップを発揮するインセンティヴがほとんどない。

しばしば触れてきたように学習者を教育の対象と考えても、学校運営の重要なパートナーとは考えないからだ。このように制度そのものが上から与える教育で教師本位となっているから、校長も教委の指示には従わざるをえない。また教職員集団をないがしろにはできない。そして教委自身も、しばしば教組の動向を気にする。

したがって教委からは校長会などをつうじて、校長には一斉に「指示・連絡」というお達しがある。横並びで上からの指示待ちの日本型学校主義の特色が、校長のリーダーシップを発揮する足枷になっている。校長会自体も横並びで護送船団方式になっているので、上の指示に従わない校長は校長仲間からも変人扱いされ白い目で見られる。

民間人校長が新しい取り組みをしても、校長会（とくに公立校長会）では聞きおくだけで、お客さん扱いか無視に近い扱いを受けることも少なくない。あれは自分たちと違って「外人選手」だからルールが違うので新しいことをやっても許されるけど、われわれはおそらく……と校長たちは思っていたのであろう。

個別の校長の努力はあっても制度の理念が変わらないから、次のような旧態依然たる事案がおきる。二〇一五年二月に大阪市立の小学校で、教職員用の女子更衣室で見つかった盗撮用カメラらしき不審物を、ハンマーで叩き割って廃棄したという案件が発覚した。この件は二〇一四年七月に起きており、男性教頭は校内プールの行事を終えて教職員用の更衣室に戻った女性教諭から、床に落ちていたレンズ付きの黒い箱を手渡された。しかし校長に報告して自宅で廃棄したという。校長から「犯人捜しをしたくない」といわれたため、仕方がなく自宅で廃棄したという[1]。

これはあまりに稚拙な対応なので、組織を守るための専守防衛にもなっていない。しかし現教育制度下では、どこでも起こりうることなので、どこに問題があったのか。教育管理職の視点から、今後の反省材料として分析検討してみたい。なぜ隠蔽しようとしたのか。児童生徒や保護者にバレたら、教育上困るということか。あるいは監督官庁の教委を恐れたのであろうか。あるいは教委の水面下の指導で、「有ったことを無かった」ことにしたのかもしれない。真実は藪の中である。

校長以下どちらに顔を向けているか、を象徴するような構図である。誰にたいして無かったことにしたいと校長が考えたかは、およそ推測がつくではないか。その心理の底には学校では、ふだん何事も問題が起きないことが前提になっている。教委から任されている学校でトラブルがあれば、その内容如何にかかわらず教委から事情を聞かれる。教委は自治体議会で問題視される可能性もあるから、なるべくなら問題を起こさないでほしい。

このような後ろ向きの姿勢、ある意味では気楽な楽観論は、じつはガバナンス意識とはほど遠いのである。児童生徒と教職員あわせて小は数十人の小学校から、大は千名前後の高校まで、活発な若者が集まって活動している学校組織で、何事も起こらないことなどありえない。

ガバナンスの基本は「万一」を想定し、それに備えることにある。そしてリスク管理とはなにも起きない前提ではなく、起こりうる事態を想定して予防措置をとることが第一であろう。そしてことが起きたら責任者として、リスクを極小化するためにどのような対応をしたかが問われるのであって、起きたことを無かったことにするという選択肢はありえない。いじめや不祥事の対応についても同じである。

管理職には管理責任がある。そのために給料の等級も違うし、少なからぬ管理職手当ももらっている。それに隠蔽すれば、その犯人が今度は女子生徒を盗撮しようとする可能性は大である。犯罪の最大の抑止効果は、犯人検挙にあることは法治国家の常識である。隠蔽によるマイナス効果は、目立たないがはかり知れない。とくに女子教職員の更衣室にあったのだから、この件は「盗撮」の証拠品となりうる物品でもある。盗撮行為は迷惑防止条例か軽犯罪法の違反に該当する、れっきとした犯罪である。犯罪の証拠品を廃棄したのであるから、まかり間違えば証拠隠滅罪にも問われかねない。

そのくらいのことは常識の範囲内であろうから、どうして校長が警察に届けるなりしかるべき措置を取らなかったのか、という点である。詳細は分からないが、おそらく内部の犯行と思って身内（校内）から盗撮犯を出したくない気持ちから、無かったことにしたのであろうと推測される。ところが校内で問題化したので、二か月たった二〇一四年九月に、警察と市教委に報告・相談したという。むろん、これは報道によればであって、詳細は外部の人間には分からない。

二〇一三年度ワイセツ行為で処分をうけた教員は前年度より増え、文科省は「ゆゆしき事態」としている。処分された半数近くが勤務先の学校の児童生徒を対象としており、「体に触る」「盗撮・のぞき」などが多いという。(2) したがって犯人が教職員である可能性も排除できないので、身内をかばうためという名分で自分の良心を納得させたのではないかと推測される。さらに学校内のこととなると、児童生徒に悪影響を与えないようにと、「教育的配慮」という大義名分もつく。「事なかれ主義」というが学校の場合は、たいていこのように「教育的配慮」というマジックワードを使い組織を守ろうとする。組織を守るといえば聞こえはよいが、このケースでは校長は自分を守ろうとしたのではないか。気の毒なのは教頭だ。いずれにしろ校長は、心理の奥底にある離れ奥座敷の共同体的論理によって、無意識のうちに心理的合理化つまり正当化をはかったのであろう。したがって悪いことをしたという意識は希薄であるから、何度でも同様の事案が繰りかえされる。

このケースでは校内の教職員から「あの件はどうなったのか」と指摘され、隠しきれなくて公にしたのではないか。内部に告発した「正義の士」がいたとすれば、その点では救いがあったといえよう。

この「盗撮用カメラ」を「いじめ」におきかえてみれば、ほぼ同じようにことは運ぶことが分かる。「有った」という事実さえ、存在しないのである。いじめなども被害者が声をあげ、マスコミが同調して騒いでくれて、それによって学校が調査して「有った」と認定して、はじめていじめは「有った」のである。そうでなければ学校では、「有っても無かった」ことと同じになる。まさに、学校本位の論理である。

2 校内ガバナンスの仕組み

教員の不祥事（非違行為）が起きると、教員としての使命感が欠けている、あるいは教員集団で孤立していたというように、教員らしからぬ本人の個人的資質の問題に還元する。ようするに教員はすべて使命感に燃えて教員仲間との絆を深めて、仕事に集中していれば悪いことなどするはずがない。こうした教師性善説に近いような、教師本位の論理がある。

しかし女子生徒の更衣室を盗撮した管理職もいれば、特別支援の生徒の弱みにつけ込んでレイプまがいのことをする教職員もいたが、みんな「仕事熱心で」「勤務態度もまじめ」といわれ教師の鑑のような人物である。

ふつうはどんな人でも、善いこともすれば悪いこともする。たいてい道徳的には善を求め、悪を退けようと努力する。しかし聖人君子ならいざ知らず、ふつうの人間は努力しても思う通りにはいかない。それゆえふつうは、心ならずも「自分の望む善は行わず、望まない悪を行」う（『新約聖書　新共同訳』「ローマの信徒への手紙7・19」日本聖書協会）ことも、しばしばある。そして人間の内面など外から窺い知れない、神のみぞ知るである。したがって、逆に内面的にはいかに悪事を考えても、行動に移さなければ問題にならない。憲法第十九条の「思想及び良心の自由」は、このように国民の「内心の自由」を無条件・無制限に保障している。(3)

とはいえ女子生徒の裸を見たいと思うことと、実際に行動に移すことの間には千里の距離がある。盗撮がもしバレたら法律的なペナルティを受けるだけではなく、職も失うし家族がどんな思いをするか。法的・社会的制裁が大きな抑止力になっている。「道徳」だけではなく「法律」が、千里の距離を作っているのである。そして犯罪の最大の抑止力は道徳的規範もさることながら、直接には犯罪の検挙率であることは犯罪学の常識であろう。

違法行為をすれば、かならずバレて捕まる確率がたかい、ということが大事なのである。したがって教員の不祥事をまじめに無くそうとすれば、こうした抑止力を発揮できるように、学校内を世間と同じように法治主義に徹底すればよい。つまり信賞必罰でなければならない。教員は特別な人間であるから（昔は聖職者といわれた）、その使命感を自覚し教員仲間との絆を強めれば悪いことはしない、という教師本位の論理は世間常識にてらして違和感がある。

いじめなどもまったく同じ論理で、児童生徒同士のことだから、できるだけことを荒立てないで無かったことにしたい。いじめた方もいじめられた方も、「和の精神」で仲良く和解させて早く解決したい。それが生徒たちのためにもなる、つまり教育的配慮である。このような心理が働く。児童生徒の場合には大人の教師とは違って、一定の限度内での教育的配慮は必要である。しかしその教育的配慮がただの温情や教師の保身であれば、かえって仇《あだ》になる。いじめられている児童生徒の気持ちを、第一に考えるべきであろう。

教師から見れば、半分、ふざけてやっているように見える、だからたいしたことはない（いじめグループが教師に分かるようにいじめなどするであろうか！）。当事者よりも教師のほうが、傍観者的な心理になりがちである。むしろ犯人に仕立てたくないという気持ちが働き、いじめの認定にも影響する。しかし、こうした温情的な配慮は、あくまでも教師の一方的な判断である。いじめについて教師の判断が基準になっていたが、これでは学習者側の被害者心理は分からない。

いじめグループのじつにえげつないいじめの様態を見れば、ビートたけしではないけれど、「これはもう「いじめ」じゃなくて「犯罪」だろうよ」（『ヒンシュクの達人』小学館新書、二〇一三年）という言葉に常識人なら共感することだろう。文科省はすでに二〇〇六年に、「いじめられた児童生徒の立場に立って」判断すべしと定義を変えたのである。

二十年ほど前、地方都市の高校長のとき全校生徒に「いじめ一一〇番」という通報制を、ホームルームで徹底するよう教職員に提案したことがある。校内外に関わらず本校生徒がいじめられていたら、匿名でよいからその事実を学校側に通報するよう全校生徒に周知徹底する。このような提案にたいして、「チクリ」を奨励するのかとかなり強硬な反対があり、私の指導力不足もあって取り下げた。

その代わり全校の校長講話の時に全校生徒に直接アピールしたが、「校長先生の通報制の提案で、わたしへのいじめがピタリとやんだ」と、告知したことにより抜群の抑止効果を上げたことがある。ただし、あとで一部の教師たちから、批判され糾弾された(4)。しかし生徒集団の和を乱さないよう配慮する教師のムラ意識より、生徒のいじめ撲滅への願いのほうが切実であったから、匿名による通報制とそれに伴う校長の断固とした姿勢を生徒たちは支持してくれたのであろう。

いまや防犯カメラが街のあちこちにあり、犯罪の抑止や犯人の検挙に大きな効果をあげている。また市民社会では犯罪抑止のための一一〇番は、市民の義務でもあり権利でもある。市民だれもが犯罪にあわないように警察に互いに協力することが、自分たちの社会の安心と安全を自分たちで担保するのである。

一一〇番の通報制は匿名ですることが可能であるが、所属集団内では匿名性を担保しないと通報はきわめて難しい。こうした内部通報はムラ的な社会では、仲間を売るチクリ行為（密告）として歓迎されない。つまり、村落共同体の仲間を内部告発するような行為は、まさにムラ八分に該当するのであって、一番、やってはならぬことなのである[5]。

しかし最近も腹腔鏡手術の医療ミスが続発したが、そのひとつの事例は当該病院の麻酔医の内部告発によって明るみに出た。その麻酔医が公益通報者保護法によって守られたかどうか。仲間内の和を乱して正義を貫くことは非常に難しく称賛に値するが、内部告発してなお告発者がムラ八分にならないようなシステムの構築が、学校教育においてこそ求められるのである[6]。

事の当否はべつにして、学校の構造とそれに由来する教師の意識が、よりムラ的であればあるほど正義より仲間の和を尊重する。そのために教員不祥事やいじめなど「抑止」や「解決」よりも「隠蔽」にはしりやすい、このようにすべてについて自浄作用が働きにくいという事情がある。

二〇一一年の大津市中学生いじめ自殺事件や二〇一二年の大阪S高校生体罰自殺事件などが、世間を騒がせていたころ、新聞投書欄に次のような「声」が掲載されたことがある。

私は地域の一住民として、地元の小中学校に協力したいと思っている。（中略）ところが、学校の反応はよくない。地域の集会などで校長たちに「地域住民にできることがあれば遠慮なくいってください」と声をかけるが、積極的な返事はない。小学校の校長あてに手紙を出したこともあるが、返事は来なかった。

（「朝日新聞」〈声〉欄、二〇一二年八月六日付）

これは東京都港区在住の年金生活者Yさんによる、「学校は地域に協力を仰いだら」という見出しのある投書である。先生たちが忙しすぎるなら、その一部を住民が担い、その浮いた分の時間をいじめへの対応など、子どもたちと向き合う時間に使ってほしい。このような善意からのきわめて真っ当な提言である。ところが直接申し出ても積極的な反応もなく、手紙を出しても返事も来ないという。

手紙の返事すら書かないという最低限の常識さえ弁えない所業には、校長経験者のひとりとして誠に恥ずかしいことで、残念なことというほかはない。しかし、これは校長個人の資質よりも、児童生徒を家庭から預かって囲い込み、閉鎖的な組織の中で教育するという日本型学校主義の体質のなせる業であろう。

十数年前に学校週五日制完全実施と「総合的な学習」の開始とともに、土曜日の有効活用のため地元JA（農協）と連携して「農作業」と「学習」を組み合わせた総合的学習をおこなう、小学生向けのXYサタデースクールという教育NPOを立ち上げたことがある。[7] 四月開始の三月にJAとNPO事務局でチラシもつくり、周辺の小学生から希望者を募った。そうしたらJA事務局に現職それも小学校の管理職らしい人から、「われわれ学校がやることで、余計なことをするな」といった主旨の匿名電話が、それぞれ別人から二度かかってきたという。

事務局では「お名前を」と求めたが、切られてしまったという。せっかくボランティアで協力していただいているJAの方々にも、顔向けならなくて弱ったことがある。児童や保護者も個人参加であるし、数少ないが現職教師もボランティアのスタッフに参加している。

いずれにしろ気に入らないならどこが気に入らないのか、どうすればよいか正面から話し合いに来てくれればよかったのに。反対するには根拠があるはずである。そうすればさらに反対論からくみ取るべき知恵などとりいれて、ヨリよいプロジェクトにすることができたであろうに残念なことであった。現職で協力してくれた教師もいたから一部であろうが、長年にわたって閉じた社会にいると閉じた精神（クローズドマインド）になってしまい、市民の学校とか地域の学校といった意識はなかなか持てないようだ。

前述の投書をしたYさんは「困っていることがあっても、学校は世間に知られたくないのだと確信するようになった。いわゆる、学校ムラを自分たちで守りたいのではないか」と、投書の最後を締めくくっている。いじめ問題や体罰など学校にとって不都合な事情が表に出ると具合が悪いので、なるべく外部の人に関わってもらいたくないという気持ちもあるのかもしれない。

しかし世間の人がそのように思っていることは誤解であるとするならば、学校や教委のほうから開かれた精神（オープンマインド）で、誤解を解く努力をする必要があるのではないか。せっかく学校を支援しようという地域の人々の善意を無にするとは、残念だけではすまされない。

基本的に学習者や地域住民に顔を向け、「学校を開く」という習性がない。教育は自分たち専門家がするものだ、という自負がある。そのプライドは結構なことであるが、それが独善につながっているのではないか。所詮「外部の人」は教育の素人だから、という気持ちがどこかにありはしないか。もしそうであるとするならば、教師以外の日本国民全員を「外部の人」とみなすことになるが、それでよいのであろうか。

長年、内部批判者を持たない教師本位の教育体制下で疑うことなく働いてきているので、時代と社会の変化に鈍感になり知らぬ間に、学校という「閉じた社会」で夜郎自大になってしまう。学校は国民の税金で運営され未来の日本社会の担い手をつくるのに、重要な役割を果たしているという公共的な意識を持ってもらいたいものである。

3　学校リーダーのあり方

長い教職キャリアを重ねると、ある種、慣性の法則のようなものが働き、毎年繰り返すルーティンを知らずしらずのうちに絶対化して、デファクトスタンダード（事実上の標準）にしてしまう。しかも校長のような教育管理職のポストに就くと、ただでさえ教師特有の「上から目線」になりがちなのに、それに拍車がかかることもある。

「ポストが人をつくる」という言葉があるが、大きな権限を与えられるとその役割にふさわしく努力して人間的に成長する、といった意味で使われる。と同時に、よほど自省しないとポストに胡坐《あぐら》をかき、やたらに権限をふりかざす「威張りん坊系」になることもある。つまり権限のあるポストが「人をつくる」には、プラス面とマイナス面がある。さらに次のようなこともある。

最初は尊敬すべき身近な上司をモデルとして、自分なりにあるべき上司像を構築する。ところが意外にもよい先輩上司を見習って「よい上司」であろうと努力することが、組織の長としての自分の成長を妨げることもある。

その「よい上司」のどこが「よい」のか、たとえば非常に後輩の面倒見もよく人情家である。むろんそのことは個人の資質としては悪いことではない。しかし、人情家で面倒見がよくても、肝心の統治能力つまりリーダーシップに欠けるとか。八方美人であちらこちらによい顔をするが、組織のめざすべき方向性について、まったく無定見である。あるいは会社でいえば社内の評判は悪くないが、市場の評価はよくない。つまりウチの評価とソトの評価が違うということがある。会社は市場で評価されなければ、退場を命じられる（倒産）。それゆえ、ウチ向きだけというわけにはいかない。

昔、教育管理職は「その席にいるだけで尊敬される存在」といったイメージがあり、人格的感化だけで存在感があるとされた時代があった。戦前の学校が閉鎖社会であり教師聖職者の時代であったから、その残影を引きずっていたのかもしれない。「養成の思想」が根底にあるとポストが人を鍛えるには、時代と社会に合わない古いリーダーのモデルを無自覚に引き継ぐ。このようなマイナス効果もあることを、承知しておいたほうがよい。

したがって、かりに尊敬すべき上司がいたとしても、丸ごと「教祖」のように信仰の対象にするのではなく（教育界には意外に多いが）、尊敬すべきよいところを真似て取り入れ、そうでない個所は批判的に克服すればよいのではないか。

ボス校長にだってボスとして君臨するには、他人に慕われる何か良いところがあるに違いない。その長所は秘かに学び、ボス支配のマネはしなければよい。信仰の対象ではないのだから、丸ごと信じる態度が問題なのである。側近がボスをダメにもするし、良くする面もある。人は弱い存在であり、ともすれば孤立に耐えられないところがある。

こうした具体の人格に全面依存する心理的な弱点が派閥を形成し、ボスを教祖のように持ち上げることになる。ボスが発生するのも閉鎖社会の特徴であることを忘れてはならないだろう。またタコツボ型の閉鎖集団の中だけで「リスペクトされる存在」なのであって、広く世間の人からリスペクトされるわけではない。

学校の先生は「世間知らず」、あるいは「常識を欠く人」が少なくない、という批評がある。その先生のトップである校長となると、なおのことそのような批評の対象になる。酒席の場ならともかく、ふつうはオモテには出ない。こうした批評がなぜ表に出てこないのか、教職にある者とくに校長は考えるべきことであろう。

古い時代の管理職像をモデルにしていると、時代の要請に応える管理職像を構築できない。しばしば、能力を発揮することなく校長職を享受しているタイプは、世間の他の組織と同じようにボス化しがちになる。能力や業績ではなく、ポストや派閥の力で威圧するタイプである。教職を他の専門職と同じようにみなす、現代の教育管理職のイメージにはあわない。

学校では児童生徒が自ら学び自ら習い、既成の権威の根拠を疑う批判精神を養い、自律的個人として成長してゆく。その支援をするのが教師の役割であるとすれば、校長であるというだけでリスペクトする対象というわけにはいかない。校長であるというのは、行政が校長としての適格性を認証しただけで、そのポストに安住したのでは校長としての適任性を疑われかねない。

そして校長のポストにいても、校長としてふさわしいか否かは自分で決めることではない。校長として何をやったか、あるいは何をやろうとしたかを見て、つまり校長としての適任性は、むしろ学習者や地域住民が決めることである。この点、教師の場合と同じである。ところが学習者側には校長の適任性を判断し評価するシステムがないから、担任交代の問題のようなことが起きても、まともな話し合いもおこなわれず学習者側の泣き寝入りのような状況になる。

これは校長にとっても残念至極ではないか。まじめかつ意欲的に学習者のために働こうと思っても正当に評価されないとなると、どうすればよいのか分からないから、とりあえずは専守防衛になりがちだ。そして不都合な真実から目を背け、「事なかれ」の心理に陥りやすい。

公立学校では政治家の選挙の洗礼や、企業の市場の洗礼に匹敵するものがないから、管理職の意識も内向きになりがちだ。とくに教職員の評判や教委の意向など、「身内の評判」を気にしがちになる。かつて職員会議が法令上の規定がなく慣習的に開かれたころは、職員会議を学校の意思決定機関のようにみなす学校がほとんどであった。そして学校の自治つまり「教師の自治」という大義をかざしていたから、校長の専権である教務主任など校内人事すら教職員が自主的に決める慣習が横行していたし、現在も一部まだ残っているようである(8)。

法令上の明確な規定がないと、前例に縛られる。そこでなまじ学校の活性化や生徒のために、新規のプロジェクトに取り組もうと校長が意欲的になっても、むしろ職員会議が障害になっており、また自治体によっては教委が「余計なことをするな」と水を差すケースもあったという。

国は二〇〇〇年に職員会議を「置くことができる」とし、校長が「主宰する」ものと法制化することにより、校長のリーダーシップを発揮しやすいようにした(学校教育法施行規則第四十八条)。これにより職員会議を開くか開かないかは、校長の判断による。そして職員会議は学校の意思決定機関ではなく、校長が意思決定するさいに部下教職員の意見を聞く場にすぎないこと。これらのことが明確になったのである。

在職中はまだこの規定はなかったから、年度初めに校長の所信表明として、教職員の意見は十分に聞くが最終決定は校長にさせてもらう。なぜなら、その校長の決定には責任が伴う。「みんなで決めて責任だけ校長が負う」というのは、論理的にも法律的にも成り立たない。「そして決めたことは守っていただきたい」。このような主旨を所信表明のペーパーに書いて、教職員の理解を求めていた。むろん職員会議で十分に議論して教職員の意思をできるだけ尊重するが、最後は法令上の責任者として意思決定させてもらうという意味である。これが憲法規範にも適合する、意思決定の正しい姿であると思ったからである。

教職員へ顔を向け「和」を尊重し、教職員集団の多数意思に左右されると、校長としては責任の取りようがない。「私は反対だったのだけど、みんなで決めたので」など責任を放棄したようなリーダーでは、学習者や国民の負託に応えることはできないのではないか。学校が無責任体制になるいちばんの原因が、ここにあると思っていたからである。

小学校の児童会などでは「みんなで話しあいをしましょう！」、でも「決まったらみんなでそれを守りましょう！」というが、まさにこれこそ戦後民主主義の意思決定である。大人の世界では話し合いで決めても、自分の意見と違うので気に入らないからと、これを守らない人もいる。もっと小学生の素朴な民主主義の基本原理から学ぶ必要がありそうだ。国民からこのような批判を受けた、政権もあったように記憶するが。

小学生の児童会とバカにしてはいけない。古典古代の哲人アリストテレスの言葉に、「「支配された者でなければ善き支配者たることは出来ない」（中略）善き国民は支配されることも支配することも知り、且つ出来なければならない」（山本光雄訳『政治学』岩波文庫、一九六一年）とあるからだ。

4 「君臨すれども統治せず」

冷戦構造の崩壊と五十五年体制の終焉をむかえ平成に入ってから、義務教育界は日教組と旧文部省との歴史的和解以来、いたずらに「管理職いじめ」をするようなことは少なくなった。しかし高教組は本来、日教組よりラジカルであったから、高校の学校管理職にとっては、まだまだ冬の時代であった。

というのは第四章で述べたように一九六〇年代から七〇年代にかけての紛争の時代に培われた反権力・反体制ムードが、学校内では反管理職ムードへと直結していた。旧文部省や自治体教委の施策は、すべて権力による押し付けであり批判の対象とすべきものという、冷静に考えてみれば矛盾にみちた主張であったが、なんとなく雰囲気として流通力を持っていた。

すでにふれたように、一部、論壇やマスコミなどオモテの世論の受け売りで、ともかく権力に反対すれば、それが民主主義でありインテリの証明のような雰囲気があった。これもよく考えてみれば滑稽な話で、校門の中では教師自身が権力であり、教育体制そのものの担い手である。当人が自覚するしないにかかわらず内申書を片手に、生徒の前には権力者ときには抑圧者としてふるまわざるをえない。

学校教師は小さいながらも教室の運営者であり、学年や学校全体の組織運営の一翼を担う当事者である。とくに児童生徒と直接に接して授業やホームルームその他課外活動までふくめて、教師が直接に管理し支配している。予備校や個人塾や家庭教師ならいざ知らず、学校教師は教育者であると同時に、組織の管理運営者でもある。学校管理職は、それらの長であるから、当然、学校という組織権力の中核にいる。

入れ子のような学校組織では、学級担任は学級という一番小さな入れ子の管理者であり、学年主任は学年という入れ子全体の管理者であり、それらを全部ふくむ学校組織の管理責任者が校長・教頭だと位置づけることができる。そして、いうまでもなく教師には教師なりに、校長には校長なりに管理者として管理責任を課せられている。

かつて高校長時代に、ある教師と次のような問答を交わしたことがある（「　」はその教師の発言で、〈　〉は私）。「校長はわれわれを管理するから権力である」。〈その通りですが、先生も権力でしょう〉。「私は教師だから教育者です」。〈生徒たちを管理するではないですか？〉。「それは教育です」。〈それなら私も先生たちを教育しているのです〉。

まるで禅問答のようであるが教師の自己意識としては、自分は教育者であるが校長は権力である。しかし正確には校長も教育者であり権力者であるし、同様に教師も学級という小集団の教育者であり権力者でもある。

かつて「管理教育」とか「管理主義教育」という言葉が、流布した時代があった。内申書という伝家の宝刀を懐に、教師が一方的に校則を決め、その中で髪型から服装、そして放課後の行動や家庭内でのふるまいもふくめて、すべてを学校の管理・監督下におく。小学生など登校する前に細かい行動のチェックがあり、ウンチをしたかどうかまで点検の対象になっていた学校もあった。校門の前には教師が立っていて、校則に合わない服装・髪型の生徒を追い返す高校すらあった。あまりに微に入り細を穿つ校則が多いので、一九八八年ごろ文科省が校則を変えるよう指導したことがあった。

そして一九九〇年に神戸T高校校門圧死事件(9)という管理教育を象徴するような事件が起きたが、世論の厳しい指弾をうけてこれを契機に「管理教育」は下火になった。大ざっぱに言って一九七〇年前後、紛争の時代を契機に校内秩序と規律の強化に動き、一九九〇年までの二十年間ぐらいが、管理教育の最盛期であった。まさにこの時代こそ「与える教育」「教師主導」「集団的一斉主義」を理念とする、日本型学校主義の爛熟期であったといえよう。

当時の管理教育にたいする国民からのバッシングにたいして、教師は教育への国家権力の介入と反対し、あたかも被害者のような立場を装った。つまり教師は国や教委や校長に管理されているという被害者意識のみで、生徒にたいしては教師自身も管理者である事実から目を背けていた。それに国民の多くが教師の権威を絶対視する幻想に囚われていたことも、教師の自己批判の精神を麻痺させる原因になっていたのかもしれない。

日本型学校主義のシステムの「教師本位」という重要なファクターとして、好むと好まざるとに関わらず教師も組み込まれていた。そうした制度的認識に欠けていたから、管理教育の主役の一人であるという自覚は、比較的少なかったとしても無理はない。

学校教師はすべて小集団の管理責任者であるから、教育者という言葉だけで美化しないで、「わたしの内なる権力者」というリアルな自覚も持ったほうがよい。そうすれば自己批判の精神に支えられ、自分自身の権力行使を自制する気持ちを持つことができる。教師自身も「教室のセンセイ君主」といわれる前に、自省する精神が必要ではないか。

「権力は腐敗する傾向にある」という金言は、政治権力だけを指しているわけではない。そして何よりも大事なことは権力なり権限には、それなりの責任が伴うことを自覚する必要があるということである。戦後の反権力ムードは政治的な民主主義を担保する重要な役割も担ったが、反面、組織人としては責任感に欠けるというマイナスもあったといえる。学校や会社などの小集団では、反権力と無責任はメタルの裏表の関係なのである。

そして校長としての権限を誰のために何のために使うのかが明確でないと、風にそよぐ蘆のように上を向いたりヨコを向いたり、校長としての座標軸が定まらない。そして不都合な真実が生じると、「有ったことを無かった」ことにしたり、「わがままな保護者」に責任転嫁したりする。あげく校長は象徴天皇のごとく、なるべく意思決定には関わらず、「君臨すれども統治せず」という無責任な存在になりかねない。

企業内学校の校長に就任した元同僚校長がある時、学校の職員会との違いについて次のように語っていた。企業内学校の職員会では、議題についていろいろ活発な意見がでる。そしてみんなの意見がある程度まとまると、最後に必ず「校長先生のご判断は如何でしょうか」と、長としての決断を求められる。電機メーカーの技術系学校なので文系の自分には細かいことは分からないし、また公立高校時代の癖で、最初は「しかるべく」と任せて主体的な決断もほとんどしなかったという。

しかし、そのつど明確な判断と決断を求められ、そして一度組織決定されると異論を述べていた者もふくめて、成員みんながそれに従う。それがとても新鮮だったという。つまり成員みんなが同じ目標で、責任を持って協力してくれる。それだけに校長としての責任の重みも、日々、痛切に感じるという。権限と責任が一体化しており会社などでは当たり前のことであろうけど、こんな組織の意思決定が常識にならないと、学校だけガラパゴス諸島のようにますます社会から取り残されるのではないか。このような印象を持ったという。

5 小中学校長たちの意識調査

全国的にみれば、まだ、小中学校など義務教育は、量的には圧倒的に公立である。そしてこれらがいわゆる日本型学校主義の、いわば主役の役回りを果たしてきた。したがって公立小中学校長をはじめ教職員が、学習者とくに保護者にたいして、どのような意識を持っているのか。多少なりともサービス業という意識があるのだろうか、興味のあるところである。

しかし、これが実はなかなか統計がない。高校だけではなく公立中高校長会とか公立小中高校長の連絡会議の類もあったから、ある程度は校長たちの意識と行動様式については承知しているつもりだ。また教え子ですでに校長職に就いている者も、少なからずいる。しかしエビデンスとして統計があればなおよい。

そんな中でもつぎの調査は珍しい全国規模での、小中学校長〈学校を通しての調査回答なので、校長の見解とみなす〉の意識調査である。東京大学大学院教育学研究科基礎学力研究開発センターがシンポジウムの資料として、二〇〇六年に全国の小中学校一万八百校を対象にしたアンケートの設問の一部である。およそ五〇%近い回収率であったというから、母数が大きいので小中学校長の見解の平均値として信頼してよいだろう。義務教育の校長が二〇〇六年当時〈おそらく今でも〉、およそどのように考えていたかがよく分かる。その意味ではきわめて興味深い資料であるといえる。(10)

まず、「二十年前と比べた教育の状況」という設問について、回答の選択肢を集計すると、二十年前に比べて〈子どもの学力〉は変わらないが四二%で、悪くなったという評価が四七%。同じく二十年前に比べて〈子どもが教えにくくなった〉が七三%。同じく〈家庭の教育力〉は悪くなったが九〇%。それにたいして二〇年前に比べて〈教師の指導力〉は下がったが二七%で、変わらないが五〇%を超え、上がったが約二〇%となっている。

つぎに「教育の障害になっている要因」という設問があって、それにたいして以下のような回答である。〈特に教育力のない家庭がある〉が約九〇％、〈保護者の利己的な要求〉が約八〇％、〈教員の指導力が不十分〉は四二％で、五八％は不十分ではないとしている。

　これらの統計についてベネッセ教育研究開発センターの山田剛氏は、次のようにまとめをして批評している。[11]「この二〇年間で、子どもの学力は低下していて、教えることも難しくなっている。教師の指導力はそれほど下がっていないが、家庭の教育力は大きく低下した。その家庭の教育力低下が深刻な問題で、教師の指導力は深刻な状況とは必ずしも言えない」。そしてさらに続けて「こうした校長先生の見方は、学校の先生の実感からそう離れていない気がします。しかし、保護者からすると、ずいぶん違うように感じられるかたもいらっしゃるのではないでしょうか」（傍点原文）と述べて、保護者サイドの感想などを求めている。

　さらに山田氏は、二〇年間でもし家庭の教育力が低下しているのなら、教師の指導力は大幅に向上している必要があるのに、「指導力が変わっていない」とすれば、そのことのほうが問題だとやんわりと批判している。

　まず、「二十年前と比べる」という設問自体、意味がよく分からない。学力については全国学力調査の悉皆調査が、経年で継続的に実施されてきていればともかく、比べる客観的な指標がない。二〇〇六年にいきなり一九八六年と比べてといわれても、どういう根拠か校長たちも当惑したことであろう。それに二十年前に校長だった者など、いなかったのではないか。よく巷に横行する、「むかしはよかった論」という俗論があるが、その程度の話なのであろうか。これは回答を求めるほうの問題であるが、校長側の回答にはもっと驚かされたのではないか。

教育サービスも国民経済統計では第三次産業のサービス業に分類されることは、中学生でもすでに公民の授業で学ぶし、高校生ではもう常識である。しかし教える教師やとくに校長は、この調査を見るかぎりサービス業などとは微塵も思ってはいないようだ。「この二〇年間で、子どもの学力は低下していて、教えることも難しくなっている。教師の指導力はそれほど下がっていないが、家庭の教育力は大きく低下した」。

それだけではない、繰り返しになるが「教育の障害になっている要因」という設問については、校長の十人中九人は、その要因に「特に教育力のない家庭がある」をあげ、さらに十人中八人は「保護者の利己的な要求」を理由に挙げている。そして身内の「教員の指導力」は、十人中六人が十分だとしている。

仕事の上で学校とつながりの深い教育関係会社の担当者でも、さすがにいささか当惑気味であり保護者は違和感を覚えるのではないかと述べている。これこそ日本型学校主義のもとで育まれた、教育リーダーの典型的な意識であろう。教育は教師が「菊の御紋」がついた上から教えるものであるから、教育はサービス業ではなく崇高な仕事である。客のほうから文句をつけられたのでは仕事にならない。こんな無意識がどこかにあるのだろう。

それにしても校長の八割が「特に教育力のない家庭がある」と言っている。それでは校長にとって教育力のある家庭とは、どんな家庭かと反問したくなるのは私だけではないことだろう。

ただ小中学校長たちのために多少、釈明すれば、当時は企業のクレーマー論が一部でもてはやされ、教育界でも「モンスター・ペアレント」論が、勢いを得ていた頃であった。また世紀末に出て教育界を席巻した『学校崩壊』論の影響もあったのではないか。学校の秩序が乱れるのは地域や家庭の教育力が低下し、子どもが言うことを聞かなくなった、つまり学校をとりまく環境が「昔と変わった」ことに原因がある。

基本的に「昔はよかった論」のパターンであり、かつての管理教育を懐かしみ、教育には管理と強制が必要と強調する。公立中学校に長年勤務していた『学校崩壊』の著者は、学校崩壊の原因を地域や家庭や子どもなどに責任転嫁して、肝心の「教師の指導力」を上げなかった点も、先の校長たちの意識と平仄が合っている[12]。

昔に比べれば家庭や地域の教育力が衰退したなど根拠が薄弱であることを、さまざまな資料から実証した広田照幸氏の(『日本人のしつけは衰退したか』講談社現代新書、一九九九年)という優れた著作が、偶然にも同じ年に出ている。つまり「昔はよかった論」は根拠のない俗論であることを、同時期に証明したのは皮肉な事実である。しかし残念なことに俗論のほうが世間に受け入れられやすく、正論は片隅におかれがちになる。教師本位のシステムを疑うことなく受け入れ、その中で長年働いてくれれば、基本的に「身びいき」になってしまう。このような惑溺からの脱皮は自己の体験を内面的に消化し、批判的に克服し普遍的な経験にたかめる努力をしないと難しいことであろう。

俗論化しているので誤解を解いておきたいことは、学業や学問を厳しく指導することと、秩序維持のために管理を厳しくすることは、まったく次元の異なる事柄である。その次元の違いを理解しないと、なんでも「厳しい教育が本当の教育」という勘違いを生むことになる。世間でも一部、学校崩壊論をもてはやした背景には、「いまの教育は子どもを甘やかしている」といった現状認識についての思い込みがあり、そこへ厳格教育への憧憬があったので「学校崩壊」論に、飛びついたのではないかと推測される。

行政の無知と無理解と闘いながら「日本のわがまま運びます」と顧客本位をかかげ、宅配便に革命をおこした宅急便ヤマト運輸の小倉昌男は、次のような言葉を残している。

サービスを提供する供給者の論理と、サービスを受ける利用者の論理は、正反対の場合が多い。供給者はとかく自分の立場に立って考える。つまり、自分の都合を中心に考えるのである。でも、それは間違ってはいないか。

(『小倉昌男　経営学』日経BP社、一九九九年)

とかく教育サービスの受容者の選択意思を、「わがまま」と思いがちな教育サービスの供給側にとっては、まさに傾聴すべき言葉ではないだろうか。

6 旧制度下の教育行政

私学や学校選択制のある自治体では、「学校選びは校長を見てから」というアドバイスをする塾代表もいる(13)。きわめて的を射た適切なアドバイスである。その校長の評判が何にもとづくかを、判断する目を養うことが保護者側にも必要とされる。しかしながら現在のように学習者が何とはなしに、学校教育の蚊帳の外におかれている状況を変えないかぎり、選択眼を養うことは難しい。

さらに問題は、東京都は別としても公立小中学校の選択については、学習者側の選択意思をほとんど認めていない制度のあり方である。事前の学校選択を認めていない就学校指定制の自治体でも、保護者の事後の申し立てで就学校の変更は可能である。しかし基本的に事前選択と事後選択では、根本思想が違う。事後選択では申し立ての理由が必要であり、それは最終的には教委の判断による。

学習者側の自由な選択意思を優先的に尊重するのなら、東京都の大部分の区が行っている事前選択が政策的には整合性がとれる。保護者の申し立てによる事後選択は、いわば教育行政側がやむをえず認めるといったものであり、手続きも面倒であるから申し立ては学習者の選択意欲を阻害する。上から与える教育の問題点は、ここにもある。学校に入る時からお仕着せで囲い込まれて、学習者の選択意思が一切、配慮されない制度では、学習者側の自由意思を発揮する余地がなくなる。

いまや超党派議員で「多様な教育機会確保法」が国会で審議される時代に、特定の学校への就学を指定する制度では整合性が取れないのではないか。教育の多様な機会や場所を認めることは、当然フリースクールや通信制や塾など、学習者側の「学習する場」の選択肢を広げることにつながる。一方で学習者側の選択肢を広げながら、他方で従来型の就学校指定制を堅持する自治体が圧倒的多数では、矛盾するのではないか。

学校選択制の問題は基本的には自治体教委の裁量権の範囲内であるから、各自治体教委が学習者の選択意思を尊重する気になれば、すでに実施している自治体もあるから難しいことではない。とはいえ行政による就学校指定制と学校への機関補助は、日本型学校主義の上から与える教育の理念を支える柱でもある。そこには長期航海後の船底にこびり付いた貝殻類のようにレントシーカー（既得権益者）も多く、改革はなかなか困難である。

ちなみにさきほどの小中学校長たちへのアンケートでは、当時、進みつつあった教育改革についても、すべてに消極的であった。「早すぎて現場がついていけない」が校長十人中八人、「学校が直面する問題に対応していない」が十人中八人、極めつきは当時すでに行われていた学校選択制など、一連の教育改革は「学校の活性化には役立たない」が、十人中六人となっている。全国の小中学校長の意識がこのようでは、市区町村教委もほぼ同様だと考えてよい。

各自治体には小さな市区町村単位そして都道府県単位に至るまで、私学を別にして公立学校の小中高校別の校長会という任意団体がある。高校はそこにさらに普通部会から始まって校種別にもある。校長会は法令上に位置づけられていない、いわば、「令外の官」のようなものであるが、教委の幹部とは以心伝心の間柄である。

校長会の幹部が教委事務局に入り、また校長会幹部は教委事務局経験者がなる。そして事務局の長である教育長は、校長会幹部と手に手を取って自治体教育の全体を仕切る。つまり教員人事は管理職人事もふくめて民間人校長のような例外を除いて、ほとんどが教委と校長会で決めると思って間違いない。小中学校長会と市区町村教委、そして高校長会と都道府県教委は、いわば一心同体の間柄なのである。

わたしが客員を務めている大学院は中央省庁のキャリアも少しはいるが、全国さまざまな自治体から派遣される地方公務員の中堅が院生として多数在籍する。(14) 彼らの中には教委部局にもローテーションで経験した者もいるから雑談に耳を傾けてみると、伝統的に教委部門は、ある種、特別の雰囲気があるという。

彼らは「先生」という地位に慣れ親しんできたせいか、外来者にたいする対応など、「あれ?」と思うような人もいる。つまり市民サービス精神のあり方が違うという。異口同音とまではいかないけど、かなりの確率で、このような印象を持っている人がいるようだ。とくにこの傾向は、小中学校など義務教育の設置者である市区町村教委に、特徴的であるような印象を受けた。

やはり教委は学習者を守るよりは校長や教師のほうに顔を向けていて、教育行政という自分たちの立場を守るのに忙しいのではないかという印象を持った。むろん民主主義の社会であるから、議会やマスコミその他、監視の目にさらされる。しかし、「政治的独立性」という錦の御旗があるうえに、とりわけ教育については住民も特別扱いするので、それが裏目に出て教委もサービス精神に欠けることになるのであろう。

そして、かつては旧文部省もその頂点に君臨していた。というのは一九五六（昭和三十一）年から一九九八（平成十）年のおよそ四十年間の長きにわたり、都道府県教育長は文部省の任命承認制の下にコントロールされていたからである。つまり自治体教委のキーマンである教育長は、旧文部省の直接的な指導の下におかれてきた。

この時代に県教育長を務めた人々から、「文部省に行けば係長クラスの若造の前で、しばしば直立不動の姿勢を取らされたものだ」といった類の話を、よく聞かされたものである。このエピソードが象徴しているように、「任命承認制[15]」が日本型学校主義の構造を、「上から」支える支柱の役割を果たしていた。自治体教委が長年にわたって、上を向く癖がついていた点を責めるわけにもいかない。

7 動き始めた総合教育会議

しかし二十一世紀に入り、大きく転換したのである。任命承認制廃止のみならず二〇〇〇（平成十二）年には改正地方自治法をふくむ、いわゆる地方分権一括法で地方教育行政の位置づけも大転換した。[16] 省庁再編にさいして文部省も文科省に名称変更し、行政の継続性という大義があるのでオモテムキは広言しないが、じつは政策も大きく舵をきったのである。そして極め付けは、二〇〇六年十二月に成立した新教育基本法である。

これらの変化について国立教育政策研究所が二〇一二年に発表したペーパーで、あらまし次のようにまとめている。[17] 先に挙げた「任命承認制廃止」、そして「学習指導要領の最低基準性の明確化」「全国学力調査の実施」「学級編制の弾力化」など、まずは一九九八年頃から教育サービスの内容水準を、「サービス受容者により近い者が決める観点から、教育に係る国の権限を縮小」したという。そして自治体教委や現場の校長の裁量権を、拡大したのであった。

文科省はすでに旧文部省時代の一九八七年の臨教審による、「地域に開かれた学校作り」を推し進めた。さらには一九九八年から始まった「学校選択制」と、ほぼ同時期の「学校評議員制」、そして極め付きは二〇〇四年に法定の「学校運営協議会制（コミュニティ・スクール）[18]」を設置するよう定めた。そして学校選択に保護者の意思の反映や、学校運営に保護者や地域住民が参画できるようにと、方向性としては教師本位の閉鎖的な学校組織を改善するよう努力してきた跡が見られる。ただ学校選択制は問題ないにしても、保護者や地域住民の参画するそれぞれの組織が、PTAとおなじく学校の御用機関化しないか。そこが一番の問題である。

ヨリ学習者に近い所に権限をおろし、学習者や地域住民が学校運営に何らかの形で参画できるよう改善してきたことが、結果的には全体として日本型学校主義の変容を促す契機になったことは事実である。

そして最後に残ったのが、これら諸制度の中核になる教育委員会制度を、一連の改革にふさわしい器づくりとして改革が模索されてきた。そして、およそ十年前の小泉内閣から第一次安倍内閣にかけて旧教育基本法の改正論議とあいまって、教育委員会制度についてもさまざまな議論があった。池上彰氏が二〇〇七年に刊行した本に、教育委員会について次のような記述がある。

この教育委員会について、朝日新聞は二〇〇六年十一月九日付け紙面で特集しました。この中で、教育アナリストの戸田忠雄《とだただお》さんは、こう述べています。

教師のいじめに悩んだ母親が教育委員会に直訴してもたらい回しにあったが、首長に訴えたところ、一所懸命動いてくれたという。「首長は選挙を通して地域住民の信託を受けており、民意にじかに責任を負っているからだ。（中略）政治的な独立性を主張し、だれからも信託を受けていない教育委員会より、住民から直接選ばれた首長のほうが、学習者の権利を保障しようとするのは当然ではないか」

こうした意見に代表されるように、選挙で選ばれた首長が教育に直接責任を持つべきだという主張が強くなっています。

（池上彰『いまの日本 よくわからないまま社会人している人へ』海竜社）

当時、朝日新聞で「三者三論」（二〇〇六年十一月九日付）と「耕論」（二〇〇八年八月二十四日付）との二度にわたり（「耕論」のほうのテーマは「教員採用汚職を防ぐには」）、教育委員会制度のあり方をめぐって、改革・反対・現状維持と三者の紙上討論が交わされたことがある。(19) 私はその折に、ラジカルな改革の具体案を提言した。

池上氏の引用文中にもあるように、ようするに教育の政治的独立性は、戦後しばらくは軍国時代への逆コースにたいする歯止めの役割も多少はあったが、その後の日本社会の民主化の進行とともに形骸化した。むしろいまでは「教育の独立性」に藉口して教委を頂点とした閉鎖的な「教員ムラ社会」を形成し、そこには「民意」が届きにくい非民主的な体質がある。

しかし池上解説にあるように、「選挙で選ばれた首長が教育に直接責任を持つべきだという主張」は、厳密にいえば私の主張ではない。全体の方向性としてはそうであるが、結果としてはそうなるかもしれないし、そうならないかもしれない。つまり「住民に廃止の選択権認めよ」という見出しの付いた、同紙における私の主張の要点は以下の個所にある。

「規制改革・民間開放推進会議」は七月の中間答申で、必置規定を撤廃し、首長の責任で教育行政を行うことを自治体が選択できるようにすることを盛り込んだ。画一的に従わせる今の制度は地方分権に反しており、住民の意思で教育委員会の廃止を認めてもいいのではないか。全国市長会と全国町村会も、選択制の導入を求める要望を出している。

（「朝日新聞」二〇〇六年十一月九日付）

つまり地方自治法の教育委員会必置規定[20]を外して、自治体に現状の教委をそのまま残すか、それとも廃止して首長の責任で教育行政を行うことを選択できるようにするか、あるいは形を変えて残すか。それぞれ民意によって自治体で決めたらよい。私の主張の大まかな主旨は見出しにあるように、あくまでも学習者や地域住民の選択意思を尊重することを大前提としていた。

むろん、このような提言の背景には、当時、私も参画していた政府の「規制改革・民間開放推進会議[21]」の教育・研究グループでの議論が、集約され反映されていたのである。

いじめの対応や責任の取り方など、すべてにおいて「教育委員会の独立性」の名のもとに、「民意」が直接反映されないことが最大の欠陥である。ときには自治体首長や自治体議員などの関与さえ、「政治的独立性」の名のもとに排除することにより、日本型学校主義の中心として「愚者の楽園」を享受していた。

そこで直接、地域住民から選ばれる自治体首長のほうが、まだ民意を反映しやすい。この点については、二〇一三年四月十八日付の読売新聞のリサーチによれば、「教育行政に知事や市町村長がもっとかかわるべきだと思う人が六三％の多数を占めた」という。国民も基本的にこの傾向に、賛意を示していたということである。

教委の独立性を認めれば教委を中心とした「教育ムラ」が教育を独占し、学習者や地域住民の「民意」を無視して暴走する可能性を常にはらむことになる。逆に、自治体首長部門の専権となれば、選挙で首長が代わるたびに教育政策が変わる可能性がある。両者は当然「あちらを立てればこちらが立たず」という排除の関係にあり、いわゆるトレードオフになる。

結局のところ、十年越しの議論の末、二〇一四年に「総合教育会議」という形で制度化された。新しい制度の重要なポイントは、どれだけ「教育ムラ」の力を排除して、「民意」を反映することができるか。そして教育責任を誰がどのような形で取るのかという点に集約される。

従来、自治体首長の域内教育政策については、大別すれば三つの方向性があった。第一は、「教育委員会の政治的中立性」を最大限尊重して、これに丸投げするタイプ。尊重といえば聞こえは良いが、「権限を与えるから、責任もそちらでとってね」という、いわば権限・責任丸投げ型である。教委はこれ幸いと政治的中立性をタテにとって、学習者や地域住民の民意を一切斟酌しない日本型学校主義に依拠して、いじめや学力向上など学習者や国民が解決してほしいと願う教育課題の解決には、当事者能力を発揮できなくて無力であった。従来もっとも多かったタイプである。

第二は、これとは正反対に積極的に教育に直接介入して、しばしば教委と衝突しマスコミに話題を提供する。マスコミによっては詳述したようにしばしば旧制度の価値観に囚われているから、民主社会であるにも関わらず「教育の政治的中立性」の原理に依拠して、故なく首長側を批判することがおおい。つまり、両者が揉めたケースでは自治体首長を権力側、それと反発・対立する教委を反権力側という古い図式を単純に当てはめて報道する。東京、大阪、静岡などで、しばしばこのような対立の図式により報道された。

第三は、第一と第二の中間で、いじめなど具体のケースで触発された自治体首長が、保護者の要望などにより教委にそれとなく圧力をかけるケースで、先の池上氏がとりあげた私のケースなど、そのカテゴリーに入る。こうした具体のケースで自治体首長が、保護者や地域住民の要望で教委に関与するのでは、安定的に「民意」が届かない。つまり首長の裁量次第ということになる。

二度目の「耕論」(二〇〇八年八月二十四日付)のほうでは、私は「教委を残したまま改革するならば、教委と首長部局とで連携協議会をもうけ、その場で住民から寄せられる課題の解決に努めるべきだ。民意が教育行政に反映するようなシステムにしなければならない」との提言をした。総合教育会議はさまざまな妥協の産物として生まれたが、「連携協議会」のような形で総合教育会議が誕生したことは、結果として教育に直接民意を反映しやすくなったという意味では評価すべきものではないか。

新設された「総合教育会議」では、自治体首長がこの会議を教委との協議の場として、共に教育政策の大綱などを定める。それからもうひとつ重要な役割が明記されているが、「児童、生徒等の生命又は身体に現に被害が生じ、又はまさに被害が生ずるおそれがあると見込まれる場合等の緊急の場合に講ずべき措置」とあるから、明らかにいじめ対策を意識している。

教育委員会はそのまま残るが教育委員の任命権は従来通り首長、そして教育長は教育委員の互選ではなく首長の直接任命となる。執行権は相変わらず教育長を中心とした教委事務局に残るが、自治体首長が総合教育会議を通じて、教育政策の大綱を協議することにより、教育行政に大きな責任をもつことになる。

いじめのような緊急性の強い事柄には、とくに直接どのような予防措置なり事後措置をとるのか。いずれにしろどのような人材を教育長に任用するのか。また学習者本位の視点から学習者や地域住民の声を総合教育会議にどのように反映して、学習者側の「納得感」や「満足感」が得られようにするのか。そのために会議をどのようにハンドリングしていくのか。これからは自治体首長が教育政策に大きな影響力を行使することになり、その力量が問われることになる。学習者も地域住民も首長の教育政策に注視すると同時に、その教育責任の取り方にも注目すべきであろう。

第七章

学習者本位の教育を求めて

1 制度が意識をつくる

高校長の時代に、よくＰＴＡ総会の挨拶で、次のような主旨の挨拶をしたことがある。ＰＴＡのみなさんこそ、この学校の主人公であること。したがって、私どもは「子どもを人質にとっている」などという、ケチな意識は持っていないこと。遠慮しないで学校にたいして注文や要望あるいは厳しい意見も出してほしい。こうしたお願いをしたものである。学校側から「子どもを人質にとっているつもりはない」といった主旨の発言は、あまり聞いたことがなく、その点は新鮮に受け止めてもらったような印象を持っていた。

しかしながら、ある総会後のＰＴＡ役員との懇親会で、ＰＴＡ会長から「校長さんは人質取っているような意識はないといったが、各担任の先生たちが本心でどのように思っているか分からない」と指摘されたことがある。校長さんは間接的だけど、各先生には直接、子どもたちはお世話になっているからと、きわめて正直な感想をいわれたことがある。その会長は酒席の場ということもあり、また比較的心を許してくれていたのか、さらに率直に打ち明けてくださった。

とくに、子どもが小学校時代には、子どもの担任に意地悪されないか心配だった。子どもと相性が悪いのか、あまり担任との関係はよくなかった。子どももわりあいバカ正直というか、親に似てか平気で何でもズバズバというほうだったから、生意気だと思われていたのか先生からは敬遠されていた感じがした。

もっとも気になったのは中学時代だった。子どももずば抜けて成績がよいほうではなかったから、高校進学のための内申書を書いてもらうとき、担任教師の顔色をうかがった。入学時に、子どもにも先生に口答えしないように、よく言い聞かせた。また中学校でＰＴＡ会長を引き受けたのは、引き受け手がいなかったということもあったが、ありていにいえば子どもの内申書が気になっていたから。ＰＴＡ会長ならすこしは何とかしてくれるのではないか、と思った。

このＰＴＡ会長のホンネの声に私も当初はやや不快感を覚えたように、学校側にすれば、いかにも一方的で教師にも言い分があるだろう。しかし親の立場に立って考えてみれば、ふだんは学校内で教師側からの一方的な言い分だけ聞かされているわけである。学校内の言説空間は、一般的にいえば完全に教師に握られている。したがって、ふだん言いたくても言えなかった気持ちを、このさいとばかりに吐露したのであろう。

私自身の教師としてのナルシズムを痛撃され、相変わらず教える側の立場であり教師本位であることを思い知らされた。そして中学時代が一番、担任教師に気を遣ったというのは、やはり公立高校入試の学力検査が中学時代の内申点を、五〇％近く斟酌することが大きく影響している。

私立高校でも女子高などは、とくに素行点つまり内申の記述部分を気にする。さらには高校でもすでに増えはじめた大学のＡＯ入試や推薦入試などの内申書を、学習者側は非常に気にしている様子がうかがわれた。やはり内申書支配の現実的効用を、改めてまざまざと思い知らされたのである。(1)

このように考えてみれば、校長は直接、個別の生徒の内申点や通知表をつけるわけではないから、たしかに校長がいくら人質意識などないといっても、説得力がないし無意味とまではいわないにしても、社交辞令ていどにしか受け止められないのもムリはない。

私もふくめて学校側は無邪気で善意に、学習者とは信頼関係があると思っていても、それは学校側の一方的な思い込みにすぎない面が大いにあるのではないか。学校にお任せの保護者の中にはごく一部、信頼をよせている保護者がいることは事実であり、特定教師の授業力や生徒指導力に信頼をよせる学習者が少なからずいることも、また紛れもない事実であろう。

二〇一二年に生徒が体罰を苦にして自殺する原因となった大阪市Ｓ高校の元体罰教師にしても、一部、芸能人のファンクラブのように熱烈に支持する学習者たちがいたようである。しかし当該校の学習者全体のサイレント・マジョリティ（沈黙する多数派）の声は、果たしてどうであったろうか。よい面や評判のよい事柄は表面に出やすいが、辛口や批判は水面下にもぐる。つまり、ノイジイ・マイノリティ（発言する少数派）はよい評判が主であって、沈黙する多数派の中にこそ、中立的な評価や辛口の評判が数多くふくまれるのではないか。

日本では親にとって「子は宝」という意識が、幸いなことにまだまだ強くある。それであればこそ子どもにたいして生殺与奪の権をにぎっている教師を、敵に回したくないという気持ちがある。それゆえ辛口の批判は思い余っての、告発調になってしまうのではないか。ふだん保護者が教師と対等に話し合う条件が制度的に保障されていれば、「思い余っての告発」調にならないですむことが多くなるのではないかと思う。

どこの世界にもいる誹謗中傷の類で難癖をつける者と、事実上、教師が支配する学校空間における理性的な批判や辛口の批評は区別しなければならない。むしろ学校教育の当事者でもある保護者の辛口の批評や意見がなぜ表に出てこないのか、その理由を考えることなくして、学習者側に立っての効果的な学校改革などできないのではないか。

つまりこのPTA会長の発言は、この人が特別に反学校・反教師ということではなく、この種の発言が大なり小なりホンネとして水面下にある現実を認めなければならない。こうした発言が表に出てこないのは、先の小中学校長たちの意識調査に見られるような、教師本位の制度に問題があるのではないか。人間の意識はある意味で制度の表現であって、その逆ではないからである。

親たちは、教師になにかにつけて相談されても、ほとんどのばあい「おまかせしますのでよろしく」としかいわないできた。その裏には「子どもをかたにとられているので仕方がない」という気持が伏在している。こういう意識は、日本の公立学校の公共性が、政府やそれにつながる自治体によって、上からつくられてきたという歴史のなかで強められてきた。

（勝田・中内、前掲書『日本の学校』。傍点原文）

本書の初版が刊行されたのは、団塊の世代が受験時代をむかえる頃であった。しかし高校入試に内申書も十分に勘案するようになったのは、一九九六年の旧文部省の行政指導によるものである。したがって保護者が「子どもをかたにとられている」意識を持つようになったのは、それ以前から、つまり明治以来のことであったという。くわえて高度成長期の受験地獄の時代に高校入試に内申書のもつ重みが大きくなるにつれ、教師の権威もさらに強化され「管理教育」の時代に、学習者側は完全に教育の客体となってしまったのである。

つまり戦前・戦後を通じて保護者としては、基本的には「お任せします」としかいいようがない、受身の立場におかれてきた。日本型学校主義の特色は、このように戦前から共通する面が多くあった。

学校に文句をいうと、すぐモンペ扱いをされかねない。本来なら立場も同じであり味方のはずの同じママ友ですら、同調圧力がかかり状況によってはモンペ扱いをする側に回る。公立学校なので学校側にも学習者側にも、なんとなく「官のやることに間違いはない[2]」という無意識があるのではないか。これも心理的なブレーキになっている。

ただでさえ学校内では心理的なハンディがあるのに、保護者はますます肩をすぼめ「物言えば唇寒し」となり、沈黙する多数派のなかでは「子どもが卒業するまで」の六年間なり三年間は「沈黙は金」、つまりガマンが常識となる。

こうした状況下での保護者側の公立学校とくに小中学校にたいする関心の持ち方は、おおざっぱにいって、だいたい次の三種類に分けられるのではないか。

第一は、いじめもなく授業や学校生活にも、とくに不満はない。授業も分かるし、好きな先生や好きなクラブ活動などもあり、学校へ行くのが楽しい。満足度でいけば五段階の五か四をつけるグループ。

第二は、いじめがあるかどうか分からないし、教室の雰囲気も別に楽しいほどではないが、とくに大きな不満はない。しかし勉強は授業だけでは十分ではないので、塾か家庭教師などで学ぶ。満足度でいけば、四か三をつけるグループ。

第三は、子どもがいじめで悩んでいる。あるいは体罰教師におびえて不登校気味である。またセクハラ疑惑のある教師がいる。教室の雰囲気はカオスに近く、子どもの安心・安全がどうも保障されていない。教科学習では塾教師に及ばないような教師が多い。このうちどれかに当てはまるようなケースでは、当然、二ないしは一をつけることだろう。
「先生にお任せ」時代の保護者は、仮に第三のグループでも、声を上げることはほとんどなかった。しかし学校にとって本当に改善すべき問題点を指摘してくれるのは、この第三グループである。また仮に第二グループであっても学校での授業などが改善され学びに満足できれば、塾に行かないで済むかもしれない。

こうした学習者の本当の声を学校側が取り入れることができれば、どれだけ教育内容や学校運営の改善にプラスになることか。また個々の教師にとっても、自分の授業や学級運営などを、教育サービスの受け手から評価してもらえば、授業改善に役立つばかりでなくユーザー側の満足度も分かる。それだけではない「いじめ」や「体罰」や「セクハラ疑惑」など、学校側にとって不都合な情報も、記名では絶対出てこないが学習者側の匿名性を担保することによって、表に現れてくる。

また、そのこと自体、抜群の抑止効果にもなることは第六章で指摘した通りである。岩手県の中学生のいじめ自殺では（二〇一五年七月）、記名の生活ノートにいじめに近い記述があり、それを見落としたと問題化していた。記名の生活ノート・アンケートの類には学習者はまじめにホンネなど書かないこと、学校の暗黙の「お約束事」であることが裏目に出たということであろう。つまり教師もつい「冗談だ」と思い、深刻に受け止めなかったのではないだろうか。(3)

いろいろなことをいっても、一番、学校についての多様でディープな情報をもっているのは、当事者である学習者側である。内申書支配の現実のもとでは歪みや偏りが生じ、学校にとって都合のよい情報しか入ってこない。したがって何よりも大事なことは、日ごろ表には出てこない沈黙する多数派に、声を上げてもらうことではないか。

ところが沈黙する多数派が沈黙するには、次のような事情もある。かりに教師の教え方に問題があっても、「自分の子どものできが悪いのだから」声を上げる資格はない、と無意識のうちに思い込んでいる。国が与える教育制度のもとでは長年の習性で、悪いのはつねに自分の子どものほうだと、いじらしくも思い込む。

学習者側の沈黙する多数派に声を上げてもらうためには、学校側の都合のみで考えたのではとうていムリがある。つまり学習者側が基本的にサイレント（沈黙を守る）なのは、学校の教育に満足しているからではなく、「仕方がない」と半ば諦めているからでもある。本当にみんなが満足しているのなら、塾など学校外教育機関が繁盛する理由の説明がつかないし、いじめや不登校生がこれほど多いはずがない。また多くの生徒会や児童会がいわば「死に体」であり、ＰＴＡがこれほど保護者の負担になることもないのでないだろうか。

あまりにも当たり前の事実になっているので、もはや国民の関心も引かないぐらいであるが、学校教育を見る国民の目は終始厳しいものがある。たとえば前章でも取り上げた二〇一三年四月十八日付の読売新聞によれば、大きな見出しで「学校教育「不満」五六％」とある。そこには「今の学校教育に満足しているか」という、経年推移のグラフが掲載されている。

それによると一九八四年からほぼ二年ごとの三十年間の調査であるが、終始「不満だ」が「満足している」を、約三〇％と大幅に上回っている。いちばん差が縮まったのが二三年四月時点の調査で、それでも五六％対三六％でまだ二〇％も差がある。

そして「不満に思うこと」と「改革が必要と思うこと」にたいする複数回答では、「いじめ」五四％と「教師の質」四七％が上位の一、二番であった。いじめの解決も大半は教師の力量に関わるから、国民の学校教育にたいする不満は、つまるところ「教師の質」に帰結する。学校教育への国民の不満は、内閣府調査や他のマスコミの調査でもほぼ共通している。そして不満の原因が「教師の質」にあること、これも共通している[4]。

こんなに不支持率が恒常的に支持率を上回っていれば、内閣なら何回も吹っ飛びそのつど政変が起きる。このデータによれば国民は教育を改革するには、もはや教委には失望しており、むしろ国民の六三％は自治体首長に期待をかけていることは、第六章でも指摘したとおりである。

このように恒常的に不満がガスのようにたまっているのは、学校へ改善点など個別に前向きな意見や提言をしても、なかなか取り入れてもらえない。学校で決めたことは、たとえ学級ＰＴＡの総意として学帽不必要と決めても覆ることはない。

ましてや担任の交代など申し入れても、小中学校長の意識調査を見ると分かるとおり、はなから保護者の意見を「利己的な要求」と決めつけているから問題外である。たとえ、いじめなど自分の子どもに被害が及ぶようなことでも、その被害が直接かつ甚大でないかぎり下手に意見表明すれば、モンペあつかいされるのでガマンしたほうがよい。
学校全体の教育力の向上などに貢献しようとしても「労多くして益少なし」、つまりコストパフォーマンスが悪すぎる。そんなことにかかわっているぐらいなら、学力なら塾や家庭教師に頼んだほうが手っ取り早い。金銭コストは多少負担増でも、労力や時間それに精神的な負担増（学校を相手にする気力・体力、その後の人間関係の悪化など）を勘定に入れれば、得られる子どもへの便益（学力伸長など）よりも、はるかにコスト負担のほうが大きい。それに学校や教師相手では、リベンジされる可能性だって否定できない。

したがって学習者側の立場と心理にそくして考えてみれば、「労少なくして益多し」つまり手間暇かけないで、簡単に、子どもの教育の改善に直接効果が上がる方法を考える必要があるのではないか。

たとえばＰＴＡで決めれば否応なしに学校側は、それを受け入れざるえないシステムを考案すればよい。学習者にとって費用対効果のよい、学校へのかかわり方を考案すれば、個別の学習者が学校の教育力を改善しようとする動機にもなる。それは学校側が自らの教育力を改善する誘因にもなる。こんなうまい方法があるかどうか分からないが、学習者それも沈黙する多数派にも、何とか学校運営に関わってほしい。これが学校再生のキモ、ひいては日本の社会をヨリ民主化する梃《てこ》にもなるのではないかという予感がしたのである。

2 学習者本位（スチューデント・ファースト）とは

現職校長最後の年である一九九六年に、「吉田高校はどこへいく」と題した小文を学校ＰＴＡ会報によせたことがある。その年に全国初といわれるさまざまな取り組みを、ＰＴＡ・生徒会・組合分会・同窓会などすべてをふくみ、つまり学校総がかりでおこなった。それについてＰＴＡ会長から報告・総括するよう求められたのである。[5] 以下は、その要旨の中心となる部分である。

二十一世紀の日本の学校は、地域に〈開かれた学校〉となり、われわれ教師の独善的な教育のあり方に国民の声を反映すること。第二に、〈生徒主権〉つまり生徒や保護者の声をもっと学校に反映すること。そして〈学校の主人公は生徒〉であること。（中略）そのためには教師の主権をある程度、委譲する覚悟が必要かもしれません。」

（「吉田高校はどこへいく」、『長野県吉田高校ＰＴＡ会報』所収、一九九六年）

まだ校長職が継続するのであればいかに現教育制度に批判的視点を持っていても、ここまで校長としての思いのたけを書くことは、評論家ならともかく職業的な信義など諸般の事情を勘案すれば憚ったかもしれない。それに「教職サプリ本」にありがちな教職礼賛や自校礼賛には、人一倍警戒心を持つほうでもある。

しかし文字通り前例のない取り組みであり今後のモデルともなりうるので、ＰＴＡのみならず一部の教師の慫慂《しょうよう》もあって、「学校の主人公は生徒」と、いまの言葉でいえば学習者主権とほぼ同じ概念を思い切って提起したのである。むろん公にいうことではないが、心ひそかに「後に続くものを信ず」という気持ちがあったことも事実である[6]。

学校のふだん着の授業の全面開放時にある教師の提案で実施した、保護者その他地域住民による授業にたいする「サンクスカード」という授業評価が、私の学校改革の方法論的なプロトタイプともいうべきものになったのである。幸いにもそれらの実践が評価され、政府の規制改革関係の会議に参加することになった。

その後、文科省や有識者そして担当大臣をふくめた何度かの激論・熟議をへて、「学習者本位の教育の実現に向けて　児童生徒・保護者による学校評価制度・教員評価制度の確立」が二〇〇九年三月に閣議決定されたのである。

閣議決定された規制改革の文書によれば、学習者本位の教育の実現を図るためには、学習者が満足する教育が効率的に提供される環境を整備する必要がある。教員の指導力等の影響を最も受ける学習者の真の意向を反映した学校評価・教員評価を通じて、学習者の視点から学校の教育活動等の成果を検証し、その評価結果を教員及び各教科の授業改善に適切に繋げる必要がある。このような主旨の提言が、他のさまざまな提言の冒頭に掲げられたのである[7]。

「学習者本位の教育の実現」というキーワードが初めて、政府の会議体の報告文書に掲載され、しかも「学習者の真の意向を反映した学校評価・教員評価」を行うことなどが、政府の正式な意思として閣議決定された。

しかしながら、その年の総選挙で政変が起き教員組合と関係の深い政権が誕生し、規制改革会議教育・研究部門は「死に体」となり、翌二〇一〇年三月には残念なことに部門それ自体が廃止されたのである。内閣府設置の組織であるから仄聞《そくぶん》するところによれば、はなばなしい「事業仕分け」の陰で、教員組合への慮《おもんぱか》りから教育部門はひっそりと廃止となったという。あくまでも伝聞であるから、信憑性については分からないことであるが。

小泉・第一次安倍・福田・麻生の四代にわたって、総理から拝命された規制改革の会議体のメンバーは、各省庁に設置された審議会とは異なり内閣府に設けられていた[8]。つまり教育・研究のグループは主として文科省のカウンターパートナーとして、文科行政について国民本位の視点から不必要な規制はなくすとともに、本当に必要な規制を新たに求めるものであった。

これは文科省など関係省庁の御用機関ではなく、逆に国民的立場から関係省庁のクリティカル・フレンド（辛口の友人〔critical friends〕）として、ある時は友好的にある時は厳しく、是々非々で対峙する役割を担ったのである。それが内閣府に設置された基本的な理由であったろう。

会議体によって求められた規制の廃止ないし縮小は、それによって既得権益を失う人々の危機感と反対をまねく。また新たな規制もそれなりの利益を生み出すが、新たな未知の利益よりも、失うと思われる既得権のほうが大きく感じるのも人間社会の常である。長期的に見れば政策当局も昭和期に最盛を迎えた「日本型学校主義」を、学習者志向へと少しずつではあるが転換しつつあった。行政特有のメタボ体質の贅肉を落としながら、それが方向転換することに手を貸したのである。

しかし、クルマは急には回れない。そこに政権交代もあり、改革にたいする反動はつきものであって、歴史の進歩は直線的には進まない。教師による深刻ないじめにより不登校と心因性の病にかかった関係者の強い要望を受けて、いじめ撲滅や不適格教師の排除を制度的に行うべく、二〇〇七年に某自治体教育改革会議を市長のイニシャティヴのもと立ち上げた[9]。

規制改革の同志のサポートやいじめられた親子をサポートする市民の支援もあり、激論の結果「学習者本位の教育」を柱とした提言書を、市長に提出することになった（二〇〇八年）。しかし学習者こそ教育主権者であるという民主主義の真っ当な主張は、名ばかり民主教育の教師本位システムのもとで長年、慣れ親しんできた人々や教組の巧妙な組織的抵抗にあい、きわめて党派的な政争にすり替えられ不首尾に終わった。

二〇一二年に連続して発生した教員不祥事に対する緊急かつ抜本的対応策を検討するために、同年七月十日、長野県では教委と知事部局が共同事務局となり「教員の資質向上・教育制度あり方検討会議」が設置された。

全国どこの自治体でも教員不祥事（非違行為）は、職掌柄、児童生徒にたいする影響が甚大であり、教委にとってはいじめと並んで実に頭の痛い問題である。とりわけ文科省調べで明らかになっているように、盗撮・セクハラなど非違行為の対象が児童生徒である場合が少なくない。いじめなどの案件に典型的であるが、第三者検証委員会を立ち上げて検証するのが最近のトレンドである。そして結論は、校長以下教員が「情報を共有しいじめを絶対に許さないという気持ちで努力を傾注する」といった、お決まりの精神論が結論で終わるケースが少なくない。

第一に、一生懸命努力すれば克服できるという精神論は、俗耳に心地よく聞こえるが、ほとんどなんの意味もない。むしろ教員をバカにしていないか。ふだんは教員の努力が足りないということを意味するからだ。第二に、第三者検証委員会を検証される側の当事者でもある教委事務局につくるのは、やむをえないことかもしれないが矛盾ではないか。教委に不都合な真実はまず出てこないし、責任の所在もあいまいにされる。教員不祥事も以下同じである。

長野県のケースは以上の二点においても、注意が払われていた。まず第一点であるが、名前のとおり「教育制度あり方検討会議」であり、問題があれば制度を変えることにより克服しようという、精神論ではなく制度論として解決の道筋を模索する。第二には、教委と首長部局の共同設置であり、本会議委員と四つの専門部会委員は教委事務局と知事部局の双方から推薦された。会議の運営進行も共同でおこない、とりわけ次世代サポート課（知事部局）はむろん教委事務局にも、知事みずから強いリーダーシップを発揮することによって、教委主導にならないよう配慮されたのである。

そして本会議ともいえる「あり方検討会議」の結論部分の理念を、提言書の「はじめに」で、「教育する側を中心とした視点から、学習者（児童生徒等）側からの視点で教育のあり方を見つめ直す」とし、それぞれ四つの専門部会からの報告をふくんだ提言書が知事と県教育委員長に提出されたのである。すべての分野にわたってふれるのは本題から外れるので、「評価」の問題に絞って話を進める。そして本会議委員であり評価専門部会長である合田哲雄委員（第四章参照）が中心となって、五人の専門部会委員の合議をまとめた、評価に関する提言のキモの部分をまとめてみる[10]。

第一が、児童生徒や保護者といった「学習者」による授業や生徒指導に関する評価を確実に実施し、教員評価の客観性や透明性を担保する重要な資料として活用する。これらの評価は、厳格に匿名性を担保する。また、これらの学習者による評価結果と教員の自己評価を合わせて、管理職による評価を行うことにより、評価のより簡素化・効率化を図ること。

そして第二に、学校評価の一環として、匿名性を担保しつつ、学習者による校長の学校運営に対する評価を実施する。また、地域住民や進路先の学校・企業など幅広い関係者を対象とした学校運営に対する包括的な評価を、匿名性を担保しつつ補完的に実施し、校長などの管理職の評価の材料として活用するとともに学校運営の改善につなげる。

さらに第三に、これらの評価を通じて、より根本的な課題は、学校経営をより社会に開かれたものとし、学校を教職員のみで構成されるものとの認識を大きく転換することにある。また、学校は「選び、共に創る」ものであるとの意識をもった「辛口の友人」としての保護者や地域住民が「学校づくり」に参画する仕組みの創造が重要である。

3「民意」を反映した勤務評定

本会議「あり方検討会議」の提言のすべてが、残念ながら仕組みを変える制度論ではないが、少なくとも一番、キモとなった「評価専門部会」については、教員の勤務評定の仕組みを変えることにつながる、大きな制度改革をめざしていたといえる。そのかわり現制度の擁護者たちから、本会議や専門部会それに「評価制度改善のための有識者会議」と、あらゆる機会に厳しい反発や反論などが出された。それだけ日本型学校主義の本丸に切り込んだということであろう。

つまり評価についての重要な点は、匿名性を担保した学習者による評価を、教員の勤務評定の重要な資料として活用することにある。また学習者や地域住民による学校評価を、教委が校長など管理職を評定する資料として活用することである。

二十一世紀に入ってようやく全国に導入された現在の教員の勤務評定は、自治体によって多少の違いはあるが、教員の自己評価と校長など管理職による評価の組み合わせがだいたい基本となっている。その点、企業などと共通する面がある。むろん最終的に企業は市場の裁定を受けるので、企業業績によって全体的な社員の評定は影響を受けるが、公務員教師の基本は終身雇用で年功序列賃金である。

それでは現在の勤務評定の実態はどうか。どこの自治体でもなかなか開示されないが、長野県では二〇一二年に教員の非違行為が続発し「あり方検討会議」が開催中に、タイムリーに地元紙が大きく報道した。教委への開示請求によって明らかになったようだが、「信濃毎日新聞」(二〇一二年九月一日付)によれば、「差つきにくい県教職員評価」と大見出しで、そこに「勤務評定全員中位の「C」」と小見出しがついている。第三章でも少しふれたとおり全教職員約一万七千名が、確率的にありえないひとり残らず同じ中位の五段階(A~E)のC評価と、県民をバカにした現実が地元紙によって暴露された。

校長は面接を通じて、個別教員の自己評価と照合しながら評価を下す。校長はいくら全教員の授業を見るといっても、そんなことは物理的に不可能である。教育サービスを受けている学習者の評価が一切入らないから、校長は自分の評価の客観性に自信が持てない。したがって、いきおい教員の自己評価を追認することになり、同紙によれば元校長は、「低い評価をつけると客観的な根拠を示した説明も必要で、中間にせざるを得なかった」(同紙)という。

同時期に、教員の盗撮・セクハラなど生徒にたいする許すべからざる非違行為があったが、それらの教員の前年度評価はすでに懲戒免職になった者をのぞき、やはり全員まったく同じC評価であることが判明して(同紙)、県民や同じ教員の憤激をかった。

日本型学校主義を象徴する「名ばかり勤務評定」で、勤務評定の体をなしていないと言われても仕方がない。ようするに一切、差をつけたくないという教育ムラの暗黙の了解が、このような勤務評定の骨抜きが行われた理由であろう。しかし唯一の救いは「全く評価の機能を果たしていない。一生懸命やっているのに評価に反映されないのはおかしい」（同紙）という、きわめて良識ある教師の声も表面に出てきた点であろう。「和を以て貴しとなす」という視点からみれば、全員に同じ評価をすることは、うるわしい仲間意識の発露といえないこともない。

学習者による匿名性を担保した教員評価と学校評価（地域住民も参加）を行うことを通じて、勤務評定にも教育サービスを受けている側の評価を勘案することができるようになり、校長も教師も誰のために教育をしているのかということが明確になり、学習者本位の教育に立ちかえることができるのである。

それにより学校や教師にたいして友好的な発言をする少数派だけではなく、辛口の友人も含む沈黙せる学習者など全員が参加し、地域住民もまじえた厳しい評価や批評をすることができる。そして学校を学習者のための学校に選び、あるいは創り変えることが可能となるのである。

現在、「学校評価」については学校教育法第四十二条で、学校は教育活動その他の学校運営の状況について評価を行い、学校の教育水準の向上に努めることを義務づけられている。また学校教育法施行規則第六十七条にもとづく「学校関係者評価」は、全国の学校で「授業アンケート」や「学校評価アンケート」という形で実施されている。

これらの多くは学校側が学校自己評価のために、保護者や学校関係者（学校教職員を除く）にたいしてアンケート調査をお願いする形式のものである。内容は児童生徒の家庭学習や生活の様子などに関する質問や、授業への理解度を問うものなど、学校から保護者へ児童生徒の勉強への取り組みなどを聞くことが主となっている。それを学校の運営その他の改善に参考として生かすというもの。学校側から保護者などの意見を参考に聞くといった程度のことになり、ようするに保護者の意見も聞きましたよというアリバイ作りになりかねない。

それにたいして「あり方検討会議」の提案の主旨はまったく逆で、学習者側から学校にたいして教員や校長の教育活動を「評価」する、しかもホンネで評価できるように厳格に匿名性を担保したうえで実施するというものである。

まさに規制改革会議でも提案され閣議決定された、「学習者の真の意向を反映した学校評価・教員評価」である。

児童生徒の持ち帰りであっても、学校に提出する調査であれば保護者は自然に身構える。仮に「子どもが受けている授業に満足していますか」「学校でいじめを見たことがありますか」「学校に不満な点を挙げてください」など学校にとって不都合な設問でも混じっていれば、たとえ匿名であっても担任に提出するのであれば、万一を考えて警戒する。ましてや、もし記名であれば、当然、次のような感想が一般的なのではないか。

私も保護者なのですが、このアンケート(いわゆる「学校評価のアンケート」——引用者)が学校から記名式で回ってきまして、担任の先生に提出するとなると、ほとんどAに○が付いて、A+くらい付けるかもしれません。先生の熱心な御指導によって子どもたちはお陰様で楽しく学校に通っておりますと、本当にお世話になっておりますと書くと思うのです。保護者にとってこういうものが回ってきたときは、それはある種の踏み絵でございまして、子どもを人質に取られているわけですから、先生の心証を悪くするのは非常にまずいと思うわけです。[11]

これは内閣府の会議での、学校自己評価の一環として行われるようになった「学校評価のアンケート」について、文科省の見解を白石真澄教授（現関西大学）が質す席上での発言の一部である。氏は当時、県教育委員やテレビコメンテーター、さらには政府の審議委員など、さまざまな社会的重責を担っておられた社会経験豊かな保護者であった。そんな白石教授でも学校ではモンペと思われないように、あたかも踏み絵をふむように心ならずも過剰に迎合してしまうというのである。なんという切ない親心であろうか。

ましてや、ふつうの生活者ともいうべき沈黙する多数派ならばなおのこと、「学校評価アンケート」や「授業アンケート」の類であっても、記名ではなかなか思ったことなど書くことは難しい。学校側は責任ある回答を求めるために、あるいは学校側が意見を取り入れ改善するためには、記名でなければならないと思い込んでいる。そうした学校側・教師側の思い込みで、自分たちの教育の自己改善のための自己評価だと思っている。むろん、そういうアンケートもあってもよいが、「評価」となればまったく別である。

評価は学習者から通知表をもらうようなものなので、厳密には希少な先行例があるが一般的には学校として初体験であるし嫌がることであろう。過去何十年間、天動説ではないけれど学校中心・教師中心に学校運営を回してきたので、学習者側とくに保護者の立場や心理を忖度することなど、考えてみたこともないのであろう。ちょうど、男中心の社会では、何事も男中心の発想でことを進めてきたので、女性の立場や女性の気持ちを忖度できなくなっていたのと同じである。学習者の意識をこんなに卑屈にしたのは、基本的にはすべてお仕着せで長年与えられる教育を、そのまま受け取る癖がこのような結果をまねいたのではないだろうか。

4「人質をとられている」

次の発言は提言書を検討する本会議つまり「あり方検討会議」での、同じような「匿名性の担保」に関するやり取りである。

匿名性については、これはもう私ども評価専門部会としては、断固として匿名性は大事だと思っています。おっしゃるように匿名でなくても自由に言い合える関係がいいと。それはもうおっしゃる通りだと思います。が、ちょっとこんな言い方したら思い上がっているとお叱り受けるかもしれませんけど、文部科学省の職員である私ですらPTA会長をやった時に、それは正直申し上げてやはり学校や先生方に遠慮しました。そこが学校の先生方の持っておられる権力性。権力の権化のように文部科学省のこと思ってらっしゃる先生方も中にはいらっしゃる中で、こういうこと言うのは逆説かも知れませんけども、先生方も持ってらっしゃるある種の権力性ということに、もう少しセンシティブになって組み立てていく必要があるのではないかなと思います。

（「第四回教員の資質向上・教育制度あり方検討会議」議事録、二〇一三年三月十日）

これは「あり方検討会議」の一員であり「評価専門部会」の部会長でもあった、合田哲雄委員の「あり方検討会議」での発言の一部である。焦点となったのは、教員評価・学校評価を学習者が匿名でおこなうかどうか、という点である。

当然のことながら教組代表や教育関係者の委員の一部からは、激しい反論が開陳され激論がかわされた。「学習者」という概念自体なじみがないことが、学校における主人公は、事実上、教える側にあるという無意識の前提を意味していた。それゆえ学ぶ側（学習者）が教員や学校を評価、しかも、それを匿名でするということ自体、なかなか理解することが難しいことのようであった。

そして本来だったら顔と顔をきちんと合わせて議論をしていくことが大事であるという原則論を述べたのは、学校PTAその他で学校教師と対等に話し合ってきた経験のある保護者からであり、匿名性については必要ないという意見が出された。自立的な個人としてどんな状況でも自由に発言できる、モノ言う少数派に属する保護者のかたであろう。

それにたいして合田委員のみならず有識者委員や保護者委員からは、「記名」であると学習者側は遠慮して、教員や学校にとって厳しい批判的（クリティカル）な評価などできないから、合田委員からは匿名であることが「断固として大事」であるとの主張がなされたのである。合田委員みずからの経験にそくして述べているように、全国教育現場を自治体教委を通じて管理する所掌官庁の中堅幹部ですら、たとえ学校ＰＴＡ会長の役職にあろうとも、学校現場では「学校や先生に遠慮した」というのである。奇しくも前述した白石教授と、まったく同じ感想を述べていた。

合田委員の発言を文科省という特権的な立場の「上から目線」の発言とみるか、それとも「子どもを人質」にとられている親としての切実な気持ちの発露とみるか、それぞれみる人の立場と利害関心によって受けとりかたが異なるであろう。それに所掌官庁である文科省の権力によるお節介な説諭の類と、切り捨てることも可能である。あるいは逆に、どうして教育関係者の肩を持ってくれないのか、という教育ムラ社会の陰の声もあったかもしれない。

しかし他方、子どもの親としての立場からは、常日頃、学校で教師との距離の取り方に苦労し、ＰＴＡですら学校の御用機関化し、それがために保護者にとってＰＴＡ役員はなるべく忌避する傾向が一般的であることは学校内のみならず、すでに社会の常識として流布している。このように学校内における保護者の「忖度」と「自粛」の心的構造を熟知している人々からは、むしろ合田発言は自分たちが言いたくても言えなかったことを、「よくぞ言ってくださった」と深甚な共感を持って受け止められたのではないか。

合田委員は「権力の権化のように文部科学省のことを思ってらっしゃる先生方も中にはいらっしゃる……」、と丁寧に言葉を選びながらも、教師も教育者であるだけではなく権力者でもあることを、私人の立場で子を持つ親として身をもって感じていたからこそ、保護者側から歯止めの制度をつくることに共鳴したのではなかろうか。

おそらく一般的に本章の冒頭のＰＴＡ会長や白石教授がいだいたと思われる違和感、つまり子どものために心ならずも言いたいこと言うべきことも言わないで、何となく遠慮して自由にモノがいえない学校内の〝特異な雰囲気〟に、一人の保護者として警鐘を鳴らしたともいえる。また、文科行政の一翼を担う立場として、誠実な自己反省をこめた自戒の念であったかもしれない。

常識的には最も多忙と思われる霞ヶ関の官僚が、わざわざ年休を使って何度も検討会議に参画して、同業の教育関係者にとっては〝苦い薬〟ともいえる教員評価・学校評価をきちんと制度化するために大きな役割を果たしたことは特筆すべきことであるといってよい。

どこを向いて仕事をしているのかと批判を受けることが多い中央官僚の中にあって、志を失わず学習者や地域住民や国民の側に立って火中の栗を拾うような役回りを演じたことは、第五章の浅田和伸氏と同じく、若手官僚にひとつの優れたロールモデルを提示したものともいえる。と同時に、今世紀に入ってから「与える教育から選ぶ教育」へ、また「教師本位から学習者本位」

「集団的一斉主義から個性の尊重」へと変わりつつある、学校教育の地殻変動を象徴するような両氏の言動であった。

二〇一三年三月の「あり方検討会議」の提言後に、学習者本位の教育の中核をなす「教員や学校の評価」に関する、具体の制度設計をするにあたって有識者会議から意見聴取をおこなった。次の発言は、この会議席上での県小学校長会長(当時)のものである。

先ほどは保護者は人質をとられているという発言がありましたよね、学校は人質にとっていると。学校は決してそんな立場をとっているわけではないので、もしそういう立場であれば、私たちは人質をとっている側みたいなふうに捉えられてしまうと、先に進めないなという感じがするんですけれども。

(「第一回評価制度改善のための有識者会議」議事録、二〇一三年七月二十四日)

この発言のもとになったのは、あらまし次のような私の発言に、強く反応してのことである。私は「あり方検討会議」の副座長であり、また評価専門部会の部会長代理でもあった。そして提言書の「評価」の部分について「評価制度改善のための有識者会議」では、私がもっぱら提言書にもとづき、教員評価・学校評価の制度設計に関して細かな点まで説明すべき立場にあった。もとになった私の発言も載せておいたほうが、前後の文脈が分かりやすいと思われるので関連部分を議事録によりなるべく忠実に要約すると。

「この前のヒアリングのときも、自分の授業についていろいろ生徒に評価してもらっている（という教師の声があった）、そこで匿名性の問題が出てくる。授業を受けている者が、先生から自分の授業はどうだったと聞かれて、〈だめだよ〉と言えるであろうか。校門をくぐると生徒と保護者、つまり学習者側と教師の間は必ずしも対等ではないからである。両者の自由なコミュニケーションができる大前提として、この〈評価〉をしようというのが評価専門部会での〈匿名性の担保〉ということの意味だ。

これも評価専門部会で議論になったが、とくに学校ではクリティカル・フレンド、つまり学校運営や教師に対してクリティカルな（辛口な）ことはなかなか言いづらい。名前を名乗って言えばいいじゃないかと。しかし保護者は自分の子どもを、人質にとられている（と思っている）。名前を名乗って言えというのを学校側が言うことは、保護者の立場になれば、言いたいけど言えないねというのがどうしてもある。

匿名で〈授業〉と〈生徒指導〉というような、一番、キモになるところを、保護者を含めて学習者の声が正確に反映するようなことが行われてはじめて、次の段階として保護者と教師との間は対等にコミュニケーションができる、話し合いができるというふうに、次のステップに進む大前提にもなる、そういう仕組みだといえる」。

このように「人質をとられている」という言葉は、前述のＰＴＡ会長のような保護者の気持ちを代弁したのであって、私の気持ちを述べたわけではない。他方この小学校長会長は自分たちの教育は、すべて正しいという制度的枠組みの中で仕事をしてきているので、教育を受ける側の声に耳を傾ける職業的な習慣がない。

公立の小中学校長たちへのアンケートにあるように「家庭の教育力は低下した」のであり、学校に要求する親など「保護者の利己的な要求」で教育の障害になっている。このような小中学校長たちの理解を、「常識」として共有しているのであろう。したがって、保護者の立場になって考えてみるという、経験もないし想像力もない。むしろ保護者に色々いわれることは、校長のプライドを傷つける。ましてや、「人質をとられている」と聞いたとたんに、思考停止に陥り理性より感情が先走ったのかもしれない。

学校教師は同業のよしみで学校教師の子どもには、よほどのことがない限りはフレンドリーである。その保護者も教師だから、当然、学校には好意的で「人質をとられている」意識は希薄かあるいは皆無である。教育熱心と称する教師ほど、どのような成育歴をもつかという観点で、児童生徒の家庭環境にも興味と関心をもつ。そして職員室では、「あの親にして、この子あり」「親の顔が見たい」などと、家庭の私事にまで論評は及ぶこともあるようだ。ただし同業者の家庭については、論評しない暗黙の了解があるらしい。

以前、東京都周辺の公立中学校で講師をしていた女性教師から、次のような話を聞いたことがある。職員室における先生たちのホンネトークのほとんどが、生徒の家庭や親についての批判や誹謗中傷の類であるので、思わず耳をふさぎたくなった。そして、あまりにオモテの顔と違うので不信感をもち、ついには教職に就くことを積極的に止めて塾産業に就職した由、聞いたことがある。

小中学校長たちへのアンケートを見れば、おおよその想像はつく。教育に美しい夢と情熱を持っていたのが、かえって仇となって幻滅したのであろうか。むしろ、こうした職業的自愛にたいする批判精神を持っている方こそ、教師になってほしかった。

この種の職員室におけるホンネトークは、全国津々浦々大なり小なり校種を問わずどこの学校でもあるが、とくに対象が幼い小中学校ほど家庭や保護者との関連性に着目する。保護者は子どもにたいする法令上の責任を課せられているが、そのことと家庭の私事にまで介入することは別問題である。教師に余計な情報を与えないためにも、家庭調査表（「身上調査」など名前はいろいろあるが）に類する書類や、先に述べた家庭訪問など、早急に見直すべき事柄は多い。

この小学校長会長には、保護者がなぜ「人質をとられている」という意識を持つのであろうか、という客観的な問題意識と自省的な度量が欲しかった。私自身も現職校長の頃は、親しいPTA会長から指摘されたように保護者側のホンネの声には、まだ十分な対応ができていなかった。校長になってからPTA役員との懇談や「生徒とのお茶会」あるいは「生徒会幹部との懇談」など、さまざまなチャンネルで学習者側の声に耳を傾ける努力をしても、限界があり制度的な壁があることを感じたのである。

おそらく長年の教師生活と引きつづく管理職の立場によって、保護者側の意識については十分に理解しているつもりであっても、長年の「与える教育」と「教師本位」に、無意識になじんでしまいついい忘れがちであったのかもしれない。したがって、この小学校長会長の発言を責める気にはなれない。私自身も「惑溺」していたひとりであったから。

また先の小学校長会長の発言と合田委員の発言では、保護者がどちらに軍配を上げるか明らかではないだろうか。提言のガイドラインにそって制度設計をする任務の会議での「ちゃぶ台返し」のような発言は、小学校長会長も善意で既成の制度を守るために一生懸命に発言したのであろう。しかし一部の教委や教師の支持は得られるかもしれないが、幅広い保護者や国民、そして開明的な教師の共感は得られないのでは、という印象を持ったのである。その理由については、さらに詳細に述べてみたい。

5「匿名性の担保」がキモ

なぜ「匿名」でなければならないか。「あり方検討会議」および付随する「専門部会」や「評価制度改善のための有識者会議」などでも、教員評価や学校評価の議論の一番の核心は、このように「匿名性の担保」についてであった。学習者側が学校・教師側を評価するのに、なぜ匿名でなければならないのか。顔見知りの関係なのに、匿名で投票するようなことをする必要はないのでは。従来の授業アンケートや学校アンケートでよいのではないか。顔つきあわせて率直に話し合えばよいではないか。学校や教師あるいは、かれらを無邪気に善意で応援する方々の、一番の疑問・反発・反対も、ここに集中した。

また「教師と保護者の信頼関係がないと教育は成り立たない」と、ほかならぬ教師は言うが、そういう教師にかぎってその信頼関係なるものが、教師からの一方的な「先生を信頼せよ」という教師本位の要求であることに気がついていない。その背景には、「先生にお任せ」することが、教育の原点であると信じこんでいる。それは「先生にお任せしない」あるいは「先生を信頼しない」保護者を、教師側は無意識に排除する心理が働く。それらを「モンスター・ペアレント」と、ひとまとめにして負のレッテルを貼る。

また、「顔つきあわせて率直に話し合えばよい」、自分たちはそのようにしているという保護者もいる。しかし、それができない保護者が多数いるという現実を、残念ながら想像することができない。たとえば「いじめ」とか「隠蔽」のような学校や教師にとって不都合な真実が出てきたときにも、学習者側は対等かつ客観的に不都合な真実を追及できるのであろうか。

対人関係で異常に気を遣い、とくに、「和を以て貴しとなす」顔見知りの集団の中では、強く自己主張すること自体が白眼視される。とりわけ女性のママ友仲間では、「空気を読む」ことなど日常茶飯のことではないか。こんな日本人の基本的なメンタリティは、学校空間ではとりわけ子どものために「沈黙は金」となる。学級ＰＴＡなどの雰囲気を思い出せば、容易に理解できることであろう。

教師が圧倒的に心理的に優位な制度的な仕組みの中での、保護者と教師との意識のズレを問題にしているのであって、個別個人を問題にしているのではない。「顔見知りの関係なのに匿名で投票するようなことを」というが、じつは、顔見知りの関係であればこそ、無記名投票が必要なのである。

また、学者やジャーナリストなど知的職業に就いている人々の中で、日ごろ民主主義の旗をふり革新と称する人々も、こうした学校内の「空気感」に意外に無神経である。おそらく幼少の頃から学校優等生で教師に可愛がられてきて挫折経験がないせいか、学校内の権力関係には思いが及ばず、無邪気に日本型学校主義の守護神となり果てている。そうした人々が思いつきで教育改革に口を出すと、たいていは抵抗勢力となり混迷を深めるだけで改革は一歩も進まない。

これについては、柄谷行人『日本精神分析』(講談社学術文庫、二〇〇七年)の第三章に、「入れ札と籤引き」という卓抜な分析があるので、それを紹介して無記名の「秘密」投票が民主主義にとって持つ意味について考えてみたい。柄谷行人は菊池寛の『入れ札』という小説を題材に使い、この問題を論じている。

まず菊池寛『入れ札』は一九二一(大正十)年に、小説として『中央公論』に発表された。これは国定忠治が幕府に追われて、赤城の山から逃げた時の話をモデルにしたものである。忠治(『入れ札』では忠次)は連れて行く子分を、三人ほど入れ札(無記名投票)で選ぶ。むろん、これはフィクションで新国劇でも有名な「赤城の山も今宵かぎり、かわいい子分のてめえ達とも別れ別れになる旅出だ」と、忠治ひとりで会津に落ちのびたというのが史実である。

さて、柄谷行人氏はこれを題材にして、「入れ札」という無記名投票が民主主義の原理に持つ、重要な意味について解説している（以下は『日本精神分析』からの要約であるが、文体は「ですます調」を「である調」に変えた）。

菊池寛の小説には、人間を動かしているのは各人の意識ではなくて、それらを規定してしまうような社会的な関係や制度だという認識がある。入れ札（無記名投票）は、個々人をそれぞれ密室におく。実際、選挙の投票所は他人がのぞけないような「密室」になって」いる。「そのことが各人の内面性をもたらす」。「どんな親密な共同体でも、いったん秘密投票を導入すれば、相互に不透明な世界が不意に出現する。ではこれは否定すべきものか。しかし、菊池寛はこの「入れ札」を肯定している。

氏はつぎに、「入れ札」と「挙手」の違いについて言及している。

子分らの議論では「籤引き」という考えが出てくるが、忠治はそれでは役に立つ子分を選べない。そこで「入れ札」（無記名投票）を思いついた。しかし、この時、忠治は子分たちの「挙手」で決めることを、なぜ選ばなかったのか。合議したとすると、誰が選ばれるかは、衆目の見るところ決まっているようであり、それに関して異論もありそうもない。子分たちの議論と合意によって決めれば、それは十分に民主的な手続きではないか。

しかし、忠治はそうしないで入れ札を提案した。なぜか。たとえ忠治の望みどおりの結果になったとしても、それは挙手による決定とは違う。もし、これが入れ札でなければ、たとえ子分たちが自主的に同意したとしても、それは親分の望むことを、かれらが自主的に決めたかのように見せかけただけに終わる。

そのうえで柄谷氏は、日本の議会制度の進展とむすびつけて論を進める。

明治の元勲あるいは元老たちは、渋々ながら帝国議会を開設した。しかし、かれらは議会を開設しても、それを重視するつもりはまったくなかった。かれらの考えを国民の同意によるものとする手続きとして、議会が必要だっただけである。とはいえ、明治・大正までの帝国議会と、大正末期に成立した普通選挙法以降の議会には、ある違いがある。それは小説『入れ札』でいえば、忠治が子分たちの「合議」に任せるのと、「入れ札」を実行することの違いと同じである。この違いは、ある意味で、非常に大きい。『入れ札』という作品から具体的な政治問題を引き出すことは強引に見えるかもしれない。

しかし、この作品が書かれた当時、普通選挙法をめぐる議論や運動が、熱烈に論じられていたことに注意すべきだろう。実は、普通選挙こそ、「入れ札」の問題を露出するものである。小説『入れ札』は一九二一（大正十）年に発表された。その二年ほど前から普通選挙実現の運動が盛り上がり、一九二〇年には、東京で七万五千人の普選実現の大示威運動が盛り上がり、その後、二度にわたり衆議院で否決され、ようやく一九二五年に普通選挙法が通過して、一九二八年に初めて普選が実施され菊池寛も立候補した。このような時代背景の中で書かれたものである。

> 秘密選挙は、このように卑劣な人間、つまり公開的な場で自分の意見もいえないような弱い人間を守るためにこそあるのです。挙手、あるいは対面しあう場においては、個々の人の意志を表明することは難しい。公開討論でも、発言者は限られています。そこで決議をとるとしたら、気の弱い人間は周囲をうかがいながら、そうするであろう。
>
> 「言論の自由」といいますが、それを保証するのは、必ずしも全員が発言することではありません。むしろ、黙っていられることです。しかし、たんに黙っていたのでは、反対であることが分かってしまいます。したがって、無記名（匿名《とくめい》）であることが、言論の自由を最終的に保証するものだということができます。（柄谷行人『日本精神分析』講談社学術文庫、二〇〇七年）

われわれは、選挙の時に「密室」に入る。それ以外の時は、実際の政治的・経済的な力関係の中にあるが、「密室」において、各人は、そのような力関係から離れて、主権者となる。だから、無記名投票は、各人が主権者となるためにこそ不可欠なのである。

6 校門の中に民主主義を

長めの要約をしたのは、このテキストのなかに、「児童生徒、保護者による授業や生徒指導の評価（学習者評価）を、また学校評価を、厳格に匿名性を担保した上で確実に実施」することの重要性と必要性のすべてが含まれていると思うからである。

名ばかり民主教育といわれる日本型学校主義を支える、「与える教育」「教師本位」「集団的一斉主義」という三つの理念のもとでの学校現場では、学習者は与えられた教育を一方的に受け取る。そこでは教師が主体で学習者は客体にならざるをえない。そのうえ学習者は、個人としてよりも集団として扱われがちである。そこから付随して、ＰＴＡも学校評議員制も生徒会も、すべてが学校の下請け機関であり、御用機関にならざるをえない。ちょうど柄谷行人氏の分析にある、普通選挙制以前の帝国議会が、明治の元勲や元老政府のカイライ議会または御用議会にすぎなかったように。

むろん割り切れるほど単純ではなく、縷々述べてきたように、学習者の選択意思の尊重や児童生徒の主体的な学びへのシフト、あるいは開かれた学校づくりやコミュニティ・スクールなど、学習者本位の教育へシフトしつつある部分もあり、両者の契機が混在している。戦後七十年の民主主義の実績もある。しかし、やはり学校内では根本の制度においては、学習者本位というよりは教師本位であり、学校内の教育主権は、あいかわらず実質的には教える側にある。それはとりわけ「いじめ」や「体罰」や「学力」などの対応などに、問題性が顕著に明らかになっている。

現在、さきにふれた「学校関係者評価」（学校教育法施行規則第六十七条）は、学校主導で「授業アンケート」や「学校評価アンケート」という形で実施されて、学校や教師の自己改善の資料として活用されている。しかし、これを長野県で制度化されたように「匿名性を担保した教員評価や学校評価」として確実に実施すれば、学校の性格は大きく変わることが期待される。年に二、三回の学習者による秘密投票が行われるから、まずは学習者の本当の意思が「授業」に「生徒指導」に反映される。学校運営にも校長評価という形で学習者や地域住民の意思が反映する。

ここでは長野県の実施具体例を記してみる。評価は基本的には五段階の満足度調査として実施する。五：大いに満足、四：だいたい満足、三：ふつう、二：少し不満、一：大いに不満。国民はみんな「受験」の時にマークシート式回答は経験済みであろう。

無記名で各授業担当別、各担任別にマークを学習者にしてもらうのが、基本となる。小中高校とすべて家に持ち帰り、保護者と一緒に評価をする。ただし、高校生は学校で実施することも可能とする。問題は集計と活用であるが、とりあえずは学校で匿名性を担保しながら集計するが、マークシート方式であれば処理も簡略である。

そして長野方式では評価で五か一をつけた項目については、その理由を付してもらうことになっているが、「授業評価」の五であれば、「この教師の授業のお蔭で、〇〇の理解が進み大いに満足した」とか、逆に学校評価（校長評価）で一ならば、「いじめがあるのに適切な対応をしていない」とか。さらに、いじめについては個別学級の生徒指導評価にも出てくる可能性がある。つまり市民の義務である一一〇番通報制と同じ効果がある。抜群の抑止効果があることも、先に述べたとおりである。

総合教育会議も発足するので、この会議体の事務局（首長部局）で担当して教委へ報告する仕組みにすれば、きわめて匿名性の担保もクリアになり客観性が保障され、学習者は安心して「評価」することが可能となることだろう。学校評価には一部、地域住民も加わるので、どのような形で加わってもらうか、まさに総合教育会議の出番ではないか。

執行責任は教委事務局にあるが、それらの執行責任をモニタリングする機能も、この会議体に付与することもよいのではないかと思う。また、これから普及をはかるコミュニティ・スクールにも、必ず学校側に学習者による下からの評価を義務づけるなど、学校内の民主化のためにするべき課題は山積している。

マークシート方式の満足度調査を行い、その結果をホームページなどで、公表させるだけでも効果がある。それをするだけ学習者側の教育主権の一部を取り返すことが可能となり、文字どおり、「私たちの学校」となることだろう。

もう八年ほど前に内閣府規制改革会議のヒヤリングで、ある教育関係の有識者から「保護者もモンスターのようなレベルの低い人もいるから、先生の評価などなじまないのではないか」という声があった。こんな話があったことを担当大臣に報告したら、「私たちも選挙民から選ばれますが、国民にきちんと議員を選ぶ能力があるかどうか、などと言ったら民主主義は成り立ちませんね」と、きっぱりといわれた。[12] なるほど、さすが選挙で民意の大切さを承知している政治家は、民主主義のなんたるかをよく知っておられる。

もし、今後、「バカな親たちに教師の評価なんかできるものか」などという不心得者がいたら、国の命運を握る政治家を選ぶことができるのに、どうして教師や学校を選ぶことができないのですか。このように反問したらどうであろうか。

エピローグ――教育を変えるということ

1 「学校」と「会社」は似ている

プロローグで紹介したビジネスマンA氏さんに第一章から第七章までの原稿に目を通していただき、感想を述べてもらった。そのやり取りを整理してみよう。ちなみにTは私の発言である。

A　私の理解が当たっているかどうか分からないが、自分の生活の中心に「会社」があるように子どもの生活すべての中心に「学校」が存在している。そして私自身が知らぬ間になんでも「会社」が第一になっているように、家庭でも、学校ではこうだったとか、先生がこういっていたとか、すべてが学校中心。そのことを疑うことなく従う。そういう意味で、日本型学校システムではなく、学校主義なのですね。

T　日本型学校主義を「主義」としたのは、ご指摘の通り、これは学校人間を呪縛する、ある種、漠然としたイデオロギーのようなものではないか。しかも、それが子どもだけではなく、家庭や親もふくめて、「学校のやることは正しい」という思い込みというか、イデオロギーに縛られている。家庭だけではなく、地域住民も、さらには政治家まで。

A　新卒一括採用とか正社員主義とか終身雇用とか会社への忠誠心とか、そして基本的に男中心の会社とか、このような日本の会社の中核を支える慣行や暗黙の了解など、学校主義のイデオロギーと見事に符合しています。また個人の信用性をみるときに、どういう集団に所属しているかということで判断する「所属社会」なのも、原初は「学校」に始まることが分かります。

これは他社のことですが、いまでも語り継がれている事件があります。「会社の命は永遠です。その永遠のために私達は奉仕すべきです」といって、航空機疑惑のさい自殺された某商社の方がおられた。会社が自殺を強要したわけではない。なんとなく、会社を守らねば、みたいな雰囲気になる。

革命に命をささげるのも、革命のイデオロギーのためです。会社に命をささげるのも会社中心主義とでもいうべき、イデオロギーのためです。むろん今はそこまで会社人間ではないですけど、体質というか雰囲気というか、そういったものは、今でも残っています。最近も大企業の不正会計が摘発されましたが、こうした企業体質は他人事ではありません。第六章の隠蔽のメカニズムなどと、共通する体質があります。

T　そういう読み方をしてもらえると、私も勉強になります。

A　調子に乗りついでに、私は第一章の「学校と学びの精神」は「会社と労働の精神」と、おき換えて読みました。すると会社が第一ではなくて、働くことにヨリ意味がある。学びの価値を掘り下げるように、自分にとって働くことの意味を掘り下げる必要がある。さらに第二章の「与える教育から選ぶ教育へ」は、「与えられた仕事から選ぶ仕事へ」という風に、おき換えてみました。私の勤める会社はいわゆる大企業に属するほうですから、仕事の大きな枠組みは与えられているが、その中でどのようにイノベーティヴな仕事ができるか、自分次第ではないか。

第三章の「和と競争の間で」は、大きな会社なので全体ではないが、セクションごとに、たとえば部単位、又その中の課単位、あるいはプロジェクト単位ではチーム力を強調します。これが学級単位、学年単位、学校単位に照応するのでしょう。つまり、「和」ですね。

全体としては「ウチの会社」という意識は、私もふくめて古い人ほどつよい。タテマエはそうですけど、他方では各人が水面下で切磋琢磨、つまり他人に負けない仕事の上での業績を伸ばすように、ひそかに勉強しゼミを開いたり、人脈をひろげたり、いろいろ努力工夫しています。それでないと目に見えない競争においていかれる。また、それが会社の活力にもなっていると思います。このように前向きに捉えています。アメリカにも少しいたので分かりますが、アメリカでは身もふたもなく、完全に競争社会です。つまり和などというタテマエは、偽善以外の何ものでもないのです。

T　日本型学校主義では、大量の児童生徒を効率よく「しつける」ためには、行動の定型をつくり、それに当てはめたほうが早い。学校だけでは間に合わないので、家庭にも同じように協力するよう同調圧力をかけます。外国人にはそんな学校教育のディテールは分かりません。結果として、それが外国人から見れば日本人の美徳で、規律正しく秩序の取れた社会だと評価されるのでしょう。おまけに民族的に同質性が強いことが、これに拍車をかけている。だからプラスとマイナスがメダルの表裏の関係になっている。最近では中国の教育関係者が、日本の教育に密かに関心をよせているようです。

A　「早寝・早起き・朝ご飯」など、家庭にまで同調を求めるのは、子どもをしつけられない親がいるから、つまり保護者にたいする不信感があるから学校が面倒見なければ、と思っているのでしょうか。アメリカなどでそんなことしたら大変です。それこそ「イッツ ノット ユア ビジネス」と言われてしまいます。近代では型にはめる文化の原型が、学校文化にあるという点も再認識しました。それが「隠れたカリキュラム」で学校行事その他、集団行動に組み込まれている。自分は小中高校と公立学校だったので、とくになるほどと納得できました。

小中学校時代には集団行動で、「みんなと同じ」と同調させておいて、他方では中学の担任の先生に、よく「個性が大事だ、個性を発揮しろ」といわれましたが矛盾しています。しかし、その矛盾と葛藤も日本型学校主義に内包されているという指摘にはなるほどと思いました。アメリカで上の子を現地の学校に通わせていた経験から、改めて日本の学校教育との違いに気がつき、とても胸に落ちました。

T　「余計なお世話！」と断れないのが、良し悪しは別にして日本人の性格特性でしょう。世話焼きばあさんのように、「善意」でどんどん介入していく。「親切」と「余計なお世話」は表裏一体です。まさに「学校主義」というイデオロギーの原点みたいなものです。無限の介入は、無限の無責任と同義です。結果として「やっておきましたよ」、という行政特有のアリバイ作りになってしまう。人が個として自立することを妨げ、なかなか依存体質から抜け切れない。

A　第四章のマスコミ批判も面白かったです。ベンチャーはわりあいもてはやされるけど、伝統的な大企業はいつも悪玉扱いですから。とくに五十代後半から六十代の経営陣には被害者意識があります。われわれが世界を相手に稼いで、税金も払い多くの従業員の生活も支えている。つまり、まじめに働く者の場を提供する、まさに日本の堅気の生活者集団でもある。それなのに……。まあ、嘆き節ですね。でも、もう退職された大先輩ですが、こんなこと言っておられました。「オレたちはモノやサービスを売る。新聞は正義を売る」。そして「商売では戦争にはならないが、正義は戦争を引き起こす」と。

T　第四章はマスコミ批判というよりは、むしろ国民学校体験からマスコミにたいする不信感がありますね。わたしは時局の問題を考える時、つねに公民科（社会科）教師として、教壇ではこの問題をどのように取り上げればよいものか、と突き放して考える癖がついています。やはり、それは国民学校時代の経験があるからです。「正義」というお札を掲げる、左右の政治的熱狂に巻き込まれることへの警戒心があります。

ちなみに、あの戦争は一部の人たちが引き起こしたという理解には違和感があります。お神輿の上に天皇というお札をかざして、当時の元老・重臣、それに軍部や政財界や右翼などが中心を担ぎ、すべての国民、つまり国民学校生徒まで担ぎ手に巻き込み、ある者はうちわを持ってお囃子方をつとめました。そのお囃子方の親分が当時の新聞で、さらに「戦争神輿」を作った軍部官僚が交通整理をして、国外までお神輿を強く誘導したのです。

一九四一年十二月八日以降、「戦争」というお神輿は、コミットメントに濃淡がありますが、ほとんど全国民が何らかの形で加わり巨大なお神輿となりました。そして「一億一心」で、熱狂して担いだのです。まあ、独裁者のいない「日本型全体主義」とでもいいましょうか。

ナチと違って日本には確信犯的な「非国民」は、ひとつまみもいませんでした。隣組や翼賛会や国防××会に入らないとか、パーマをかけているとか、国防服を着ていないとか、公の場で「みんなと同じ」方向に異をとなえると、陰に陽に「非国民」といわれるのです。また、そういわれるのが嫌で、面倒だから「みんなと同じ」にしておけば無難だ、という意識なのです。

A　第三章で、かなり遠慮がちに、しかし明確に和辻哲郎のエピソードを持ち出したのには、そのような理由があったのですね。と同時に、見方によればさすが「知の巨塔」、戦争の最中に斎藤教授のような正論を吐く覚悟のある人もいたのですね。

ともあれ戦後は担ぐお神輿は違っても、みんなで「お神輿を担ぐ」メンタリティに、さほど違いはなく、しかもそれに「日本型学校主義」というイデオロギーが「貢献」しているのではないかという、判断があるのでしょうか。

T　人口の半分の民意しか代表しない戦前のレジームと戦後のレジームとは本質的に違いますから、簡単には同一視できませんが。学校の体質については、その通りだと思います。

A　私は、本書は学校の透視図であり、「学校教育」のCTスキャンみたいなもので、骨格だけではなく、かなり腫瘍の有無など、病巣もある程度分かりました。さらに読み進めるうちに、戦後の学校の向こう側に「国民学校」と「戦前の日本」が、ぼんやりと浮かび上がってくるような気がしました。

T　まずは第一に日本の「教育の全体像を俯瞰する」うえで、次にどのような改革が一番効果的かつ民主主義の原理に適うかをめざして書いたので、学校の透視図という過分の批評は、大変、光栄です。お神輿の特徴が「みんなで」担いでいるので、誰が責任者かよく分からないという無責任体制の象徴という点では、学校のみならず会社その他の組織にも通底する、今日的な課題があるのかもしれません。

A　学帽にかぎらず制服からバカ高いランドセルその他に至るまで、「いいね」しかないフェイスブックのように画一的に同調圧力をかけられて、斎藤勇のように「NO」と明確にいえない。学帽問題というささいなきっかけから、日本の教育の根本、そして日本社会のあり方まで勉強になりました。さらに個別学校に「民意」を直接入れる草の根民主主義こそが、学校を変える有力な手段である点も納得できました。有難うございました。

T　こちらこそ、まさに学習者や国民の視点から読み解いてもらい、感謝します。

2　内部における「他者」の視点

学習者側の視点に立ち日本型学校主義の全体像を把握し、すべての学校で可能な構造改革を行うことに国民的理解を得るのは、必ずしも平坦な道ではない。学校教育の常識的な見方に異を立てて、しかもそれを元に学校教育の構造改革への制度改革を示唆する視点に、どのような国民的な理解と共感が得られるのか正直分からない。

というのは当然のことながら教職関係者は無意識のうちに職業的な惑溺に陥るが、学ぶ側つまり学習者も校門をくぐると、しばしば「教える側の視点」を無意識に共有してしまう。つまり心理的な同化作用が働く。この過剰かつ極限の形が、たとえばオウム真理教のようなマインドコントロール状態にある麻原教祖と信者集団のようになる。

「日本型学校主義」をある種のイデオロギーとして捉えたのは、集団催眠をかける麻原とまではいかないにしても、日本の学校には学習者にたいして軽いマインドコントロールを及ぼす魔力が働くからである。

これが単なるシステムであれば、問題解決は比較的簡単である。システム変更は、現システムで利益を受けている者に代替措置や金銭補償をすれば、ある程度解決する。しかしイデオロギーとなれば単なる利害ではなく、「この制度が正しい」という何らかの信条体系に支えられている。

つまり戦前からの長い歴史があり、「学校とはこういうもの」「先生はこういうもの」という抜きがたい先入観がある。現実に「先生はエライから偉い」といった単なるトートロジー（同義反復）が、それなりに教師信仰を支えているのである。以前、日本型学校主義の最盛期に、よく流布された「学校信仰」という言葉は、まさにこのような人々の無意識についての的確な表現であった。学校改革に反対する「発言する少数派」の保護者の方々の中には、日本型学校主義へ信仰に近い全福の信頼を善意でよせている人もいる。信仰に近い信念なので、なかなか理解を求めることは難しい(1)。

したがって教職関係者が学習者の立場と視点で書くことは、内部の人間がいわば「外部の視点」で書くことになる。つまり学校内の仲間内の約束事など熟知している者が、他人の目で分析してまったく異なる視点から書くことを意味する。正直、A氏の指摘のように友だちのフェイスブックに「いいね」の代わりに、ことごとく「ダメね」と突っ込みを入れるようなものだから、筆先が鈍ることもしばしばあった。しかし子どもを米国の学校に通わせた経験のあるA氏から、米国の学校と比較しながら、ある程度の評価をもらったことは、正直、励みになった。

そして何といっても自治体全域で具体の制度設計がなされ、すでに開始してから二〇一六年三月で二年を経過するという現実がある。しかし、その効果についての詳細のフォローアップは、まだこれからである。空理空論ではなく具体的に制度化されたのには、少なくとも学習者や県民の理解と支持が得られ、当該教委も責任を持って実施に当たっているということを意味する。

分権が基本となっているから県全体で実施されても、県立高校など県教委が設置する学校と主旨に賛同した市町村教委の範囲内でしか実施できない。しかし制度の主旨が理解されるに従って、次第に全国に広がっていくことが期待できる。

いずれにしろ良かれ悪しかれ学習者本位という視点と立場に立てば、このような分析結果になるのではないか。別の視点と立場に立てばおのずから見える風景も、異なることは当然のことであろう。しかし少なくとも民主主義が互いに個人の自由意思を尊重し、いかなる組織もその成員の選択意思を最大限に尊重することが、民主主義の原理であり民主社会の作法でもある。であるとするならば、学習者本位という視点は言葉を変えれば国民本位と同義であり、公共性の高い学校教育では必要不可欠ではないかと思う。

3 現代日本人の意識

学習者本位の改革について、つまり第七章にかかわる制度設計について、学校内に直接の「民意」を、という点を最後にさらに敷衍《ふえん》しておきたい。二〇一五年二月に出版された第九回の「日本人の意識」調査によれば、選挙を通じて政治家を選び、任せるという〈静観〉型の割合は、一九七三年から四十年間一貫して五九％—六三％の間におさまっているという（『現代日本人の意識構造［第八版］』ＮＨＫ出版）。つまりふだんから政治家に働きかけたり、デモなど政治活動をして盛りあげたりするより、国民の多くは選挙で選び任せていくことを、政治活動の基本としている。

仕事をもっている生活者としては、日常的に政治活動などできない。それゆえ選挙でしっかり意思表示をして政治参加することを基本とするのが、国民の変わらぬ政治にたいする意識である。これはきわめて健全かつ民主的な政治意識ではないか。このことは憲法で保障されている請願権の行使としてのデモや個別の陳情行動などを、否定しているわけではない。むしろ選挙の合間に「平穏に」政治への意思表示をすることは、当たり前の常識であろう。

近年、戦後民主主義が揺らいでおり戦前のレジームに、逆戻りする可能性を示唆する声も聞かれる。本書があたかもそのような見解に与《くみ》するかのような誤解を与えるとすれば、ひとえに筆力の足らざるところであり不徳のいたすところである。

私は戦後民主主義を安易に、否定する見解には与しない。またそんな大それた気持ちはない。少なくとも政治の仕組みについては、人口の半分にしか参政権がなかった大日本帝国と、日本歴史上はじめて男女平等の普通選挙が実施され七〇年の実績をかさねた、戦後の民主主義体制を同一視する気にはなれない。いまや絶滅危惧種に近い国民学校生としての経験に照らしても、間違いなく戦後民主主義の信奉者である。戦後民主主義の有難味を、観念ではなく実感している。

このように戦後民主主義には一定の信頼をおいているが、民主教育には必ずしも信をおいていないから「名ばかり民主教育」なのである。さりとて社会の仕組みについては、革命家のようにオール否定では建設的ではない。それが一定期間、それなりの役割を果たし成果を上げてきたことを否定してはいないことは、これまでも指摘してきたとおりである。しかしながら日本型学校主義というイデオロギーは第三章でも指摘したように、性差別を柱とするムラ的共同体の理念を奥座敷に隠し持っている。

このイデオロギーが学校教育の中心理念となっている以上、ムラ的な意識と共に男女差別などが再生産され温存される可能性を秘めており、ひいてはそれが日本社会の平等化を遅らせることにもなる。前掲書の統計によれば、「女子に「大学まで」の教育を受けさせたいと考える人は、四十年間ほぼ増え続けたが、それでも、男子の四十年前には届かず、依然として差がある。（中略）男子を優先する人が今でも五人に一人はいる」という。

社会に出るための必須の武器を身につける教育段階で、すでに男女差が現れハンディがつき始めている。保護者の意識も教師の意識も、この点では共通している。しかし教師には学校内での憲法第十四条のタテマエを、あくまでも貫く責務がある。このように男女平等への道のりは他のマイノリティの解放に比べても、学校教育においては牛歩の如しなのである。憲法理念の実現のためにも学校教育においてこそ、女性優遇措置を大胆に進めてゆくべき必要がある。

学校ではクラス委員や生徒会の長の比率を、男女比率に合わせるとか（これは担任教師・校長でもできること）、また自治体全体では、せめて学校管理職を教員の男女比率に合わせるとか（これは校長・教委でもできること）、教委では教育長は男女交代制にするとか（自治体首長ならできること）、さらに女性比率が低すぎる中高校の管理職や教師についてクオータ制（一定比率の割り当て制）を取ることなど、自治体首長をはじめ教育界内部でやる気になれば、すぐできることはいくらでもある。

「ある所まで昇進するとガラスの天井があるから」とか「やはり女はダメだ」と、女性自身が思ってしまうことが、女性の社会進出に限界を設けてしまうことにつながるという。これを予言の自己成就といい、「自己成就的予言のいかにももっともらしい効力は、誤謬の支配を永続させる」（R・K・マートン『社会理論と社会構造』みすず書房、一九六一年）といわれている。女性自身が自分自身に限界を引いてしまい、性差別という「誤謬の支配」を助長することがないように、女性優遇措置を強力に進めていく必要がある。学習者のホンネの声が学校内に反映されるようになれば、母親の保護者がこのような状況に異議申し立てをすることが簡単にできるようになるから、急速に改善される可能性すら予測される。

4 下から変える

学校を変えるのに、上から変えるには限界がある。たとえば旧国鉄の改革は、旧運輸省が行ったわけではない。郵政改革も旧郵政省が行ったわけではない。いずれも政治主導の強力なリーダーシップのもと行われなければ、改革は成功しなかったことであろう。教育を抜本的に変えるには、公立学校をすべて民営化するという手もあるが、文科省に求めても無理なことであろう。それならば官邸主導ではどうか。

政府の教育審議会で官邸に集まる人々に、公立学校に子どもを出している保護者の気持ちが、どれだけ分かるのであろうか。狭い地域社会の「しらがみ」を、そのまま教室に持ち込んだような公立学校で、ＰＴＡその他の雰囲気がどのようなものであるか。身に染みて分かっているのであろうか。教育部門での規制改革会議が存在しない現在、残念ながら学習者の視点から教育改革をチェックし改善を求める部署はない。

国鉄や郵政は経営体の問題であるから、借金は毎日積み上がっていたかもしれないが、サービスのよしあしを別にすれば、お客に直接すぐに影響はしなかった。ところが学校は、ほぼ毎日、活動している。「学力」も「いじめ」も「体罰」も「教員非違行為」も、毎日、児童生徒にプラス・マイナス何らかの影響を与えている。また学校文化は社会の基盤となる文化構造に、日々、目に見えないが大きな影響を与えている。

さらに国鉄や郵政との比較でいえば、大きな違いは分権の壁がある。全国すべての公立学校を一斉に、「学習者本位」に根本から改革するといっても権限の壁があり限界がある。文科省もさまざまな方策をとって学習者本位に、シフトするように工夫をこらしてきたように思う。そこに民主的な心棒を入れるには、どうしても学習者側の自覚と協力が必要である。

学習者や国民による評価があれば、とたんに校長・教員の目の色が違ってくる。精神的な姿勢が変わり、緊張感が違ってくる。これは机上の空論ではなく旧著でも書いたので詳細には触れないが、わたしも予備校でも経験済みであるし、狛江市立第三中学校では過去に、数年実施して抜群の効果を上げた記録がある。

とくに狛江市のケースは、「読売新聞」二〇〇七年十一月二十七日付の「学校の通知簿6」で紹介している記事を読んで強い印象と感銘を受け、旧著で取り上げた経緯がある。個別の教師の授業評価を四点法で行い、学習者側が匿名で評価して提出する。この授業評価の効果は抜群で、「最近は生徒の問題行動が減り、全国学力テストでは、国語・数学ともに、全国平均を上回った」(同紙「学校の通知簿6」)とあり、学習者への事後アンケートや学力テストの成績向上など、具体的なエビデンスによって裏づけられている。興味深いことは、生徒側にも自覚が生まれ良い影響が見られる点である(2)。

教育界に長いせいか「○○したら子どもの目が輝いた」とか「ウチの学校の子どもたちはみんな元気で良い子ばかり」「先生たちはいつも頑張っている」といった類の、テレビ・コマーシャル顔負けのプレゼンにはいささか食傷気味である。あの類のものの多くは行政向けか、さもなければ仲間内の内向きのプレゼンにほかならない。

それに反して公立学校史上初ともいえる、ある程度、匿名性を担保した教員評価は、その効果も検証されておりモデルにすべきものと思われる。不思議なことに、どのような理由か分からないが（多少、推測はつくが）、継承された形跡もない。

特別に難しいことを求めているわけではない。自治体内でなるべく差をつけない「名ばかり勤務評定」が、おそらく多くの自治体でおこなわれていると推測されるが、それでよいのであろうか。それで現状より少しでも学校や教員の資質が向上することが、期待できるのであろうか。

学習者や国民に奉仕すべき公務員を、文字通りの「全体の奉仕者」にするために、学習者や国民の評価を勘案した勤務評定を実施してほしい。それにより国民全体の「日本の教育」にたいする満足度や、納得感は紛れもなく増大することであろう。人は誰でも自分で選んだことには、結果はともあれ責任を持ち、結果についても納得感や満足感が増すからである。

政治家は選挙で評価できるし、近年、専門性の強い裁判にも国民の声を直接反映できる。裁判員制施行三年目のレビューで、東京地裁裁判長の田村政喜氏は次のようにコメントしている。「裁判官が当たり前と考え、疑問を抱かずにいたことを市民から問い直される。裁判に市民の健全な感覚が入ることで、前より自信を持って判決を言い渡せるようになった」（『朝日新聞』二〇一二年五月二十五日付）。いろいろ問題はあるにしろ一番懸念された裁判官の間でも、おおむね歓迎され好評のようである。国民の裁判にたいする関心も深まり、何よりも裁判にたいする不信感は減少することであろう。

これに反して、「学校」や「教師」だけは国民が直接評価できないなんて、それでよいのであろうか。まずはＰＴＡを通じて行動を起こしてほしい。そして個別学校のＰＴＡが、学校にたいして評価システムの実施を求めればよい。また連合ＰＴＡが直接、域内の学校すべてに、実施することを求めてもよいのではないか。ＰＴＡ自身が間違いなく主体性を取り戻し、学校運営にも関与できることであろう。

もし教委段階では叶わなかったら、さらに自治体首長や教委にたいして、評価システムの実施を求める請願をしたらどうか。永田町に請願権を行使して法案提出のデモをしてもよい。デモといえば具体の法案にたいする反対デモが多いが、制度要求や法案提出の要求デモのほうがむしろ本来の姿である。第七章でもとりあげた戦前に普選要求の大デモがおこなわれ、普通選挙制（厳密には女性参政権がないから、「普通選挙」ではあっても「普通平等選挙」ではないが）を勝ち取った、われら日本人の偉大な先輩たちの偉業がある。

政治において普通選挙制があってこその民主政治であり、そのうえにデモなど大衆行動があり、陳情行動その他の日常的な政治活動があるのであって、その逆ではない。つまり教育においても普通選挙に該当する評価システムを徹底してこそ、はじめて保護者が対等な立場で学校側と話し合いをすることが可能になることは、再三にわたって述べてきたところである。

これは学校側にとっても、大きなメリットがある。学習者による授業評価で、教師は授業の方向性や、やり方に自信が持てる。全員が同じ評定という欺瞞的な評価では、まじめな教師のモチヴェーションを下げてしまう。目に見えないが誠実に努力して成果を上げている、沈黙せる多数派の教師たちの期待に応えるためにも必要なことである。

また学校運営については、気が付いていないむきが多いようだが、いままでＰＴＡその他が御用機関であったから、学校側がすべてを抱え込まなければならなかった。これをやっておかないと、モンペに文句いわれるとか、こんなことをやると社会的批判を浴びるのではないかとか。見当違いの過剰「忖度」によって、何事も「教育的配慮」として余計な仕事を背負いこんでいた面が多くある。

つまり仕事の選択と集中に「学習者本位」（国民本位）という柱が入ると、それによって整理できる。保護者が対等なパートナーであれば、家庭にたいするアリバイ作りのようにおこなってきた学校業務の雑用を、保護者側と話し合って、どんどん整理することができる。たとえば家庭訪問だって必要かどうか、また朝練や放課後のクラブ指導のあり方などもふくめ、学習者側と協議すればよいのである。このように本当に学習者のために、必要な仕事は何かが分かる。

家庭にとっても重要な効果がある。これまで家庭内でも子どもの教育については、母親と学校に任せていた。そこへ祖父母が口を出して、三世代のバトルが起きがちだ。しかし評価システムが整備されれば、今度は「お任せ」というわけにはいかない。主体的に親子共々、学校教育の本質に関わる必要がある。教員や学校の評価を子どもをも交えて家族でするのだから、間違いなく家族間の実のあるコミュニケーションができる。

子どもの成長にとって学校教育が、どのような役割を果たしているかを知ることができるし、教師のみならずわが子をも客観視することができる。学校と妻にお任せであった子どもの教育に、否応なしに父親も関わるようになる。つまり家庭の当事者意識が格段に向上する。これまで塾選びや家庭教師選びの経験のある家庭なら、そのノウハウを大事な学校選びや教師選びに生かすこともできる。

さらには学校教育のかかえる問題をも、教師と共に考え解決する姿勢も生まれてくるのではないか。あるいは教委に直接、話し合いを申し入れてもよい。自治体首長と話し合ってもよい。(3)

そして肝心の子どもたちも「自ら学び自ら育つ」という精神を、経験を通して早くから身につけることが可能になる。これまでのように受け身で学ぶのではなく、教師の評価にも関係する以上、否応なしに自己反省も迫られる。このように身近かつ重要な自分の教育に関わる問題に参画し、自分の意思を表明することを通じて、十八歳の高校三年生も政治参加し立派に意思表示することが可能になる。そのことが、人間の人生はすべからく己の選択にかかっているという真っ当な生き方をはやくから自覚し、身につけることにもつながるのではないか。

最後に、当たり前のことであるが、民主主義は市民の民主的なふるまい方や生き方（way of life）に、支えられなければ成り立たない。その視点に立てば教師は、まず教室において民主的なふるまいをしているのかどうかが問われる。

教師の自由を教育の自由にすりかえ、「教室のセンセイ君主」になってはいないかどうか。不必要な規則で縛り上げ、集団管理に専念してこなかったかどうか。男女ふくめて児童生徒の性差別を助長するようなことに加担してこなかったかどうか。教室を政治的熱狂の場にすることはなかったか。そして教室では児童生徒の「役に立ち」「ためになる」学力をつけるように、あらゆる努力を尽くしているか。このように反省をする必要があるのではないか。

そして何より大事なことは、これらの教育活動を各学校の学習者と地域住民の了解と合意のもとにおこなうことである。そのことにより国民の学校教育にたいする、満足感と納得感が深まることであろう。そして初めて教育が国民本位のものとなったといえるのである。

最後に、教育については発言することの少なかった近代日本の優れた思想家が、まさに教員組合が政治闘争をはじめた頃、一九五二年に発した次の言葉を、すべて教育に関わる者は銘記すべきではないだろうか。

> 教育の自由ということは（中略）政治権力からの自由、政治権力から独立しているということで、社会からということではない。（中略）教育それ自身が社会から独立する、あるいは教育者が独善的に自分の判断をすべて絶対視するということは、教育の自由ということじゃない。
>
> （『丸山眞男座談2』岩波書店、一九九八年）

注

プロローグ

（1）拙著『「ダメな教師」の見分け方』（ちくま新書、二〇〇五年）。

（2）近代私法の原則。私的所有権の絶対性と契約の自由がその主要な内容。これを保障するために公権力は国民の私事には原則介入しないという、リベラリズムの古典的な定義。

（3）福沢諭吉の造語。『文明論之概略』に出てくる。簡単に言えば、何かに「いかれてしまう」ことと丸山真男は解説する。たとえば、教職に長年従事していると、無意識の内に職業的な価値観に「いかれてしま」ってそこに埋没してしまい、教職の範囲内にしか通用しない価値観を絶対視して、視野が狭くなり他が見えなくなる。それが無意識のバイアス（偏り）を生み出すことになる。

（4）R・セイラー、C・サンスティーン『実践行動経済学』（遠藤真美訳、日経BP、二〇〇九年）61頁。

（5）一九四一年四月から尋常小学校から国民学校へと学制が変わり、一九四七年四月から小学校へ。国民学校令第一条に「国民学校ハ皇国ノ道ニ則リテ初等普通教育ヲ施シ国民ノ基礎的錬成ヲ為スヲ以テ目的トス」とある。皇国とは天皇の国という意味。

（6）鈴木寛『〈熟議〉で日本の教育を変える』（小学館、二〇一〇年）。

（7）N・G・マンキューは、人々が意思決定するさいにトレードオフ（相反する関係）に直面していると述べ、これを経済学の十大原理の第一原理としている（『マンキュー経済学』①ミクロ編及び②マクロ編〔足立英之他訳、東洋経済新報社、二〇〇五年〕）。

第一章　学校と学びの精神

（1）新共同訳日本聖書協会『新約聖書テサロニケの信徒への手紙二、3-10』。

（2）経済学の一般的用法では、教育には正の外部効果（external effect）があるという。それは国民の教育レベルが高いと、民主的で安定的な社会の形成に貢献することが、期待されるからである。それゆえ国が義務教育に関与することが、正当化できるという。

（3）習得と修得の違い。高校は本来、単位制であるから、科目ごとに単位修得のテストをして修得を認めるのが筋であるが、学年習得制をとっているから事実上、単位不認定や留年はない。学年が上がれば自動的に習得を修得とみなす。一九六〇年代の後半には公立高校でも、単位不認定による原級留め置き制度（落第）があり、毎年、留年生徒が出た高校もあった。しかし三、四年続いたが廃止された。落第制度による全体への激励効果よりも、落第生というスティグマのマイナス効果のほうが大きいという判断があったのであろう。

（4）「多様な教育機会確保法案」。第一の問題点は、フリースクールでの修得を教委が認証すれば一条校と同じで、教委の管理下におかれフリースクールの特質が失われる恐れがある。第二の問題点は、機関補助ではなくバウチャー（利用券制）、つまり学習者に補助する方式にするかどうか。一条校全部を将来バウチャーにする方が合理的という声もある。

（5）「舐犢」の愛。犢は子牛。親牛が子牛を舐めて愛するところから、親が子を深くかわいがりすぎること。御漢書が出典。

（6）金谷治『中国古典選9　孟子下』（朝日新聞社、一九七八年）。

（7）ほんの一例にすぎないが。次の読者アンケートによると、年金世代の親が子どもに金銭援助をする率が高い。逆にいえば孫だけではなく成人した子どもの親への依存度が高くなっている現実がある。これが老後破産の一因でもあるという（「親の六十代で六〇%が子どもに金銭援助」、『いきいき』二〇一五年九月号所収、いきいき社）。

（8）戸田忠雄「ある教育被害にあった子どもをもつ親への手紙」、福井秀夫編『教育バウチャー』所収（明治図書、二〇〇七年）。学校教育で児童生徒が「教育被害」を受けたという文脈で用いた。教師本位の教育の下では、こうした概念自体あまり聞かない。

（9）戦前は国定教科書といって国が作った。戦後は検定教科書といって、民間教科書会社が作ったものを文科省が検定する。意見はつくが不合格は現在ほとんどない。検定合格本から小中は広域採択し、高校は学校毎に採択する。そしてそれぞれ教委に届け出る。

（10）内申書裁判は保坂展人氏が、少年時代の一九七二年に起こした訴訟。内申書に中学時代の政治活動が記述されていた結果、受験した高校すべて不合格となったので訴訟を起こし思想・信条の自由を争った。原告敗訴となったが内申書支配の現実を暴露した問題提起の意義は大きかった。

（11）M・ヴェーバー『職業としての学問』（尾高邦雄訳、岩波文庫、一九八〇年）54―55頁。

（12）「第一章コラム　教え子の証言」、戸田忠雄編著『学校を変えれば社会が変わる』（東京書籍所収、二〇一四年）33頁。

（13）「朝日新聞」二〇一五年七月二十四日付。

第二章　「与える教育」から「選ぶ教育」へ

（1）一九三八年成立した法律。日中戦争下での戦時統制経済実施のための広範な授権法。つまり、総力戦遂行のため国家のすべての人的・物的資源を政府が統制運用できる規定。議会・政党勢力を全く無力化したもの（『政治学事典』（平凡社）481頁）。

（2）堀尾輝久『日本の教育』（東京大学出版会）244頁。

（3）江森一郎『体罰の社会史』（新曜社）。

（4）山下文男『津波てんでんこ　近代日本の津波史』（新日本出版社、二〇〇八年）の第一章、第八章、エピローグ、あとがき、など。
（5）都司嘉宣『温故地震・大震災編』（産経デジタル二〇一四・三・一〇）。
（6）片田敏孝『みんなを守るいのちの授業』（NHK出版）。
（7）修学旅行の行先は、戦前は軍国教育のため「靖国神社」になり、戦後は平和教育のため「広島・長崎」そして「沖縄」となった。
（8）『AERA』二〇一四年三月三日号、同年四月七日号、同年五月二十六日号、同年六月十六日号。
（9）『AERA』二〇一四年四月七日号。
（10）前掲『「ダメな教師」の見分け方』。
（11）『NHK日曜討論――教育をどう再生するか』（総合・衛星第2・ラジオ第一、二〇〇六年十月二十九日）。ちなみに出席者と主な内容は以下の通り。出席者／伊吹文明（文部科学大臣）、戸田忠雄（教育アナリスト）、藤田英典（国際基督大学教授）、藤原和博（杉並区立和田中学校長）。司会、影山日出夫（NHK解説委員）。主な内容／◎必修科目未履修問題について◎「いじめ」問題にどう対応するか◎教育の再生をどう進めるか（教員免許更新制度について、公立学校への競争原理導入について、教育行政のあり方について）◎教育基本法改正について（NHK報道局政治番組・作成番組表紙より）。
（12）「教育ルネッサンス・学校選択制は今　5」（「読売新聞」二〇一五年二月七日付）。
（13）戦前から戦後の高度成長期に建設された学校建築は、正面玄関口は教職員と来客用の出入り口であり、肝心の児童生徒や保護者は校舎のヨコ側の昇降口から出入りした。この校舎建築は教師本位を象徴するような形態と配置であった。近年、新たに改築された校舎は、正面に生徒昇降口を誂える形が多くなってきた。長野県長野高校の新旧校舎正面写真の対比でよく分かる。（「第一章　学校を変えれば社会が変わる」〔前掲『学校を変えれば社会が変わる』所収〕49頁）
（14）佐藤忠男『学習権の論理』（平凡社、一九七三年）16頁。氏はその第三章「教育者本位から学習者本位」でチケット制教育について触れている。FRIEDMAN、MILTON「CAPITALISM AND FREEDOM」（The University of Chicago Press）の初版本は一九六二年刊となっている。

（15）前者のエピソードについてはA『政治・経済』二〇一二年度版、B『フォーラム現代社会』二〇一二年度版、C『新編テーマ別資料現代社会』二〇一二年年度版などに掲載。後者のそれについてはAの『二〇一四』度版、Bの『二〇一四』『二〇一五』度版、Cの『二〇一四』年度版などに掲載。いずれも東京法令出版（とうほう）版。

（16）吉川幸次郎『新訂中国古典選　論語下・憲問』（朝日新聞社、一九六六年）。

第三章　和と競争の間で

（1）荻生徂徠『政談』（辻校注、岩波文庫、一九八七年）235頁

（2）隠れたカリキュラム（ヒドン・カリキュラム）については、恒吉僚子『人間形成の日米比較』（中公新書、一九九二年）の主として第二章。日本の学校との関連では分かりやすい。さらに関連して、同著者『〈教育崩壊〉再生へのプログラム』（東京書籍、一九九九年）192頁以下。

（3）和辻哲郎『人間の学としての倫理学』（岩波文庫、二〇〇七年）19―22頁。

（4）習熟度や学力テストは児童生徒の学力格差を明らかにして、「和」を乱すから反対。勤評は同様に教師間の能力格差を明らかにして「和」を乱すから好ましくない。後者についてはホンネの部分であって、表向きは国家権力による教師支配の管理強化につながるから反対。学力テストの学校別・教師担当別の公表は、学ぶ側の児童生徒の学力格差だけではなく、学校や教師側の「質」の格差を顕現させるから受け入れられない。このように推測される。

（5）教育における競争原理を批判して、フィンランドは競争をやめたら二〇〇三年の国際学力調査PISAで、断トツの世界一となったと書いた本（福田誠治『競争やめたら学力世界一――フィンランド教育の成功』

朝日新聞社、二〇〇六年）がある。日本はフィンランドの教育に学べといった。しかし二〇一二年のPISAの調査ではすべての分野で学力世界一から滑り落ち、日本のほうがすべてにおいてフィンランドを上回った。

（6）『福沢諭吉選集　第十巻』（岩波書店、一九八一年）185―186頁。一部表記を改めた。

（7）長野県の『教員の資質向上・教育制度あり方検討会議』は、二〇一二年七月から翌年の三月までの九カ月間に、本会議である「あり方検討会議」が五回、四つの専門部会が延べ十九回開催された。評価専門部会は「評価」について扱う部会で、四つの部会のひとつ。

（8）A・スミス『国富論1』（水田洋・杉山忠平訳、岩波文庫）38―39頁。

（9）T・ピケティ『21世紀の資本』（山形・守岡・森本訳、みすず書房、二〇一四年）。特に「第十四章　累進所得課税」、「第十五章　世界的な資本税」、「第十六章　公的債務の問題」そして「おわりに――資本主義の中心的矛盾」など。

（10）伊藤彌彦編『日本近代教育史再考』（昭和堂、一九八六年）7―12頁。

（11）「差がつきにくい教職員評価」（『信濃毎日新聞』二〇一二年九月一日付）。

（12）米デューク大学のキャッシー・デビッドソン氏が二〇一一年八月に、「二〇一一年度にアメリカの小学校に入学した子どもたちの六五％は、大学卒業時に今は存在していない職業に就くだろう」とニューヨーク・タイムズ紙のインタビューで語ったとされる。東大、山内祐平「10年後の教室」より。

（13）拙著『女のメンツ男のしあわせ――フェミニズム・文化・学校』（日本教育新聞社、一九八八年）。

（14）M・ヴェーバー（『職業としての政治』岩波文庫）の結果責任の倫理を援用して、指導者の戦争責任を鋭く分析した丸山真男の一連の著作。とくに「軍国支配者の精神形態」（『現代政治の思想と行動　上巻』未来社、一九五六年、所収）など。

（15）教員組合の組織率の低下。その原因のひとつは、政治闘争のために組合として意見統一し、動員のための割り当てカンパを強いるなど、思想信条に関わることにも「同調圧力」をかける点。そして水面下で教育委員会と談合するような体質（確認書の存在）など。

（16）「春秋」（『日本経済新聞』二〇一三年四月十九日付）。

（17）本章の注（13）を参照。

（18）吉川幸次郎『新訂中国古典選　論語下・子路第十三』（朝日新聞社）。

（19）漱石全集第四巻『草枕』（岩波書店）5頁。一部表記を改めた。

第四章　世間を惑わす俗論

（1）一九五四年初版発行の（『政治学事典』平凡社）に次のような記述がある。「欧米的自由国家とソヴェト的共産国家の二つの陣営から、それぞれ自己の主唱する民主主義を正統であるとして、深刻な対立をしめしている」（辻清明）。前者を自由民主主義、後者を人民民主主義とよぶのが、当時の論壇主流の表現であった。

（2）小林哲夫『高校紛争1969‐1970』（中公新書）141頁。紛争は〈一流校〉の証明?」以下。全体に地域の公立名門校や灘や麻布など難関私学など全国に、燎原の火のように広がっていった。

（3）教壇では憲法学者の学理的解釈の多数説にも触れる。しかし学習指導要領という大枠の中で、基本的には三権分立による司法権者の有権的解釈と、政府解釈を中心に生徒たちに話しをして考えさせるのが原則。

（4）当時、沖縄では拒否した自治体もあり、また、強力な反対運動も後年まで続いた。

（5）「朝日新聞」二〇一四年九月二十日付

（6）クラスサイズと学力の関係についての実証研究はあるが、結論からいえば有意の結果は必ずしも得られていない。それは集団のカテゴリ―の違いもある。中高校それに大学などでも演習ものは、あまりクラスサイズは大きくないほうがよいことは常識の範囲内で理解できる。しかし限界集落の小学校など象徴的であるが、あまりに学校全体やクラス全体の児童数が少ないと、逆に互いの切礎琢磨やチームとしてのエネルギーにかけ集団効果が著しく低減する。近年では少子化効果で学級の児童生徒数が減少し、生活指導において教師の目が行き届きすぎる弊害のほうを考える必要がある。

(7)『情と理　カミソリ後藤田回顧録・上』(講談社α文庫、二〇〇六年)332—334頁。

(8)「学校の和式便器に悩む子どもたち」(「朝日新聞」二〇一二年十一月三日付)

(9)「長寿命化改修で学校トイレはこう変わる!」「老朽化対策でトイレ改修を進める自治体」(『学校のトイレ研究会研究誌』№一七号、二〇一四年。

(10)「学校にエアコン・住民投票」「読売新聞」二〇一五年二月六日付。

(11)沖原豊編著『学校掃除・その人間形成的役割』(学事出版、一九八二年)

(12)『宰相吉田茂』を発表した高坂正堯など、その典型とみなされた。権力側の御用学者もいれば、当然、反権力側の組合御用学者もいたが、近年は脱イデオロギーの時代を反映してか、前者の方が優勢のようである。竹内洋『革新幻想の戦後史』(中央公論新社)に詳しい。どちらにも属さない内部批判者は、相変わらず絶滅危惧種に近い。

(13)「日本の教育投資の対国内総生産(GDP)比率は、他の先進国に比べて際だって低い」第二次安倍内閣「教育再生実行会議」有識者委員に起用された貝ノ瀬滋氏の発言(「読売新聞」二〇一三年二月三日付)。

(14)第三章の注(7)でも触れたが、二〇一二年から翌年一三年の間に短期集中で本会議と四専門部会を開催して、同年三月に「提言書」を提出した。そして「評価」については、十三年秋から十四年三月までに「評価制度改善のための有識者会議」を開き、評価の具体的な制度設計を話し合った。さらに本会議の提言全体のフォローアップ会議「教員の資質向上・教育制度改善フォローアップ委員会」が、十三年六月から十五年三月までに五回開催された。詳細は長野県教育委員会HP「信州教育の信頼回復に向けた取組」参照。

第五章　教師と学習者の関係

(1)森有礼が教師の理想像として、以下のように語ったといわれている。「師範学校の卒業生は教育の僧侶と云うて可なるものなり」。そして師範学校生徒は、将来の国家の土台下に埋まる小石のようなものになるべきであるという。徳で人を感化するという意味で、「教育」を「薫陶」と同義と解釈して、教師の仕事を宗教家のそれと同じようなものと考えていたことを示すという。教師聖職者論の淵源といってよい。中野・志村編『教育思想史』（有斐閣新書、一九八五年）125頁以下。

（2）道元『学道用心集』山喜房仏書林。澤木興道『学童用心集講話』（大法輪閣）108頁以下に詳しい。

（3）「学校制度に関する保護者アンケート」（二〇〇五年内閣府調査）によれば、保護者の七〇％以上が塾や予備校教師のほうが、学校教師よりも教え方が上手と答えていた。

（4）たいていの自治体教員採用試験では、これを選抜ではなく「選考」という。能力（学力）だけではなく、人物も重視して選考するという。能力本位と人物本位はクルマの両輪と考えるようだが、換言すれば能力本位は「する原理」であり、人物本位は縁故やコネ重視の「である原理」となりがちである。たいていの不正はここから生じるから、「人物本位」の陥穽に陥らぬように注意が必要である。

（5）金谷治『中国古典選9　孟子上』（朝日新聞社）。

（6）アクティブ・ラーニングとは、体験学習や実習やフィールドワークなど教室外の学習を取り入れて、児童生徒の能動的な学びや思考を啓発しようとするものである。新しい技法を取り入れる時は、ヨコ文字を使うのが教育学界のお約束事でもある。要するに、ゆとり教育の原因とバッシングされた「総合的な学習」を、新しく装いを変えて言い換えたともいえるだろう。ちなみに、ゆとり教育が学力低下の原因かどうか、確証がないから断言できない。そもそも学力低下したかどうか、経年推移の全国学力テストの悉皆調査もしていないのに、どうやって証明するのだろうか。総時間数が減少したので学力が低下したはずだという、根拠の弱い推論にすぎない。

（7）ＩＴなどであらかじめ下調べ（予習）をしておいて授業に臨む。従来の復習中心を反転させ、また学習者が主体として学ぶので「反転学習」という。

（8）J・バーグマン、A・サムズ『反転授業』（山内祐平・大浦弘樹監修、上原裕美子訳、オデッセイコミュニケーションズ、二〇一五年）63頁。

（9）モラルハザードとは当事者の倫理の欠如を指す。この場合は、学校が家庭における子どもの行動その他にまで過剰関与すると、保護者は学校任せになり子どもにたいするしつけの規範意識が低下する。

（10）「病院とは言葉」（「日本海新聞」二〇〇一年七月二十日付、堀江裕『診察室へお入りください――病は言葉で治療する』所収）24頁。

（11）「教員は本当に多忙なのだろうか」という元小学校長Kさんの投書が、「朝日新聞」二〇一五年八月一日の投書欄〈声〉に掲載された。「3年前に退職するまで38年間にわたり小中学校で教員生活を送った。感じていたのは、〈優先順位をつけて計画的に仕事をこなす〉ことが苦手な教員が増えている」と述べている。そして現職時代には教職員に整理整頓をして、仕事を早く片付けるよう指導したという。こういう教育リーダーこそ、求められるべき姿であろう。しかも、「教員の多忙感」に同情する声が多い中、実名（投書では実名）での勇気ある発表であり、提言であると思う。

第六章　教育リーダーのあり方

（1）二〇一五年二月五日の「読売テレビ」その他で報道されて、翌六日の読売新聞「編集手帳」でも取り上げられた。

（2）二〇一三年度の公立校の教員処分は最多の三千九百五十三人であり、その内、わいせつ行為で処分を受けたのは二百名を超えた。文科省は「ゆゆしき事態」としている（「読売新聞」二〇一五年一月二十一日付）。

（3）「思想のゆえに罰せられることなし」という法の俚言があるが、この場合、内心でどのような思想を持とうが自由であるという意味。表出されると「表現の自由」の問題となる。

（4）前掲拙著『「ダメな教師」の見分け方』

（5）『にっぽん部落』（きだみのる、岩波新書、一九六七年）に次のような記述がある。部落の掟の中には、「部落（むら）の恥を外にさらすな（中略）正確な表現は警察に密告するなということだ」（86頁）と、チクリはムラ八分の対象になる行為としている。さらに「おわりに」で、「日本社会は（中略）異質的な二つの社会から成り立っているように見える。一つは部落性のある社会とそれのない社会と」。そして前者に関連して「部落が何事につけても一つに纏まること……。これは協調、協同、協力、封建的な言葉でいうと和を予想する」（8頁）と述べている。

（6）前述の麻酔医が千葉県の医療関係からムラ八分になり、長野県の病院に勤務せざるをえなくなった。そこで当事者を入れて検討委員会を立ち上げるという。現場の切実な声を法改正に反映できるか、注目されるところである（「機能せぬ公益通報者保護法」、「朝日新聞」二〇一五年六月十一日付）。

（7）XYサタデースクールという教育NPO。狙いは、学力低下にならないように「総合的な学習」を農作業と学習を組み合わせ、大学教師・予備校・塾教師・JA職員・元教師・主婦・大学生・高校生その他民間人のボランティアによって行うもの。延べ数百名の小学生が参加し、二〇〇二年から七年間ほど県下三か所で土曜日学校を開催した。

（8）文科省は校内人事に関する初めての調査結果を発表した。それによると全国の公立小中高校の二百六十二校で、いまだに選挙で校内人事を決めていた。つまり校長など管理職が決めるのではなく、教職員の選挙や投票で「自主的に」決めていたという（「読売新聞」二〇一五年一月三十一日付）。「民主的な学校自治」という名目で戦後長らく続いている。

（9）神戸市T高校ではかねてから遅刻を取り締まることを目的として、登校門限時刻に校門を閉鎖していた。一九九〇年七月に、門限間際に校門を潜ろうとした女子生徒（当時十五歳）が校門に挟まれ、死亡した事件が起きた。この神戸T高校校門圧死事件にたいしては、あまりに杓子定規な管理教育に世論の批判が集まった。その結果、校門指導をしていた高校は他にも多かったが、これを機にやめる学校が多くなった。

（10）「東大基礎学力研究開発センター・シンポジウム資料」（東大教育学研究科、二〇〇六年八月）より。
（11）「調査」（『家庭の教育力の低下が深刻』と考える校長先生が九割）二〇〇六年九月十三日筆者：ベネッセ教育研究開発センター山田剛
（12）河上亮一『学校崩壊』（草思社、一九九九年）。
（13）はなまる学習会代表の高濱正伸氏の言葉。
（14）政策研究大学院大学には「教育政策プログラム」もあるが、私の所属は主として「まちづくりプログラム」である。まちづくり政策を担当する中央・地方の公務員、まちづくりの実務に携わる不動産鑑定士、建築家、非営利組織職員らを対象としている。学校を地方創生・地方再生のプラットホームに位置づける議論も最近盛んであるが、賛否はともかく地域社会と学校教育を大きな視点から俯瞰し、教育関係者とは違う「内部の他者」の視点からどのような戦略が有効であるかを検討課題としている。特に総合教育会議の発足により、自治体首長の教育への関与が必要となってくるので、「教育と地域社会との関わり方」は私にとっても新たな研究課題である。
（15）一九五六年の地方教育行政法によって、都道府県では教育委員会議で教育長を任命し、文部大臣が承認することになった。市区町村では教育委員会議で教育委員から教育長を任命し、都道府県の教育委員会が承認する。これを任命承認制といって中央の統制力が強かった。
（16）地方分権一括法は一九九九年に成立し、二〇〇〇年四月から施行された。全部で五百本弱の関連法案からなる。地方分権を強めるために地方の自主裁量権を増やし、国の管理を少なくする狙いがある。
（17）国立教育政策研究所「我が国の学校制度の歴史について」（二〇一二年）。
（18）学校運営協議会は、「地方教育行政の組織及び運営に関する法律」第四十七条の五に規定されている。教委と個別学校の間に、地域住民や保護者の代表などが運営する組織を置くことができる。教育課程の編成その他について、校長はこの組織の承認を得なければならない。さらに職員人事について任命権者に意見を述べ、任命権者はその意見を尊重しなければならない。しかし、後者の人事への意見具申についての権限を外す自治体教委もあるから、学習者や地域住民の職員人事への関与については空文化する可能性がある。

（19）紙上討論の対論者の「意見見出」と肩書（当時）と掲載順に記載する。◎『三者三論』のテーマは「教育委員会は必要？」——「住民廃止の選択権を認めよ」戸田忠雄（教育アナリスト）、「首長と教委　連携し責任持て」小川正人（東大教授）、「政治と距離　今の組織は有用」門川大作（京都市教育長）／◎『耕論』のテーマは「教員採用汚職を防ぐには」——「試験結果を徹底公開せよ」八尾坂修（九州大大学院教授）、「教育委員はもっと真剣に」木村孟（全国都道府県教委連合会長・東京都教育委員長）、「住民の意思で教委廃止も」戸田忠雄（教育アナリスト）。

（20）地方自治法第百八十条の五に、「執行機関として法律の定めるところにより普通地方公共団体に置かなければならない委員会及び委員は、左の通りである」として、第一に教育委員会を上げている。

（21）「規制改革・民間開放推進会議」には二〇〇五年十二月から旧著（『「ダメな教師」の見分け方』）を契機に中途から参加することになった。所属は教育・研究WGの専門委員であり、他に浅見泰司（東大）、安念潤司（成蹊大）、福井秀夫（政策研究大学院大学）などの諸氏であった（肩書きは当時のもの）。ちなみに私は後継組織の規制改革会議教育TFにも参加を委嘱され、こちらは二〇〇七年から二〇一〇年までで、併せて都合五年間務めた。

第七章　学習者本位の教育を求めて

（1）一般入試はセンター試験得点や学力試験で決めるが、基本的に学力試験を行わないで小論文と面接で決めるAO入試や推薦入試の増加の結果、大学へ出す調査書（内申書）の重みが増した。学力本位ではなく人物本位で選考する結果、一般入試より推薦入試合格者の多い大学では、当然のことながら学生の低意欲・低学力に悩まされている。唯一、推薦入試を行わなかった東大も、二〇一六年三月から実施予定である。

（2）とくに地方都市では、いまだに官尊民卑の気風が強い。これに補助金行政が拍車をかけている。

（3）この制度下では教師個人を責めても仕方がない。むしろ有効な制度的対策をとってこなかった校長の不作為責任を問うべきであろう。責任者の監督責任を問わない体質が、同じことがくり返される原因にもつながる。

（4）「読売新聞」二〇一三年四月十八日付。これは無作為に全国の有権者三千名を選び、個別訪問面接聴取法により調査したもの。有効回収数は千四百七十二人（回収率四九％）。注意すべきは、学校を通じて保護者を対象に調査する方法では、保護者からのホンネの声は聞けないということである。この点、読売の調査方式は客観性が担保されている。次の内閣府の調査は業者を通じて無作為に行われたもので、客観性が担保されているといえる。「内閣府調査」二〇〇五年九月実施によれば、保護者の学校教育にたいする満足度は「不満」が四三％で、「満足」の一三％より約三〇％も上回っており、読売新聞の経年推移のグラフとほぼ一致している。なお朝日新聞編集委員の氏岡真弓氏は「朝日新聞の10年12月の世論調査で、公立校をよくするために何が必要かと尋ねたところ、回答者の65％が〈教師の質〉と答えた」（「朝日新聞」二〇一三年三月十七日付）と述べている。

（5）PTAからの要請もあり、一九九六年十一月に「新聞で見る吉田高校」という、同年の長野県吉田高校の取り組みで報道された記録を集成したB４二十枚におよぶものがある。①大学からの「出前講義」―信大、東大など。②「ザ・ヨシダ・オープン」―ふだん着の授業を広く一般公開。③沖縄普天間高校生を招き文化祭―「今、沖縄を考える」その他。特に②については、県内はむろん、全国でも初めての全校授業の全面公開で大きな注目を浴びた。これ以降、全国で授業公開は常識となった。

（6）今は廃刊になった月刊誌『論座』（朝日新聞社二〇〇五年十二月号）の「徹底討論会・どうすれば公教育は甦るのか」に参加したことがある。リードの一部に「学校規制改革に取り組む研究者とベテラン教員ＯＢ、そして民間から採用された校長が意見をぶつけあった」とある。掲載順に、戸田忠雄（教育アナリスト）、福井秀夫（政策研究大学院大学教授）、藤原和博（杉並区立和田中学校長）の三名の鼎談である。和田中学で「授業公開」など革新的な取り組みをしていた藤原校長との議論では、私は授業公開の先駆者の経験にもとづき、次の段階として汎用性のある「授業評価」の制度化を進言したが、藤原校長はあくまでも校長の個人技にこだわっておられるようで、議論は平行線となったのは残念であった。詳細は拙著『学校は誰のものか』（講談社現代新書、二〇〇七年）150—152頁。

（7）『規制改革の課題〈教育分野〉——機会の均等化と成長による豊かさの実現のために』二〇〇九年十二月四日

（8）内閣府令による設置会議体。

（9）「上田市教育行政のあり方を考える有識者会議」。二〇〇七年一月から二〇〇八年七月まで、十四回にわたって開かれた。上田市HP参照

（10）ちなみに『あり方検討会議評価専門部会』の構成メンバーは部会長・合田哲雄（略）、部会長代理・戸田忠雄（略）、植田みどり（国立教育政策研究所教育政策・評価研究部総括研究官）、小口理子（セイコーエプソン人事課長）、武山弥生（発達障害児・者及び家族支援の会シーズ代表）の以上五名。

（11）拙著『公務員教師にダメ出しを！』（ちくま新書、二〇〇八年）194頁。

（12）前掲拙著、226頁。

エピローグ

（1）「日本経済新聞」二〇一五年六月二十九日付に、「（学校信仰）脱して多様な教育を探ろう」という社説が掲載された。

（2）前掲拙著の特に「第5章　先生への通信簿」以下に詳しく述べた。

（3）最近、危険性を指摘されている小中学校における「人間ピラミッド」や中高校における「体育の格闘

技」の柔道など、子どもを預けている保護者の意向を無視して実施し、メディアなどで騒がれるとあわてて取りやめる（あるいは、やめない）。児童生徒の命が係わっている事項についても、一方的な学校主導である点が問題なのである。個別の学校内であっても、学習者と学校側との間に対等で「熟議」をこらすことができる環境があれば、相互理解を経た円満な事前協議によって解決することであろう。

あとがき

（1）

ちょうど十年前の夏ごろであったか固定電話のベルが鳴った。昼間、固定電話にかかってくるものには碌なものはない。しかも地方都市に隠棲している田舎教師にとっては、「ナイカクフのキセイカイカク云々」など、まったく異次元の言語のように聞こえたからなおのことである。一瞬身構えたが、「ご著書を拝読し云々」と続いたので、モノ売りや悪戯電話ではないことが分かり話をお聞きした。これが政府の規制改革に関わる第一歩であった。

これは後日談であるが、知遇を得た研究者や内閣府事務局の方々（多くは民間企業人の出向）の話によると、研究・教育ＷＧのメンバーは教育が専門ではないので、いろいろな教育学者の本も渉猟し、学者はむろん教育関係者にヒアリングもさせてもらった。しかし、もうひとつピンとこない。法律学・経済学など精緻な論理やエビデンスベーストをモットーとする研究者たちにとって、「ポエムな言葉」（小田嶋隆）で粉飾された教育の言語体系そのものがよく理解できない。

そのうえ内容が教育する側からの発想と理解で、どうも無意識のうちにバイアスがかかっている。もっと客観的で、しかも学ぶ側から、つまり国民本位の視点で教育を分析したものがないかと調べ、たまたま『「ダメな教師」の見分け方』（ちくま新書）を読んで、タイトルはいささか挑発的ではあるが内容は「これだ！」と思ったというのである。

そのこと自体、光栄なことであったが、さらに次のような内輪話もお聞きした。「本の著者近影の背景に、丸山真男の著作集が並んでいるのが見えた。これは本物に間違いない」と思ったという。前述の拙著には福沢諭吉からの引用はあるが、丸山真男の書からの引用はないし言及もない。しかし読んでいて福沢と丸山の影響を強くうけており、とくに丸山理論で教育を読み解いているのではないかと思っていたら、はからずも丸山の著書が並んでいるのが見えたから、「やはり」と思ったというのである。

本物とかなんとかは論外だが、丸山真男の強い影響をうけているのではという指摘は、言われてみればその通りかもしれない。むしろ本人は自覚していなかったが「色に出にけり」であったのか、そこを見抜き指摘してくれた研究者諸氏こそさすがであり「本物」であると感服した。ただ丸山真男と規制改革との組み合わせはすこし奇異な印象を受けたが、参画するうちに組織内部に「他者感覚」の存在の重要性をおりにふれて説いている丸山の精神が、規制改革には必要不可欠であることがしだいに理解できるようになった。

陳腐な表現だが丸山真男といえば戦後最大の思想家といっても過言ではなく、保守・革新を問わず人文科学系の学問や思想を少しでもかじった者であれば、その名を知らないということはないだろう。それでいてご本人は学界の「ボス支配」や「学派」などを嫌い、アカデミーの空虚な権威主義には、おそらく強い反発と自省の念をもっておられたようである。それにもかかわらず、というよりだからこそ自称他称の「丸山学派《シューレ》」、もっと端的にいえば隠れ丸山ファンが知の世界の各所に、今でも地下水脈のように命脈を保っているのではないか。

ともあれ、当時の丸山ファンがおそらくそうであったように、『現代政治の思想と行動（上）』（未来社）の初版本発売日翌日の一九五六（昭和三十一年）年十二月十六日に、仙台の本屋で買ってすぐに寮で読み始め、ぞくぞくするような興奮を覚えたことを忘れない。当時、寮生の多くは知らなかったようなので自慢したいような気分もあったが、恋人からのラブレターを隠すような気持ちで秘匿していた。

初版本とか稀覯本などには何の興味も関心もないが、この初版本だけはよれよれになってもなお、ちょうど六十年目に入る現在も書庫の奥に大事にしまってある。それまでは聖書と四書五経など東西の古典が座右の書であったが、それ以降、丸山真男が大きな位置を占めるようになった。

（2）

文字通り竹槍でシャーマン戦車に対抗するような、「あんなバカな戦争をどうしてしたのか」と、戦争をくぐり抜けてきた者は老若男女、前線はむろん銃後の者でも誰もが思ったに違いない。戦後生まれの人の中には、「エッ、いつまでもそんなことにこだわっているの」と思われる方もいるかもしれない。しかし、どのような形であれ、あの戦争体験からは逃れられない。家族バラバラで戦中に大陸を列車で往復し引き揚げてきた私自身も、いまだに時折、何者かに追いかけられ逃げる夢を見てうなされる。

軍国の時代を体験した者は、新しい民主主義の時代に生きるべき手始めとして、まずは「大日本帝国」と向き合い、各自がそれぞれ自分なりに「落とし前」をつける必要があった。国民学校経験者の私にとって丸山真男の諸論稿は、どの思想家のものよりも落とし前をつける手がかりになった。当時は多かった苦学生と同じく、「生活第一・学業第二」の私のような名ばかり学生でも強く心を惹かれたのは、他に例を見ないブリリアントな内容はむろんのこと、その文体を含めた表現方法にもあった。難解な専門用語をちりばめながら首尾一貫した論理と巧みなレトリックと的確な比喩で、広く読者の興味と関心を引き付ける技法には、ただただ感嘆するほかはなかった。少しでも分かりやすくという努力の跡など微塵も見られない、旧帝大の先生たちなど知的エリートの書く文章とは画然とした違いがあった。

たとえば、丸山の前掲書所収の論文「軍国支配者の精神形態」に、次のような描写がある。米内内閣が三国同盟締結に際し陸軍と衝突して総辞職の契機となったのは、畑陸相が米内首相に突きつけた覚書である。内閣総辞職後に、総辞職の引き金を引いた張本人の畑を米内は執務室に呼び、面白いことに次のように慰めている。

「〈貴下の立場はよく分る、苦しかったろう、然し俺は何とも思っておらぬよ。分ってる。気を楽にして心配するな〉私は彼の手を握りました。畑は淋しく笑いました。この笑いは日本人に特有なあきらめの笑でありました。彼の立場は全く気の毒なものでありました」

（「軍国主義者の精神形態」『現代政治の思想と行動（上）』所収、未来社、傍点は原文）

このくだりは極東軍事裁判速記録からの引用である。

そして丸山は「まるでリンゴの歌のような問答であるが、ここでも支配的なのは公の原則ではなくて、プライヴェットな相互の気持ちの推測である」（前掲書）と評している。

「リンゴは何にもいわないけれど、リンゴの気持ちはよくわかる」という、敗戦直後の焼け跡に鳴り響いた並木路子の「リンゴの歌」を、当時は誰もが知っていた（ちなみに丸山英訳本では、当時のリンゴの歌のニュアンスを伝えることは難しく、「愚かなやりとり《ファーシャス・エクスチェンジ》」となっている）。

開戦に至る重要な時点での首相と陸軍首脳のやりとりを、国民的歌謡の歌詞に譬えるなど実に巧みな発想であると同時に、どのような読み手にも興味と関心が持てるような努力と配慮の跡が見られる。しかも日本人なら誰もが持っているメンタリティのある側面（自分を辞職に追い込んだ相手の気持ちを忖度して気を遣っている！）を、見事に炙《あぶ》り出している。だから面白いし、分かるのである。

この論文の最後の個所では、イソップ物語の中のごましお頭の男が二人の愛人を持っていた寓話を持ち出して、天皇制の絶対主義的側面と象徴天皇制の側面という二重性格、しかもそのダイナミズムを卓抜な比喩で描写している。

極めつけは敗戦翌年の一九四六年に雑誌「世界」に掲載され、知の世界に衝撃をあたえた「超国家主義の論理と心理」（前掲書所収）のなかで、漱石の小説『それから』が重要な個所で引用されていることである。寡聞にして知らないが、それ以前に帝大の法学部教授（厳密には、当時は助教授であったが）が書く学術論文に、小説など引用されたことがあったのだろうか。このような丸山流の見事な比喩とレトリックにも魅せられて、知らずしらずのうちに文体にも影響を受けた研究者・評論家・ジャーナリスト、そして学生など多くいたに違いない。基本的に独学であった私も、秘かにその驥尾《きび》に付していた一人であった。

帝国大学のど真ん中の法学部でありながら「お上」と官僚特有の形式主義を好まず、維新時の福沢諭吉に自分を重ね合わせて、戦後民主社会の新しい文体をつくるよう秘かに工夫を凝らしたのではないかと推測している。民主主義の啓蒙者であった氏は自らの学問的な業績を権威の衣で装うことなく、一般国民読者に分かりやすく伝えることも、民主社会の研究者としての重要な責務であると考えていたのではないかと思われる。

日本政治思想史の専門性を頑なに守りながらも、数々の論稿がただのレトリックに止まらず、内容的にも専門知を見事なまでに総合知あるいは教養知にまでに結実させている。本人は「夜店」と謙遜しているが、「デカンショ」（当時、デカルト、カント、ショウペンハウエルを略してこう呼んでいた）のように知的虚栄の象徴として祭り上げた教養知（特に東西の古典）を、社会と人間を読み解く実用的な総合知として国民の前に提示したともいえる。しかもそれはタコツボ型の専門知の互いの垣根を低くすることにより、総合知の中身を実り豊かなものにしている。

それまで象牙の塔と世間一般、あるいは専門家と国民一般を隔てていたタテ・ヨコの垣根を低くしたといっても言い過ぎではないと思う。その橋渡しの役割をも果たしていたと考えるならば、丸山論稿における「文体」の持つ意味は、意外に大きなものがあるような気がする。本来ならば公民系教科書に載ってもおかしくない『「である」ことと「する」こと』が、高校の国語教科書の定番として長年にわたって登場し続けたのも理由のないことではない。

教師である私にとっての丸山真男は、民主主義の研究者であると同時に民主主義の教師として、手本とするには最適の人物であった。手本とするには、あまりに偉大すぎる存在であるけれど。

（3）

本書は十年前の旧著『「ダメな教師」の見分け方』をふまえて、さらに発展させたものであり、既に発表した論稿の部分的な再活用もあるが、およそ一年半近くかけた書き下ろしである。私にとっては「学習者本位の教育」というメインテーマで、これまでさまざまなメディアに発表してきたものや大学院の講義の集大成という意味もある。

プロローグとエピローグが通例とは違い、異常に長いのに違和感を覚えた方がおられたかもしれない。基本的には私の至らざるところであるが、一言、弁解させて頂くならば新しい視点で日本の学校教育の全体像を浮かび上がらせるには、思いもかけないようなボリュームを必要としたということである。つまり教育の森は鬱蒼として富士の樹海のように、日本の文化と社会の基礎を支え広範囲にわたっている。分け入った私自身も、しばしば出口を見失うほどであった。

それでも、これで現在の日本の学校が抱えるすべての問題を網羅的に触れることができたとは思わない。しかし多少なりとも学校で生じるさまざまな問題を、日本型学校主義の理念によって統一的かつ原理的に理解し考える糸口を、提示することはできたのではないかと思っている。

この「あとがき」を書いている現在、近着の『AERA』(二〇一五年十一月二日号)のコラム(内田樹「日韓で同質の教育危機「国境なき教師団」の可能性」)にふと目をやると、韓国教育の弊害が露呈したとされるセウォル号事件について、内田氏が昨年訪韓したときに聞いたとされる高校教師の反省の弁が記されていた。

その高校教師によれば、あの事件は自分たち教師の責任であり、教師たちは子どもたちに学校で「上の者の指示に黙って従え。自分で判断するな」というルールを刷り込んできたという。第二章を読んで、セウォル号事件を思い出した読者の方もおられたかもしれない。昨年春、本書の構想の段階で、この事件と大川小学校を重ね合わせようかと考えたこともあったが、他方で日本には「津波てんでんこ」つまり釜石の奇跡のような例もある。セウォル号事件とは反対の事例、韓国版「津波てんでんこ」があるのかどうか、韓国教育事情には詳しくないから、セウォル号事件だけで他国の教育の本質に関わる点を喋々と論じることは慎むべきであろう。

またこの季節は予算編成期でもあるから、毎年、必ずと言っていいほど財務省と文科省の教育予算をめぐるやり取りがメディアをにぎわわせる。十月二十七日の朝刊各紙は一斉に口火を切っていた。第四章など、これらの問題を考える手がかりになるのではないか、などと思っている。

このように学習者本位という視点から学校問題を読み解く手がかりを提供し、同時に、学校との関わり方の原理的な方法を提示したのであって、どのような教育を求めどのように解決するかは、学習者や地域住民など当事者が、それぞれの学校に参画して決めていくべきものであろう。

(4)

本書を書くにあたってとりあえずは丸山精神から学んだ、次のようなシンプルな教訓を忘れないよう心がけた。どんなに難度の高い論稿でも、ふつうの生活人が読んで分かるように書くこと。そして自分の無意識のバイアスを自覚した上で、書く立場を限定する。つまり組織内部の他者の視点を忘れないことだろう。

教育行政と教育現場の対立と乖離は、本文でも述べたとおり不幸な歴史であった。それゆえ対立でもなく、さりとて癒着でもない、つかず離れず是々非々で教育行政と対峙して、学習者本位・国民本位の教育をめざすことこそ、規制改革でも引き継がれた丸山精神ではないかと思う。

それに関して思うことは、国と県と市のそれぞれの教育改革に参画してみて痛感したが、会議体の成員全員（事務局も含めて）が「他者の視点」を共有していなければ、国民の利益を守ることはできないということである。会議体メンバーの中に組織の護教論をふりかざす者がいては、真の改革など不可能であろう。百歩譲っても組織の護教論者は過半数以下の少数者でなければ、その改革は名ばかり改革となってしまう可能性を秘めている。国の官僚たちはしたたかであるからこの比率を逆転して、改革会議にすら護教論者で多数派を構成するケースが少なくない。つまり「出来レース」である。

行政は政策の執行責任があるから、審議会の多くが行政官のハンドリングの下に行われることがあるのはやむをえないことだともいえる。しかし、少なくとも行政そのものが改革の対象になっている規制改革や行政改革のような会議体では、他者の視点、しかも改革対象の組織の仕組みを熟知している者が必要なのである。その点では「他者の視点」で長野県教育改革に関与して頂いた黒川みどり教授（静岡大学）をはじめとする研究者や文科官僚の合田哲雄氏や伊藤学司氏など、県内外の識者のみなさんに心からの敬意を表わしたい。

ここでは本文ないしは注で明示した引用文献以外にいちいち参考文献は挙げないが、当然のことながら国内外の教育学及び関係学問の多くの先達・先学の業績から学び、それらが血肉化している。しかし「日本型学校主義」という理念型を仮定して、それによって現実の学校教育の全体像を動態として捉えるために、三つの理念のせめぎ合いと変化の過程として把握するについては、十年前の拙著よりはヨリ自覚して丸山真男の分析方法と文体から多くのものを学んだ。

一介の「隠れ丸山ファン」にすぎない私が、その影響について喋々するのは、何となく憚られるような気がして長年にわたって隠れキリシタンのような気持ちで秘匿していた。しかし全体の構成や文体について悩んでいると、担当編集者というよりは十年来の友人である湯原法史氏から、丸山真男の影響を憚ることなく書いたらどうかという示唆をもらい、影響というのもおこがましいがカミングアウトすることにしたのである。

思い起こしてみれば二〇〇九年秋、政権交代が目前に迫り、内閣府の規制改革会議では終わりの予感があった中、それまでの成果を広く国民一般に分かりやすく伝えるために、特別に普及版のリーフレットを作ることになった。その時、湯原氏にはボランティアで参画してもらい、『規制改革の取組と成果』という読みやすい冊子に仕上げてもらったこともある。

本書がなるにあたっては、国内外で活躍している多くの教え子や友人・知人からも、さまざまな形で啓発され、学校や企業の内部構造などについてのナマ情報など教えを受けた。序章や終章のビジネスマンのように、実に的を射た感想や助言を直接もらったこともある。

また、保護者の方々、国・県・市の教育改革の同志や直接・間接の賛同者の方々、中央・地方を問わずかつての同僚を含む教育界内部の友人や知人あるいは研究者の諸氏、そしてかつての規制改革の同志や政策研究大学院大学の福井秀夫教授をはじめ同僚の先生方。これらすべての方々の学恩に改めて感謝したい。

私自身のさまざまな理由から予定より大幅に遅れたが、どうやら戦後七十年目の最後の月に本書を発刊できるについては、何かにつけお世話になり、今回もご尽力いただいた湯原氏に心から御礼申し上げたい。

最後に、少しだけ私事にわたることをお許しいただきたい。

五十四年前の十二月初旬、発売されたばかりの『日本の思想』（丸山真男）と一人前のすき焼き定食を前に、熱っぽく丸山論を語り合っていた男女がいた。半分ずつのすき焼きもあらかた一人で食べながら、丸山への熱か彼女への熱かよく分からないが、熱っぽく喋っていた青年がいた。後日、彼女から「コーヒーなどという非生産的なものを飲まないで、すき焼き定食を一人前だけ注文しよう」といって、ほぼ一人で食べて一人で喋っていて、いくら貧しい時代であっても一人前を二人では流石に恥ずかしかったわ、といわれた。丸山論で口説いたのがよかったのか、翌年、国語教師の彼女と結婚して五十三年になる。せめてもの償いに、ときたま「貧賤の友を忘れず、糟糠の妻は堂より下ろさず」と聞こえぬように独り呟く。

この書を糟糠の妻さく子に捧げたい。

二〇一五年十月末

戸田忠雄

戸田忠雄（とだ・ただお）

一九三七年神戸市生れ。長野県で私公立高校教師を経て大学予備校・塾統括校長、教育NPO代表、信州大学FD委員、政府審議会専門委員、信州経済戦略会議・長野県教育改革会議委員などを歴任する。現在は政策研究大学院大学客員教授。教育アナリスト、法と経済学会会員。主な著書に『女のメンツ男のしあわせ』（日本教育新聞社）、『「ダメな教師」の見分け方』（ちくま新書）、『学校は誰のものか』（講談社現代新書）、『教えるな！』（NHK出版新書）などがある。他に共著として『教育バウチャー』（明治図書）、編著に『教育の失敗』（日本評論社）、『学校を変えれば社会が変わる』（東京書籍）などもある。

筑摩選書 0125

「日《に》本《ほん》型《がた》学《がっ》校《こう》主《しゅ》義《ぎ》」を超《こ》えて　「教《きょう》育《いく》改《かい》革《かく》」を問《と》い直《なお》す

二〇一五年一二月一五日　初版第一刷発行

著者　戸《と》田《だ》忠《ただ》雄《お》

発行者　山野浩一

発行所　株式会社筑摩書房
東京都台東区蔵前二-五-三　郵便番号　一一一-八七五五
振替　〇〇一六〇-八-四一二三

装幀者　神田昇和

印刷 製本　中央精版印刷株式会社

乱丁・落丁本の場合は左記宛にご送付ください。送料小社負担でお取り替えいたします。
ご注文、お問い合わせも左記へお願いいたします。
筑摩書房サービスセンター
さいたま市北区櫛引町二-六〇四　〒三三一-八五〇七　電話　〇四八-六五一-〇〇五三

ISBN978-4-480-01631-7 C0337